AF538235

Ulrich Meier

*Ein folgenschwerer Diebstahl*

v|rg

Lippische Geschichtsquellen

Band 27

Im Auftrage des Naturwissenschaftlichen und Historischen Vereins für das Land Lippe e. V. herausgegeben von Frank Huismann und Heinrich Stiewe

Ulrich Meier

# EIN FOLGENSCHWERER DIEBSTAHL

## Ermittlungen und Quellen
## zum Blomberger Hostienfrevel von 1460
## und zur Wallfahrt nach Blomberg

Verlag für Regionalgeschichte
Bielefeld 2024

Titelbild:
Das Pilgerzeichen des Typs A (hier Fundort: Amsterdam/Niederlande) trägt die Inschrift: CORP' XPI I BLOMBH [Corpus Christi in Blombergh]. Es zeigt eine junge „frevelerische Frau", die 45 geweihte Hostien in einen Brunnen mit lippischer Rose versenkt. Das Zeichen wurde von Johannes Hagen theologisch scharf kritisiert.


Bibliografische Information der Deutschen Nationalbibliothek

Die Deutsche Nationalbibliothek verzeichnet diese Publikation in der Deutschen Nationalbibliografie; detaillierte bibliografische Daten sind im Internet über http://dnb.d-nb.de abrufbar.



www.regionalgeschichte.de
www.nhv-lippe.de

ISSN 0459-4819
ISBN 978-3-7395-1514-4

Satz und Layout: Verlag für Regionalgeschichte / jk

Gedruckt auf alterungsbeständigem Papier
Printed in Germany

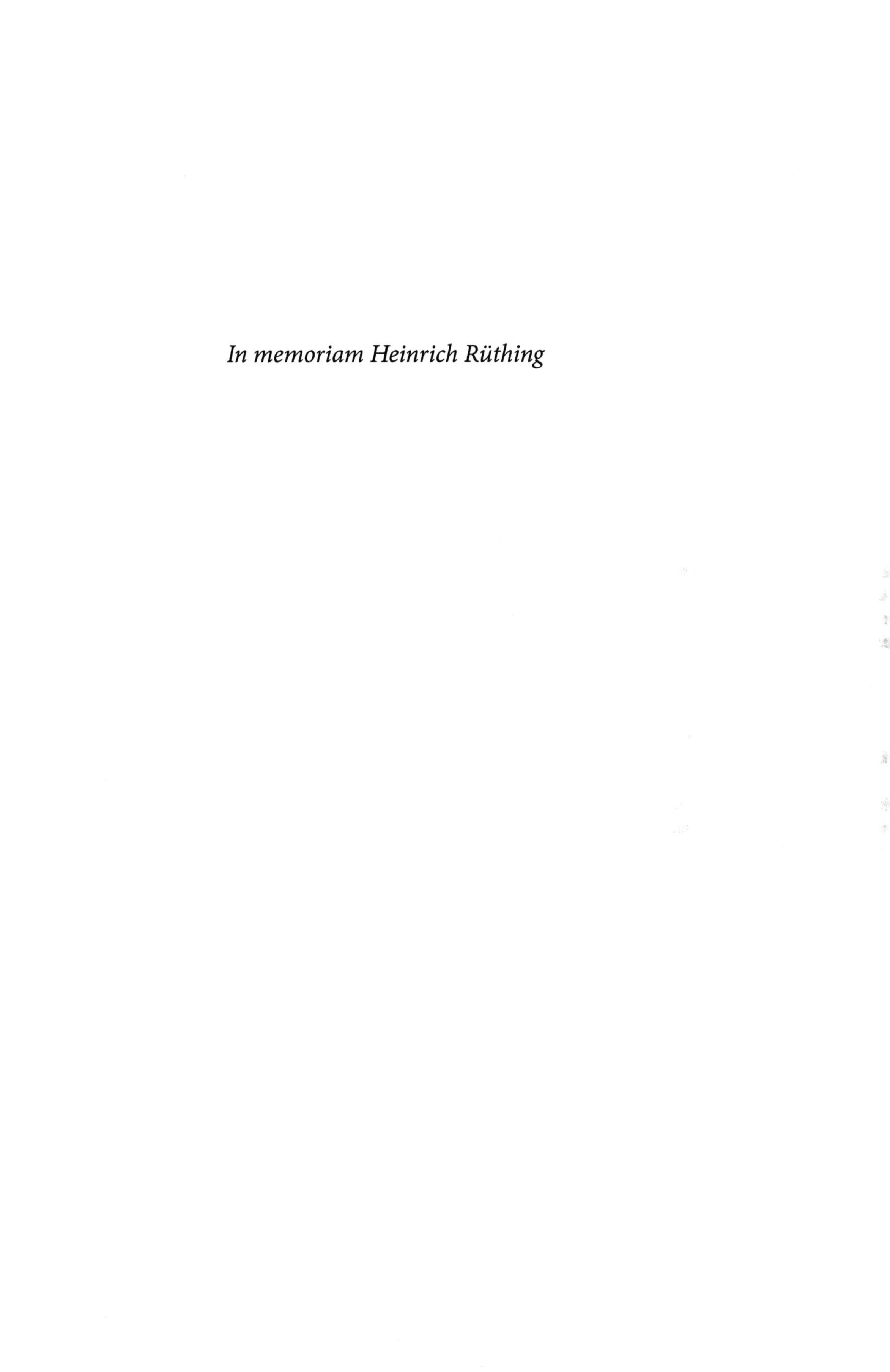

*In memoriam Heinrich Rüthing*

Der Druck dieses Buches wurde durch Druckkostenzuschüsse
von folgenden Institutionen ermöglicht:

Erzbistum Paderborn
Evangelisch-lutherische Kirchengemeinde Blomberg
Evangelisch-reformierte Kirchengemeinde Blomberg
Heimatverein Blomberg e. V.
Katholische Kirchengemeinde St. Martin Blomberg
Lippischer Heimatbund e. V.
Naturwissenschaftlicher und Historischer Verein für das Land Lippe e.V.
Netzwerk Klosterlandschaft Ostwestfalen-Lippe
Phoenix Contact GmbH & Co. KG
Volksbank Ostlippe eG, Hauptstelle Blomberg
Allen Unterstützern sei herzlich gedankt!

Den folgenden Personen danke ich für die Hilfe bei der Erstellung des Buches:

Wolfgang Bender, Olaf Eimer, Uwe Feiert, Annette Hennigs,
Frank Huismann, Christiane Klotz, Tobias Kniep, Roland Linde, Gabriele
Meier, Franziska Norman (geb. Hüther), Lennart Pieper, Gerd Schwerhoff,
Heinrich Stiewe, Hans-Walter Stork, Gisela Wilbertz, Dieter Zoremba
und Michael Zozmann

# Inhaltsverzeichnis

# Vorwort der Herausgeber

Im Jahre 1460 stahl eine Frau 45 Hostien aus der Blomberger Stadtkirche. Von ihrer eigenen Tat erschreckt, versuchte sie, die Hostien in einem Brunnen zu versenken, doch sie wurde ergriffen, vor Gericht gestellt, verurteilt und verbrannt. An dem Brunnen, in den sie die Hostien geworfen hatte, sollen sich in der Folge Wunder ereignet haben. Die lippische Kleinstadt Blomberg wurde innerhalb weniger Jahre zu einem in ganz Nordwesteuropa bekannten Wallfahrtsort. Pilgerzeichenfunde von den Niederlanden bis ins Baltikum belegen diese Bedeutung. Um die Wallfahrt zu lenken und vielleicht auch, um sie für die in der Soester Fehde 1447 zerstörte Stadt finanziell nutzbar zu machen, gründeten Edelherr Bernhard VII. zur Lippe, seine Frau Anna von Schaumburg und sein Bruder Simon III., Bischof von Paderborn, im Jahr 1468 ein Augustinerchorherren-Kloster, dessen Kirche bis heute erhalten blieb.

Die Vorgänge rund um den Hostiendiebstahl, den Prozess gegen die Täterin und die darauffolgende Wallfahrt, gehören seit Jahrhunderten zu den bekanntesten Ereignissen der Blomberger Stadtgeschichte. Im Laufe der Zeit haben sich allerdings viele Legenden und Missverständnisse in Bezug auf die Geschehnisse gebildet. Insbesondere die Täterin und ihr Prozess erfuhren verschiedene, selten haltbare Interpretationen – bis hin zum angeblichen Namen der Täterin Alheyd oder Adelheid Pustekoke. Diese Namen nämlich gaben ihr erst neuzeitliche Historiker. Aufgrund dieser verwirrenden Sachlage wurde von geschichtsinteressierten Blombergern immer wieder der Wunsch nach einer modernen Untersuchung der Ereignisse geäußert.

Professor Dr. Ulrich Meier, der sicherlich beste Kenner der vormodernen Blomberger Stadtgeschichte, begann schließlich mit den Vorarbeiten für eine kleinere Zusammenfassung der Ereignisse. Im Stile einer kriminalistischen Ermittlung fragte er sich, wer war die Täterin, was wissen wir über ihr Umfeld, wie kam es zu ihrer Ergreifung, wie verlief ihr Prozess und was genau eigentlich waren die Folgen? Gefragt wurde aber auch danach, wie dieser Prozess heute zu beurteilen ist oder wie die Zeitgenossen ihn damals wahrgenommen hatten.

Dabei zeigte sich jedoch schnell, dass es notwendig war, alle überlieferten Quellen, die sich auf die Tat, die Wallfahrt und die Klostergründung beziehen lassen, zusammenzustellen und neu zu bewerten. Die Zahl der einschlägigen Quellenpassagen wuchs, manches Schriftzeugnis wurde erstmals gesichtet und bearbeitet. Insbesondere ein erst in jüngerer Zeit in Brüssel entdeckter und von Nikolaus Staubach edierter lateinischer Bericht über die Geschehnisse in Blomberg (geschrieben um 1470, gedruckt 2000) überliefert bisher unbekannte Einzelheiten zur Täterin sowie zum Tat- und Prozessverlauf. Im Anhang des Buches findet sich die erste deutsche Übersetzung dieses Schlüsseltextes.

Damit erwies sich der „Blomberger Hostienfrevel“ als ein für das 15. Jahrhundert ungemein gut dokumentierter Kriminalfall. Nicht nur die Breite der Überlieferung überrascht, es finden sich auch außerordentlich intensive und kontroverse zeitgenössische Diskussionen zu dieser Straftat. Damit ist es möglich, einerseits den Prozess, seinen Ablauf und seine Hintergründe wesentlich detaillierter nachzuzeichnen als bisher und andererseits das weitere Geschehen in der Stadt bis zur Klostergründung 1468 und darüber hinaus quellennah darzustellen. Insbesondere die rechtsgeschichtlichen Details weisen weit über den konkreten Fall hinaus. Durch die Zusammenstellung der einschlägigen Textpassagen hat Ulrich Meier ein Quellenkorpus erarbeitet, mit dessen Hilfe sich allgemeine Fragen etwa zur spätmittelalterlicher Justiz oder zu Themen der Frömmigkeitsgeschichte bearbeiten lassen.

Um diese ungewöhnlich aussagekräftigen Quellen der wissenschaftlichen Forschung ebenso wie der Lokalgeschichte zur Verfügung zu stellen, haben die Herausgeber der Lippischen Geschichtsquellen Ulrich Meier gebeten, sein Material für eine Publikation in dieser Reihe aufzubereiten.

Auf die ersten Kapitel mit den Ermittlungsergebnissen von Meiers Forschungen, in denen die heute möglichen Aussagen zur Täterin, ihrem Umfeld und zum Prozessverlauf festgehalten sind, folgt der umfangreiche Quellenteil, der Grundlage der Interpretation war. In der Form von Regesten sind alle bisher bekannten Texte zum Blomberger Hostienfrevel verzeichnet. Es handelt sich dabei um Urkunden, Traktate, chronikalische Erwähnungen, aber auch um ein populäres Lied und zeitgenössische Predigten. Hinzu kommen frühneuzeitliche Chroniken wie die „Lippische Chronik“ des Blomberger Pastors Johann Piderit, die 1627 in Rinteln gedruckt wurde, und moderne Bearbeitungen, die wesentlich zur Legendenbildung um Adelheid Pustekoke beigetragen haben. Die bedeutenderen Quellen werden dabei in sehr ausführlicher Form zusammengefasst. Zusätzlich finden sich im Anhang drei besonders aussagekräftige Texte in deutscher Übersetzung.

Dieses Buch, das sei deutlich gesagt, ist keine klassische Quellenedition mit obligaten editorischen Apparaten und Kommentaren zur Überlieferungsgeschichte. Es soll vor allem ein quellennahes Lesebuch zum Leben in einer spätmittelalterlichen Kleinstadt sein. Wenn moderne Editionen lateinischer Texte vorliegen, werden diese als Grundlage der Übersetzung herangezogen, aber nicht abgedruckt. Im Katalogteil stehen zahlreiche Auszüge aus lateinischen und mittelniederdeutschen

Urkunden, Berichten und Chroniken, jeweils mit hochdeutscher Übersetzung. Die Übersetzungen sind teils wortwörtlich, manchmal aber auch behutsame Annährungen an eine sehr formelhaft verfasste alte Urkundensprache. Lange Schachtelsätze wurden dabei in Sinnabschnitte aufgelöst. Als Korrektiv zu diesem Verfahren wurde bei terminologisch oder interpretativ bedeutsamen Passagen der lateinische oder mittelniederdeutsche Originaltext in Klammern dazu gesetzt.

Es entstand so eine regestenähnliche Sammlung von Texten, die dem wissenschaftlich Interessierten einen schnellen Zugang zum gesamten Quellenkorpus und seinen Originaltexten bietet, was hoffentlich weitergehende Untersuchungen mit rechts- und sozialgeschichtlichen Fragestellungen motivieren wird. Gleichzeitig erlauben die Übersetzungen allen anderen Leserinnen und Lesern, sich mit Hilfe der hier präsentierten vielfältigen Quellen ein ganz eigenes Bild von den Vorgängen in der kleinen, aber nicht ganz unbedeutenden Stadt Blomberg im 15. Jahrhundert zu machen. Die lesenswerte Zusammenfassung seiner Ermittlungsergebnisse, die Ulrich Meier den Quellen als umfangreiche Einleitung vorangestellt hat, dürfte darüber hinaus grundlegend werden für die Darstellung des konkreten Falles in der Lokal-, aber auch in der Landes-, Frömmigkeits- und Rechtsgeschichte.

Die Herausgeber der Lippischen Geschichtsquellen freuen sich, dass mit dieser Publikation ein Weg gefunden wurde, Originalquellen des späten Mittelalters allen wissenschaftlich Forschenden vorzulegen, aber damit zugleich auch ein breiteres Publikum anzusprechen. Wir sind der Ansicht, dass aus Gründen der Praktikabilität und der Finanzierbarkeit einer solchen Arbeit auch der Verzicht auf den vollständigen Abdruck der lateinischen und mittelniederdeutschen Originale vertretbar ist.

Wir danken allen in Förderern und Sponsoren für ihre finanzielle Unterstützung, ohne die eine Veröffentlichung dieses Werkes nicht möglich gewesen wäre. Nicht zuletzt ist Ulrich Meier für seine langjährige Forschung zur Geschichte der Blomberger Wallfahrt und des Blomberger Klosters zu danken. Es ist ihm gelungen, seine profunden Kenntnisse in eine gut lesbare und spannende Form zu gießen.

Detmold und Blomberg, im September 2023

Frank Huismann Heinrich Stiewe

# 1. Thema und Ziel der Untersuchung

**Abb. 1:** *Stadt Blumberg,* Ansicht von Südosten. Kupferstich von Elias und Heinrich van Lennep, um 1663–1665. Zu erkennen sind: Niederes Tor (links), Heutor (Mitte) und Neues Tor (rechts), dahinter Burg, Rathaus, Martini- und Klosterkirche. © LAV NRW OWL D 75, 346.

Am Ostersonntag 1460 hatte eine Blombergerin 45 geweihte Hostien aus der Stadtpfarrkirche gestohlen und aus Angst vor Verfolgung in einen Brunnen geworfen. Der Frevel wurde bemerkt. Eine Fahndungswelle in Stadt und Land brach los, welche schon den Hexenwahn der Frühen Neuzeit ahnen ließ. Wochen später wurde die Frau gefangen, gefoltert und verbrannt.

Am Brunnen geschahen Wunder. Er wurde zum Ziel zahlreicher Pilger aus ganz Nordeuropa. Ein Altar über dem Brunnen und die Kapelle „Zum heiligen Leichnam“ waren bald (1462) errichtet.[1] Die Wallfahrt nahm solche Ausmaße an, dass die

1 Grundlegend: Beßelmann 1998, S. 66–73, 198ff. u. passim. Vgl. auch Cohausz 1962a; Hüther 2010; Meier 2017.

**Abb. 2:** Das Pilgerzeichen des Typs A (hier Fundort: Amsterdam/Niederlande) trägt die Inschrift: CORP' XPI I BLOMBH [Corpus Christi in Blombergh]. © Monumenten en Archeologie, Gemeente Amsterdam. Inv.-Nr. mw 2-6.

Betreuung der Pilgerscharen außer Kontrolle geriet. Bernhard VII. und sein Bruder, der Paderborner Bischof Simon III., holten 1468 deshalb Augustinerchorherren aus Möllenbeck zu Hilfe. Die erweiterten die Kapelle zur Klosterkirche und bauten eine Klosteranlage.

Diese weithin bekannten, ungemein spektakulären Folgen eines zwar schweren, aber einfachen Diebstahls, sind der Grund dafür, dass wir über diese eine Straftat so viel wissen. Alle Quellen darüber stammen nämlich aus der Geschichte der Wallfahrt. Aus der schlichten Frage nach der Identität der Täterin wird am Ende so auch eine kleine Geschichte der Wallfahrt zum „Heiligen Leichnam".

Karl-Ferdinand Beßelmann resümiert in seinem Standardwerk über westfälische Wallfahrtsorte zwei für uns fundamentale Sachverhalte: „Im Gegensatz zu fast allen anderen westfälischen Wallfahrten hat Blomberg sowohl Widerhall in der zeitgenössischen Literatur als auch Eingang in die westfälische Chronistik gefunden." Und: Kein anderes westfälisches Wallfahrtsziel erreichte über Westfalen hinaus solche Bedeutung. Blomberg bleibt damit das „einzige westfälische Beispiel für die ganz typische Blüte spätmittelalterlicher Wallfahrten".[2]

Bereits aus den ersten 60 Jahren nach der Tat liegen ca. 34 Urkunden und Berichte, vier Chroniken, eine Predigt und ein Lied vor, die von der Tat und ihren Folgen handeln. 17 davon erwähnen die Täterin ausdrücklich. Das erste Blomberger Pilgerzeichen verbreitete ihr Abbild schon bald vom Ärmelkanal bis nach Danzig. Damals eine mediale Sensation, für viele ein Ärgernis. Präsent blieb das Ereignis auch in den wichtigsten westfälischen Chroniken der Frühen Neuzeit. Seit dem 19. Jahrhundert ist die Tat Thema der lippischen Geschichtsschreibung.

2 Beßelmann 1998, S. 120 u. 73. Erweiterbar noch um ein etwas älteres Forschungsergebnis: Für die Blomberger Fronleichnamskapelle seien von 1462 bis 1504 „mehr Ablässe von Päpsten, Kardinälen und Bischöfen überliefert als für jede andere westfälische Kirche" (Prinz 1971, S. 132).

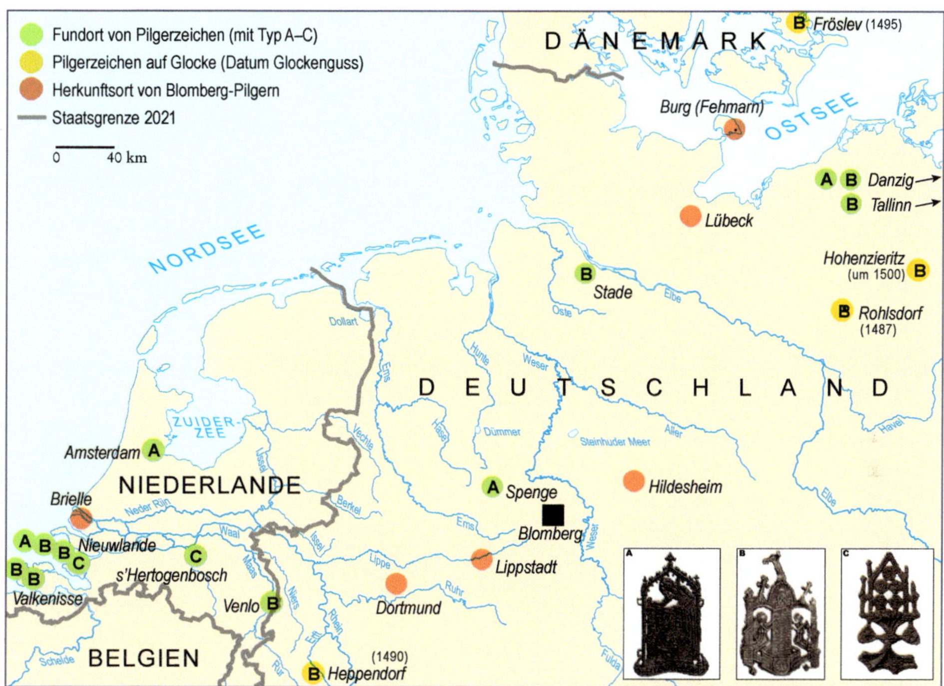


**Abb. 3:** Karte des Einzugsgebietes der Wallfahrt „Zum Heiligen Leichnam" nach Blomberg mit Fundorten der drei Typen des Pilgerzeichens. © Meier / Historische Kommission für Westfalen / Institut für vergleichende Städtegeschichte.

In Blomberg galt die Täterin lange als Hexe und hier bekam sie auch ihren vollständigen Namen „Adelheid Pustekoke". Das hat sich seitdem in das „kollektive Gedächtnis" der Bürgerinnen und Bürger eingeschrieben.

An diese schillernde Leitfigur und überregional bedeutsame Gestalt des Blomberger Mittelalters knüpfte denn auch die „Blomberger Erklärung" vom 13. Mai 2012 an. Auf Initiative des Pfarrers Hartmut Hegeler geht es darin um nichts Geringeres als die Rehabilitation aller durch die Hexenprozesse zu Tode gekommenen Menschen. Der Rat der Stadt schloss sich dieser Erklärung an. Die Lippische Landeszeitung berichtete darüber am 25. März 2015 unter dem Titel „Blomberg rehabilitiert Opfer der Hexenprozesse". Titelbild war der „Alheyd-Pustekoke-Brunnen" auf dem Marktplatz.[3] Das Unterfangen ist sicher ehrenvoll und gut gemeint.

3 https://www.lz.de/lippe/blomberg/20414255_Blomberger-Politiker-sprechen-Opfer-der-Hexenprozesse-von-Schuld-frei.html.

**Abb. 4:** „Alheyd-Brunnen" auf dem Blomberger Marktplatz mit Skulptur von Hans Gerd Ruwe (1926–1995), 1989 © Foto Uwe Feiert 2023.

Ob es historisch sinnvoll ist, muss allerdings bezweifelt werden. Einen Punkt dieser medienwirksamen Aktion können wir schon jetzt abhaken: Die Frau war im Verständnis der damaligen Zeit und in der Sicht der modernen Geschichtswissenschaft sicher keine „Hexe".

Auf der Texttafel des Blomberger Marktbrunnens ist dieses Wort denn auch klug vermieden worden. In der plastischen Darstellung der Frau mit den Hostien erreichte die spannende Überlieferungsgeschichte der Tat ihren künstlerischen Höhepunkt. Der Brunnen steht seit 1989 vor dem Rathaus. Die Skulptur von Hans Gerd Ruwe überzeugt ästhetisch. Sie zeigt eine junge Frau, die eine Schale mit Hostien verstohlen in einen Brunnen schüttet. Auf einer Schrifttafel ist ein Text zu lesen, der dem damaligen Kenntnisstand weitgehend gerecht wurde:

NACH DEM OSTERFEST DES JAHRES 1460 STAHL DIE BÜRGERFRAU ALHEYD PUSTEKOKE 45 GEWEIHTE HOSTIEN AUS DER BLOMBERGER STADTKIRCHE ST. MARTIN. ALS DIE GOTTESLÄSTERLICHE TAT ENTDECKT ZU WERDEN DROHTE, WARF ALHEYD DIE HOSTIEN IN EINEN BRUNNEN IM SELIGEN WINKEL. SIE WURDE DABEI BEOBACHTET UND BÜSSTE IHRE UNTAT AUF DEM SCHAFOTT. ZUR SÜHNE DES HOSTIENFREVELS WURDEN ÜBER DEM BRUNNEN EIN ALTAR UND DIE SPÄTERE KLOSTERKIRCHE ERRICHTET. DIE WALLFAHRT ZUM „WUNDERBRUNNEN" MACHTE DAS MITTELALTERLICHE BLOMBERG WEITHIN BERÜHMT UND BRACHTE DER STADT – DREIZEHN JAHRE NACH IHRER VÖLLIGEN ZERSTÖRUNG WÄHREND DER SOESTER FEHDE – EINEN UNERWARTETEN AUFSCHWUNG.

Das blieb nicht der Weisheit letzter Schluss. Dass die Hostien nicht auf einer Schale lagen, mag der künstlerischen Freiheit und einer Blomberger Sondertradition zugestanden sein. Am Text aber sind weitere Fragezeichen anzubringen: Dass Alheyd eine „Bürgerfrau" war, ist nicht belegt. Dass sie bei der Tat beobachtet wurde, hat erst Piderit 1627 überliefert (s. u.); es widerspricht den zeitgenössischen Quellen. Und last not least steht die Frage der Identität der Täterin nach wie vor im Raum.

Also: Wer war diese Frau eigentlich? Hieß sie wirklich „Alheyd Pustekoke"?

Die beiden Fragen habe ich häufig mit Blomberger Gästeführerinnen und Gästeführern diskutiert, vor allem mit Christiane Klotz. Ihr Wunsch, meine abweichenden Ansichten in dieser Sache endlich einmal zu Papier zu bringen, wurde zum Anlass der Niederschrift dieser Dokumentation. Mit dem Thema selbst bin ich seit langem vertraut. Behandelt habe ich es etwa im Rahmen eines Seminars über die Geschichte des abendländischen Mönchtums an der Fakultät für Geschichtswissenschaft der Universität Bielefeld im Jahre 2008. Einige der damaligen Studierenden trugen maßgeblich zu den hier präsentierten Ergebnissen bei. Franziska Hüther widmete der Freveltat ihre Bachelor-Arbeit. Sie erhielt dafür 2011 den Frauenförderpreis der Fakultät. Ich habe davon sehr profitiert. Frank Huismann und Heinrich Stiewe begleiteten das Dokumentations-Projekt mit Rat und Tat. Gisela Wilbertz half mir auch diesmal wieder bei den schwierigen und kniffligen Fragen der Strafverfolgung. Sie gab erstaunliche Hinweise und bewahrte mich davor, in gängige Fettnäpfe der für Laien kaum noch überschaubaren Hexenforschung zu treten. Sie ermunterte mich darüber hinaus, den Text nicht allein als Quellen-Reader in Blomberg zu verteilen, sondern ihn kommentiert zu publizieren. Am Ende sorgte Gerd Schwerhoff ebenso hartnäckig wie freundschaftlich dafür, dass ich ein gewisses kriminalitätsgeschichtliches Niveau nicht unterschritt. Allen Genannten ganz herzlichen Dank.

Im Folgenden wird alles mir bekannte Material herangezogen und jedes Stück einzeln befragt nach Tat, Tatort, Täter, und Tatmotiv. Dazu mussten die Quellen teilweise erst transkribiert oder übersetzt werden. Die Auswertung dieser Quellen entspricht nicht den üblichen Standards geschichtswissenschaftlicher Darstellung. Ich wähle stattdessen eine literarische Form, mit der die meisten gut vertraut sind: Nämlich das aus jedem „Tatort" oder Kriminalfilm bekannte Ermittlungsverfahren. Geklärt werden sollen dabei die näheren Umstände einer lang zurückliegenden Straftat sowie die schon damals angezweifelte Rechtmäßigkeit des angewendeten Inquisitionsverfahrens.[4] Dabei mussten Entscheidungen zwischen widersprüchlichen Aussagen getroffen und aus Indizien ein Gutachten erstellt werden. Geschichten wurde selbst dann nachgegangen, wenn ein aktenfestes Ergebnis nicht erwartbar war. Die fiktive Darstellungsweise verschaffte der historischen Phantasie den nötigen Spiel-

4 Es handelte sich dabei um das seit dem 13. Jahrhundert entwickelte Gerichtsverfahren bei schweren Delikten. Es wurde auch 1460 angewendet: Es ging in Blomberg also definitiv nicht um ein Verfahren der berüchtigten kirchlichen Inquisition; dazu einführend Schwerhoff 2004. Näheres zum weltlichen Inquisitionsprozess in Kapitel 2, Streitpunkt 4.

raum für Ermittlungen zu einer lange zurückliegenden und nicht mehr vollständig aufklärbaren Tat.

Als Korrektiv zur literarischen Form dient das historisch-kritisch arbeitende Dokumentationskapitel 4, überschrieben mit „Quellenkatalog". Darüber hinaus werden im Anhang die beiden umfangreichsten Berichte zur Tat und ihren Folgen erstmals in deutscher Übersetzung geboten. Damit sind die Überprüfung der Ermittlungsergebnisse und die Falsifizierbarkeit meiner Schlussfolgerungen hinreichend gewährleistet. Die Recherchen erwiesen sich insgesamt als unerwartet komplex und manchmal auch als schwierig. Die Antworten aber waren am Ende doch hinreichend differenziert und einigermaßen plausibel. Als ebenso spannend wie die Geschichten im Tatumfeld erwies sich mit zunehmender Recherchedauer die Rezeption dieser Straftat in den folgenden mehr als fünf Jahrhunderten. An einen festen Kern lagerten sich immer wieder andere Geschichten an. Und neue Weltbilder stellten das Überlieferte manchmal überraschend in ein völlig ungewohntes Licht. So entstanden weitere Geschichten, manchmal sogar filmreife Shortcuts.

Anders als bei modernen Ermittlungsverfahren, handelt es sich bei der in Kapitel 4 zusammengetragenen „Ermittlungsakte" natürlich nicht um klassische Zeugenaussagen oder Ermittlungsberichte. Unsere Quellen, auch die Urkunden und Ablassbriefe, haben eine klare Absicht: Sie wollen Rechte begründen, die Heilkraft eines Ortes belegen oder, wie die behandelten Chroniken, Geschichten erzählen, aus denen man etwas lernen kann. Sie glauben mit Cicero nämlich, dass die Geschichte Lehrmeisterin des Lebens ist: *Historia magistra vitae*. Bei einem solchen Motto sind pädagogische Zuspitzungen, Ausschmückungen oder Verkürzungen die Regel. Selbst unsere beiden umfangreichen Berichte aus den 1470er Jahren, Grundlagen meiner Urteilsbildung, sind nicht mit Berichten in einer modernen Ermittlungsakte zu vergleichen: Sie bleiben immer ein stückweit literarischer Text, der in Konkurrenz zu anderen literarischen Texten des gleichen Diskurses steht: Der Autor will überzeugen und belehren, aber auch gut unterhalten.

Vorgehen: Nach dieser Einleitung zu Thema und Ziel der Untersuchung, beginnt das eigentliche ‚Ermittlungsverfahren' mit der Diskussion widersprüchlicher und kontroverser Aussagen zu den einzelnen Stationen des Geschehens, also von der Tat über den Prozess bis zur Hinrichtung. Dieses 2. Kapitel ist überschrieben mit „Ermittlungsschritte: Zeitfenster in den Alltag einer mittelalterlichen Stadt". Die „Ermittlungsergebnisse" (Kapitel 3) schließen in einer knappen Zusammenfassung den ersten Teil der Untersuchung ab. Die Ergebnisse sind in der Form eines schlichten ‚Rechtsgutachtens' gehalten. Die Neugier von am Thema Interessierter könnte bei einigen bereits an dieser Stelle befriedigt sein. Diesen Leserinnen und Lesern aber würden viele spannende Geschichten und Episoden aus dem Alltag einer kleinen mittelalterlichen Stadt entgehen.

Der zweite Block des Buches ist eine Dokumentation, genannt „Quellenkatalog". Das ist unsere Ermittlungsakte. Dieses Kapitel 4 ist eng mit Kapitel 2 verknüpft. Der so entstandene Katalog ist die materielle Basis meiner Urteilsbildung. Er ist durch neue Funde erweiterbar. Er ordnet alle Urkunden, Chroniken und Berichte in chronologischer Abfolge und kommentiert jedes einzelne Stück: Gefragt wird stereotyp nach Tatort, Täterin, Motiv und Umfeld. So kann an jeder Stelle bei Bedarf tiefer eingestiegen, weiter recherchiert oder eine Aussage anders gewichtet werden. Die zentralen Beweisstücke der Rekonstruktion werden ausführlicher und mit ganzen Textpassagen vorgestellt. Das sind: Die erste kirchenamtliche Darstellung der Tat 1469, zwei umfangreiche Berichte der 1470/80er Jahre sowie die Chronik des Johannes Piderit von 1627 als Schnittstelle verschiedener Traditionsstränge.[5] Der Katalog ist kein Text zum Durchlesen, sondern zum Nachschlagen. Die vielen kleinen Geschichten, die hier geboten werden, sind bisweilen aber ziemlich spannend und bieten lesenswerten Stoff zum Schmökern.

Die genannten zeitnahen Berichte lege ich als Anhang bei. Anhang I bietet umfangreiche Auszüge aus einem juristisch ausgefeilten, analytisch überzeugenden und überaus kenntnisreichen Traktat von Johannes Hagen (um 1470: Q 18). Der lateinische Text wurde 1961 ediert und gedruckt; dem lateinunkundigen Leser wurde er zugleich durch eine deutsche Paraphrase erschlossen. Diese erwies sich für unsere Fragestellung als zu knapp und viel zu unspezifisch. Die wichtigsten Passagen habe ich deshalb textnah ins Deutsche übertragen. Anhang II ist die erste deutsche Übersetzung der lateinischen ‚Gesta' eines Anonymus. Titel: „Geschehnisse um das göttlichste Sakrament in der Stadt Blomberg". Eine lateinische Edition liegt seit 2000 vor und ist online einsehbar. Der Codex stammt aus einem Kloster in Nimwegen und wurde Ende des 20. Jahrhunderts in Brüssel entdeckt [Q 21]. Diese beiden Texte liefern mit Abstand die meisten Informationen zu Tat, Prozess und Hinrichtung. Die Auswirkungen der Tat auf das Leben der Bürger werden in der Gründungsurkunde des Klosters aus dem Jahre 1468 deutlich [Q 15: Anhang III]. Den Schlusspunkt setzt eine Auswahl an Literatur, die sich auf unsere Quellen und auf die einschlägigen Werke zum Thema beschränkt.

---

5 LRNF 1469.08.17 [Q 17]: Hagen, in: Klapper 1961, S. 92–113 [Q 18]; Anonymus; in: Staubach 2000, S. 327–333 [Q 21]; Piderit 1627 [Q 43].

# 2. Ermittlungsschritte: Zeitfenster zum Alltag einer mittelalterlichen Stadt

Vorbemerkung: Auf das Kapitel 4 verweisen folgende Abkürzungen:

Q + laufende Nummer: Chronologische Dokumentation der Quellen bis zum 18. Jahrhundert.
G + laufende Nummer: Moderne Geschichtsschreibung des 19. und 20 Jahrhunderts.

Im meinem Text wird die hochdeutsche Namensform „Adelheid" verwendet. In den Quellen finden sich zahlreiche andere Schreibweisen, wobei derselbe Autor auf derselben Seite mitunter Unterschiedliches anbietet: Piderit [Q 43] etwa *Alheyd*, *Alheit* oder *Alheyt*.

## Hintergrund: Zauberinnen, Hexen und Wundergeschichten

Den großen Hexenverfolgungen des 16. und vor allem des 17. Jahrhunderts lag ein höchst komplexer Hexenbegriff zugrunde. Er bezeichnete eine Frau als „Hexe" (lat. *malefica*), wenn sie Schadenszauber betrieb, ein Bündnis mit dem Teufel geschlossen hatte, sexuell mit ihm verkehrte (Teufelsbuhlschaft) und damit zum Mitglied einer Hexensekte wurde, welche sich auf dem Hexensabbat traf.[6] Handbuchartig zusammengefasst wurde die Lehre zuerst 1487 im ‚Hexenhammer' (*Malleus Maleficarum*) des dominikanischen Inquisitors Heinrich Kramer (lat. *Institoris*).[7] Juristisch war vor allem die Vorstellung von der Existenz einer geheimen Hexensekte bedeutsam. Zumal unter Folter führte die Frage nach den Namen der Teilnehmer am Hexensabbat häufig zur Beschuldigung anderer („Beklaffung"). Das lief leicht aus dem Ruder und konnte zu Ketten von Festnahmen führen.

---

6 Schormann 1981, S. 22–29 (mit kompakter Definition des Hexenbegriffs); Blauert 1990; Dillinger 2018.

7 Kramer [1487], in: Schnyder 1993.

Hexen in diesem Sinn kannte man bis ins spätere 15. Jahrhundert hinein nicht. Nicht einmal das Wort „Hexe" war im Niederdeutschen des Mittelalters vorhanden. Bekannt dagegen war die „Zauberin / Zaubersche" (*Toversche*), welche anderen mittels magischer Praktiken Schaden zufügte. Die *Toversche* war die mittelalterliche Vorgängerin der Hexe:[8] Diese aber blieb, anders als ihre Nachfolgerin, zumeist Einzeltäterin. Theologen und Obrigkeiten des Mittelalters hielten Schadenszauber oder Besenritt im Übrigen zumeist für heidnischen Aberglauben, für toxisch indizierte Selbsttäuschung oder schlicht für Einbildung meist illiterater Leute.[9] Wenn das spätere Wort für „Hexe" = *malefica* in unseren Texten dennoch auftaucht, ist „Übeltäterin" die angemessene Übersetzung. Wenige Male wurde versucht, die Blomberger Angeklagte als „Zaubersche" zu stigmatisieren. Das misslang, denn auch in diesen Fällen war Schadenszauber nicht nachweisbar.

Der Glaube an die Existenz magischer Kräfte, an gute und böse Zauberkraft, vor allem aber der Glauben an Wunder durchzog unstrittig alle Schichten der mittelalterlichen und frühneuzeitlichen Gesellschaft. So hatte gerade die Kirche in den Jahren, in denen unsere Geschichte spielt, den Wunderglauben aggressiv propagiert, verbreitet und auf ihre Fahnen geschrieben. Zahlreiche neue Wallfahrtsorte entstanden, an denen Marien- oder Jakobs-Erscheinungen gesehen wurden; auch Hostienwunder waren wallfahrtsauslösend: In der Nähe etwa Hillentrup oder der noch heute imponierende Jakobsberg bei Beverungen.[10] Die von Päpsten und Bischöfen ausgestellten Ablassbriefe waren gleich nach der Predigt das wirkungsmächtigste Medium dieses Wunderglaubens. Das trifft auch für Blomberg zu [Q. 10–13; Q 23–39, besonders eindrucksvoll ist der Ablass von Papst Sixtus IV. von 1475 [Q 24; vgl. auch Q 18, 21].

Dieser Wunderglaube stärkte verhängnisvollerweise den altüberlieferten Glauben an Zauberei. Beides schaukelte sich in der Frühen Neuzeit wechselseitig hoch. Zusammen mit dem neu ausgebildeten Hexenbegriff enstand ein unheilvoller Komplex von Imaginationen. Nikolaus Staubach fasst seine diesbezüglichen Beobachtungen folgendermaßen zusammen: „Angesichts dieses Zeugnisses [der Schrift des Johannes Hagen und anderer Quellen zur Blomberger Wallfahrt] ist es wohl

---

8 Ahrendt-Schulte 1997, hier bes. S. 94: „Zauberei" wurde im Lippe im 16. Jahrhundert dann ein Kummulativdelikt, „das alle Kriterien der Hexerei enthielt". Kernstück des Delikts blieb der Schadenszauber bzw. der angerrichtete Schaden. Die anderen Kriterien wie Teufelspakt und -buhlschaft etc. kamen hinzu. „Zauberin" also bedeutete um 1550 schon: „Hexe". Zur Geschichte des Hexenbegriffs vgl. Rummel/Voltmer 2012.

9 Staubach 2000, S. 304ff.

10 Grundlegend Beßelmann 1998, passim. Zu Hillentrup Linde 2017.

nicht übertrieben, wenn man den Blomberger Vorgängen eine paradigmatische Bedeutung für die spätmittelalterliche Mentalitäts- und Frömmigkeitsgeschichte zuschreibt: Wunderglauben und Hexenwahn erweisen sich als verwandte Erscheinungsformen einer Volksreligiosität, die man bewußt stimuliert und inszeniert hat, um die *simplices* an die Kirche zu binden und der großen Bedrohung des Jahrhunderts, der zunehmenden Säkularisierung und Polarisierung der christlichen Gesellschaft, entgegenzuwirken."[11]

Dieser Wunderglaube wurde in der Frühen Neuzeit auch von protestantischen Theologen und Pfarrern weitergepflegt und propagiert.[12] Erster Höhepunkt war die ‚Pilgerfahrt' zum Pyrmonter Wunderbrunnen ab 1556. Das Gleiche gilt *cum grano salis* bis heute für eine Unzahl von Menschen, die sich auf Pilgerfahrt begeben oder zum „wahren Jakob" nach Santiago de Compostela ziehen und dort auf Heilung hoffen. Die gelehrte Welt und die Obrigkeiten des 15. Jahrhunderts standen diesen Phänomenen weitaus skeptischer gegenüber als die des 16. und 17. Jahrhunderts. Erst die Aufklärung führte auf ein intellektuelles Niveau zurück, das bei den Reformtheologen und den meisten Obrigkeiten des 15. Jahrhunderts schon einmal erreicht war. Auch das ist ein wenig bekannter, aber fundamentaler Tatbestand.

## Ausgangspunkt: Blomberg im Jahr 1460

Werfen wir zuerst einen Blick auf Europa und das Reich. In Rom saß Aeneas Silvius Piccolomini, der bedeutende Humanist, Jurist und Dichter, als Pius II. auf dem päpstlichen Stuhl. Kaiser des „Heiligen Römischen Reiches" war der fern in Wiener Neustadt residierende Habsburger Friedrich III., im Norden gern als des Deutschen Reiches „Erzschlafmütze" bezeichnet. Dietrich von Moers amtierte als Erzbischof von Köln und war zugleich Bischof von Paderborn. Bernhard VII. und sein jüngerer Bruder Simon herrschten in Lippe. Obwohl ihr Land und insbesondere Blomberg in der Soester Fehde im Jahr 1447 gerade erst verwüstet und zerstört worden waren, mischten beide in fast allen Fehden der Region weiterhin kräftig mit.

In den Annalen des Aegidien-Klosters zu Braunschweig erhalten wir weitere Informationen über die aktuellen Verhältnisse dieses Jahres in Norddeutschland [Q 1]: Anfang 1460 brach in Braunschweig die Pest aus. Dann prägten schwierige klimatische Verhältnisse das Leben der Menschen. Es gab eine Reihe von außerge-

11 Staubach 2000, S. 296.

12 Vgl. Kühne 2010.

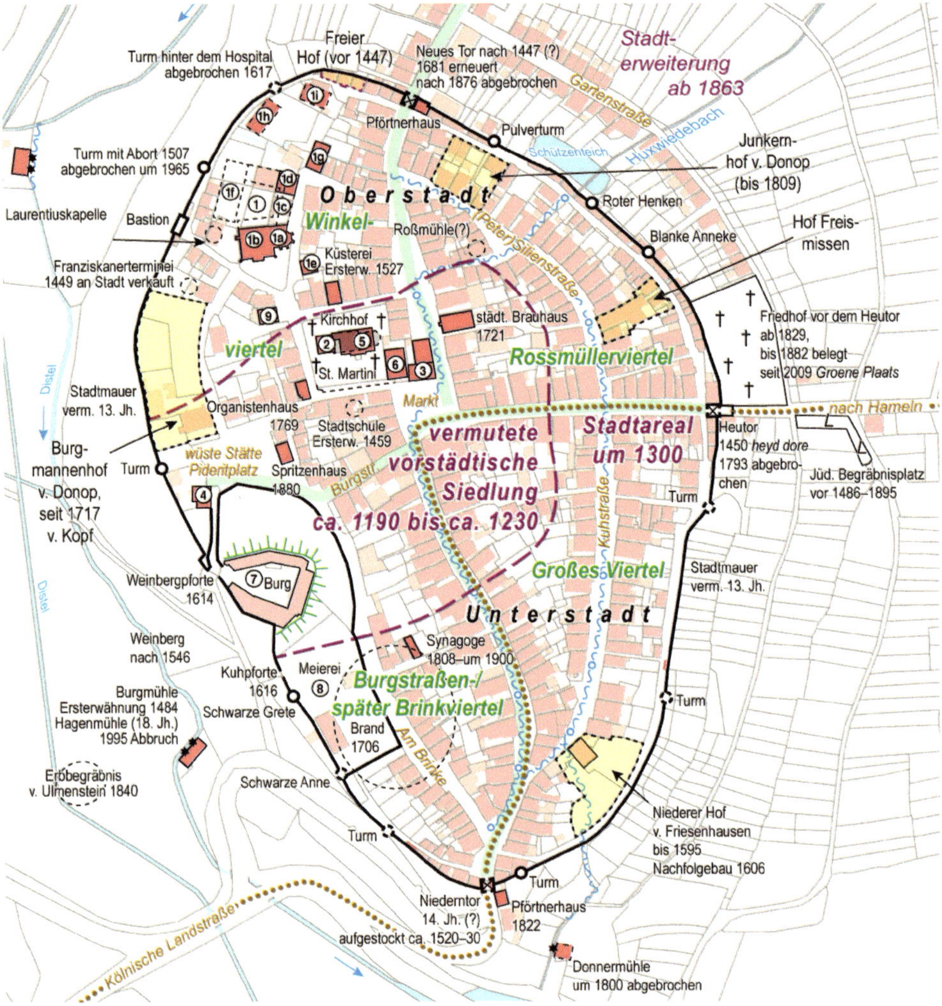

Stadterweiterung ab 1863
Freier Hof (vor 1447)
Turm hinter dem Hospital abgebrochen 1617
Neues Tor nach 1447 (?) 1681 erneuert nach 1876 abgebrochen
Gartenstraße
Pförtnerhaus
Pulverturm
Schützenteich
Huxwiedebach
Junkernhof v. Donop (bis 1809)
Turm mit Abort 1507 abgebrochen um 1965
Oberstadt
Roter Henken
Laurentiuskapelle
Bastion
Winkel-
Roßmühle(?)
(Peter) Siliensstraße
Hof Freismissen
Blanke Anneke
Franziskanerterminei 1449 an Stadt verkauft
Küsterei Ersterw. 1527
Kirchhof
städt. Brauhaus 1721
Friedhof vor dem Heutor ab 1829, bis 1882 belegt seit 2009 *Groene Plaats*
viertel
St. Martini
Rossmüllerviertel
Distel
Stadtmauer verm. 13. Jh.
Organistenhaus 1769
Markt
nach Hameln
Stadtschule Ersterw. 1459
vermutete vorstädtische Siedlung ca. 1190 bis ca. 1230
Stadtareal um 1300
Heutor 1450 *heyd dore* 1793 abgebrochen
Burgmannenhof v. Donop, seit 1717 v. Kopf
Turm
wüste Stätte Pideritplatz
Spritzenhaus 1880
Burgstr.
Jüd. Begräbnisplatz vor 1486–1895
Turm
Kuhstraße
Weinbergpforte 1614
Burg
Großes Viertel
Stadtmauer verm. 13. Jh.
Unterstadt
Weinberg nach 1546
Synagoge 1808–um 1900
Kuhpforte 1616
Meierei
Burgstraßen-/später Brinkviertel
Turm
Burgmühle Ersterwähnung 1484 Hagenmühle (18. Jh.) 1995 Abbruch
Schwarze Grete
Brand 1706
Am Brinke
Erbbegräbnis v. Ulmenstein 1840
Schwarze Anne
Niederer Hof v. Friesenhausen bis 1595 Nachfolgebau 1606
Turm
Turm
Kölnische Landstraße
Niederntor 14. Jh. (?) aufgestockt ca. 1520–30
Pförtnerhaus 1822
Donnermühle um 1800 abgebrochen

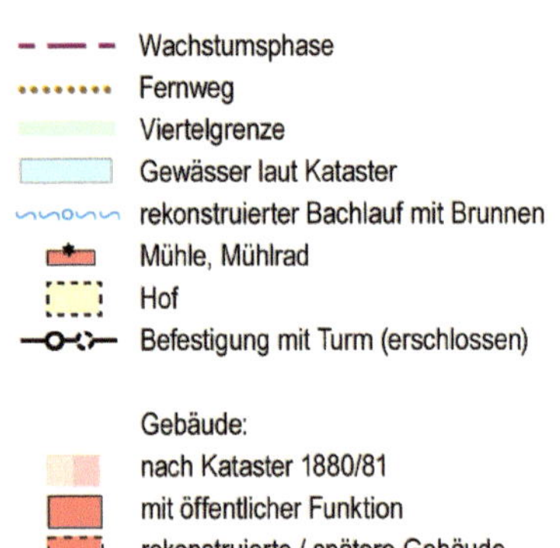


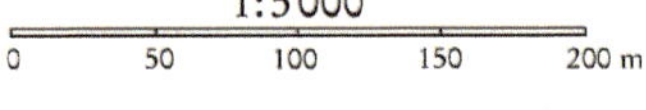


Topographische Grundlage: Katasterkarte 1880/81 (s. Tafel 1)

① Klosterareal
a) Kapelle zum Hl. Leichnam: 1462 erbaut (später Chor der Klosterkirche)
b) Augustiner-Chorherrenkirche: 1468–1473, ca. 1485, 1511–1769 dynastische Grablege, 1533 Auflösung des Konvents, 1833 ev. Pfarrkirche
c) Ostflügel des Kreuzgangs: 1651 in städtischem Besitz (Stadtschule u. Dienstwohnung für Lehrer)
d) Nordflügel: 1533 Lateinschule, später städtische Rektorschule
e) Kloster-Gästehaus Frauen
f) Westflügel: Dormitorium mit Übergang zum Abort auf dem Turm (Fertigstellung nicht belegt)
g) Kloster-Gästehaus Männer, später Armenhaus, Neubau 1861
h) Hospital (abgebr.)
i) Wirtschaftshof (abgebr.)

② Martinikirche
im 2. Drittel 13. Jh. erbaut, 1447 bis auf Turm abgebrannt/Neubau, 1833/34 abgebrochen bis auf Turm, 1846 Turmumbau

③ Rathaus
Vorgängerbau (Rathaus I), 1447–1586 Rathaus II, seit 1587 Rathaus III, 1901 Hinterhaus abgebrochen, 1904 neuer Anbau

**Abb. 5:** Blomberg, Stadtgrundriss und Wachstumskarte (Ausschnitt). © Meier/Stiewe 2022 / Historische Kommission für Westfalen / Institut für vergleichende Städtegeschichte.

wöhnlich schweren Unwettern und zu Ostern eine harte Frostperiode. Es folgte eine langanhaltene Trockenheit. Den einzelnen Wetterkatastrophen folgten belastende Teuerungen. Eine Erfurter Handschrift berichtet kurz vor 1460 erstmals von einem Treffen alter Frauen und Matronen auf dem Brocken im Harz [Q 2].

In Blomberg, das am 14. Juni 1447 weitgehend zerstört wurde,[13] begann der Wiederaufbau zwar zügig, zog sich aber über Jahrzehnte hin. 1460 standen noch zahlreiche Ruinen abgebrannter Häuser auf den wüst gefallenen Hausstätten. Die Bevölkerungsverluste dieser Fehde waren insbesondere unter den Ratsgeschlechtern so groß, dass bis 1462 kein ordentlicher zwölfköpfiger Rat gebildet werden konnte. 1460 herrschte daher ein Magistrat aus acht Bauermeistern, den traditionellen Stadtviertelvorstehern. Wie beim Rat zuvor und danach wechselten sich dabei zwei achtköpfige Bauermeister-Gremien jährlich ab.[14] Dank einer klugen Einwanderungspolitik dürften schon bald wieder mehr als 1000 Einwohner in der Stadt gelebt haben.

Mit Wilbasen vor seinen Mauern war Blomberg seit dem 14. Jahrhundert zudem Zielort einer bekannten Marienwallfahrt.[15] Das hatte zur Folge, dass eine ansehnliche Zahl von Klerikern in den Mauern der Stadt lebte (mindestens 20 um 1460). Sie wurden bei Bedarf unterstützt von Franziskaner-Terminariern aus Höxter. Diese Pfarrer, Kleriker, Altaristen und Bettelmönche betreuten neben den Wilbasen-Pilgern noch mindestens fünf Altäre in der Martinikirche, einen weiteren in der vor 1614 abgerissenen Laurentius-Kapelle im Seligen Winkel und vier in der Kapelle zu Wilbasen. In dieser befand sich seit 1429 auch die Grablege der lippischen Dynastie. Welcher Priester 1460 die Burgkapelle zu betreuen hatte, war nicht zu ermitteln. Zu den genannten Aufgaben kam die geistliche Betreuung mehrerer Laien-Bruderschaften und des Siechenhauses bei Wilbasen. Auch die „Anthoniusklause“ in der Nähe dieses Siechenhauses dürfte es schon gegeben haben.[16]

In der Stadt lagen mehrere Adelshöfe, mindestens fünf davon im Seligen Winkel-Viertel; einige davon waren noch nicht wieder aufgebaut.[17] Auf der Blomberger Burg residierte seit den 1450er Jahren der Landesherr, Bernhard VII. zur Lippe.

13 Grundlegend Huismann 2015.
14 Grundlegend mit weiterer Literatur Meier 2022a, S. 7–30.
15 Beßelmann 1998, S. 95–99; Meier 2017b.
16 StadtA Bl II-Ia2, Stadtbuch II, S. 382; vgl. Meier 2023b.
17 Stiewe 1996, S. 41f.; Meier/Stiewe 2022, Kartenteil.

**Abb. 6:** Burg Blomberg aus der Vogelperspektive. Foto: Junkers Luftbild, 1928. © Stadtarchiv Blomberg, Bildersammlung.

Er war vermählt mit Anna, Gräfin zu Schaumburg. Mit ihr hatte er 1460 bereits drei kleine Töchter: Margarete, Elisabeth und Anna; auch Ermgard sollte 1462 noch in Blomberg geboren werden.[18] Das Hofgesinde umfasste etwa 40 Personen. Der Umbau der mittelalterlichen Burg zu einer modernen Festung erfolgte in einer intensiven Baukampagne zwischen den Jahren 1456 und 1463. Ein „Neues Haus" im Ostflügel kam hinzu und der Nordflügel bekam eine Doppeltoranlage mit Wassergraben und einer Zugbrücke zur Wüsten Stelle hinüber (dem heutigen Piderit-platz). Schießscharten für Geschütze wurden ins Mauerwerk und in die Stadttürme gebrochen.[19] Führende Blomberger Kaufleute, alle im obersten Magistrat oder als Kirchendechen tätig, waren wichtige Hoflieferanten. Städtische Handwerker

18 Dass der in der ‚Weihnachtsgeld-Liste' des Blomberger Burgvogtes aus den Jahre 1456 und 1458 begegnende Bernd von der (= zur) Lippe der erstgeborene, aber regierungsunfähige erste Sohn von Bernhard VII. und Anna von Schaumburg war, ist, so Roland Linde, durchaus möglich. Ich denke allerdings eher, es war ein Bastardsohn Bernhards VI., der in Blomberg lebte und dort auch begütert war; vgl. Meier 2023b.

19 Meier 2023a, S. 299f.

und Tagelöhner arbeiteten am und für den Hof. Hofgesellschaft und Bürgerschaft waren eng vernetzt.

Über mehrere Akteure liegen Quellen aus anderen Jahren vor. Der Pfarrer, der sich bei der Einschätzung der zur Ostermesse benötigten Hostien so heillos gerirrt hat, hieß nach der Blomberger Überlieferung *Bernhardus de Embrike* (nach dem gleichnamigen Dorf bei Hildesheim). In einer Urkunde von 1483 wird er als verstorben erwähnt. In den ‚Gesta' des Anonymus heißt er *Bernhard de Emerick*. Mehr zu diesem mutmaßlichen Abschreibfehler in [Q 21]. In den genannten ‚Gesta' kommt der Pastor darüber hinaus sehr schlecht weg: So musste Edelherr Bernhard zur Lippe ihn geradezu zwingen, der geständigen Täterin am Ende die Beichte abzunehmen. Johannes Hagen verdächtigt ihn sogar, das Beichtgeheimnis gebrochen zu haben, um die Hinrichtung der Täterin zu beschleunigen [Q 18].[20]

Sehr viel mehr wissen wir vom Landesherrn Bernhard VII., von seiner Frau Anna von Schaumburg und seinem jüngeren Bruder Simon zur Lippe. Letzterer dürfte ebenfalls Augenzeuge der Geschehnisse nach der Tat gewesen sein.[21] Heinrich Turck hatte im 17. Jahrhundert sogar noch wissen können, dass Simon zur Lippe die Wunder am Brunnen mit eigenen Augen gesehen hatte (*tanquam à se visa*) [Q 46]. 1460 war Simon 30 Jahre alt und engster Vertrauter und Kampfgefährte seines älteren Bruders. Ab 1463 beteiligte er sich als Paderborner Bischof Simon III. federführend am Ausbau des Wallfahrtsortes. So war er 1469 Aussteller der Bestätigungsurkunde der Klostergründung von 1468 [Q 17 / 15] und zahlreicher Ablassurkunden. Beide Brüder wurden vom Heiligen Stuhl schon früh für ihr Engagement in dieser Sache belohnt: Am 8. Juli 1462 verlieh Papst Pius II. den beiden als Dank für die Förderung der Wallfahrt und die Grundlegung der Kapelle zum Heiligen Leichnam einen besonders hohen Ablass von 20 Jahren [Q 7].

Die beiden lippischen Edelherren und Anna von Schaumburg waren Anhänger und Förderer der „Devotio moderna", einer reformorientierten Frömmigkeitsbewegung aus den Niederlanden. Das sollte sich später auch bei der Gründung und Förderung des Blomberger Klosters zeigen. Anna von Schaumburg scheint darüber hinaus an der Gründung des Franziskanerklosters in Stadthagen beteiligt gewesen zu sein. Nach dem Blomberger Vorbild wollte Annas Bruder, Graf Erich von

20 Vgl. LRNF 1483.04.17A; Anonymus, in: Staubach 2000, S. 333; Hagen, in: Klapper 1961, S. 100f.

21 Zu den Personen: Linde 2012, Meier 2012.

Schaumburg, dieses Kloster 1485 zum geistigen Zentrum der Grafschaft, zur dynastischen Grablege und zum rituellen Kern seiner neuen Residenzstadt machen.[22]

Wir haben es in diesem Jahr also mit einem hochbrisanten Gemisch aus drückenden Lasten der Vergangenheit, einem schleppenden Wiederaufbau und neuen Zukunftsperspektiven im Stadtbürgertum zu tun. Diese Phänomene wurden überlagert von Pestumzügen, klimatischen Katastrophen und Teuerungswellen. Die krisenhafte Situation traf insbesondere Unterschichten und prekär lebende Personen ungemein hart. Deshalb steht auch nicht zufällig eine arme, zutiefst verstörte Frau im Zentrum unserer Geschichte.

## Streitpunkt 1: Tat, Tatorte und Tatzeiten

**Die Tat**: Der Raub der Hostien zu Ostern aus der Blomberger Martinikirche geschah in einer nicht ganz unbedeutenden Kleinstadt. Die litt immer noch unter den Folgen von Krieg und Zerstörung. Das Jahr der Tat war darüber hinaus geprägt von Pest, Wetterkatastrophen und Teuerungen. Unstrittig blieb stets: Die Tat war ein Kirchendiebstahl in Tateinheit mit Frevel. Die Höchststrafe für beide Vergehen war der Tod durch Verbrennen. Gestohlen wurden Hostien, die in ein Korporale (ein Leinentuch) eingewickelt waren. Erst vor der Pforte der Kirche bemerkte die Diebin, dass 45 Hostien im gestohlenen Korporale waren. Eine unglaublich große Zahl! Sie erschrak und lief tief verstört in ihr kleines Haus im Seligen Winkel. Dort verwahrte sie das Diebesgut in einer Kiste.

**Tatgegenstände**: Diebesgut waren selbstredend die Hostien. Aber auch das Korporale, in dem die Hostien gestohlen wurden, wird bereits vor 1465 erwähnt [Q 8]; dann in Q 17, 18, 21 und Q 22. In der Gründungsbestätigung des Klosters 1469 [Q 17] wird auch der Haken (*uncellum*) erwähnt, mit dem das Korporale durch das Gitter gezogen, sowie der Stock, mit dem die Hostien versenkt wurden (*baculo qui aderat*). Im Bericht des Anonymus [Q 21] wird sogar die Form des Hakens beschrieben: die Frau schuf diesen nämlich selbst durch die Verknüpfung eines Holzstäbchen mit einer Haar-

22 Vgl. Meier 2017a, S. 52ff. Zur Frömmigkeit der lippischen Dynasten vgl. Hüther 2012, bes. S. 92f. Zum Franziskanerkloster in Stadthagen: Jobst 2014, S. 38–52. Ein Gewölbeschlussstein des dortigen Chores trägt ein „lippisch-schaumburgisches Wappen", vermutlich ist es das von Anna, oder einer ihrer Töchter (Abb. ebd., S. 51 [dritter Schlussstein]). Ein weiterer Zeuge der Geschehnisse von 1460 könnte der Niederadlige und spätere Revaler Bischof Simon von der Borch gewesen sein, s. unter [Q 34].

**Abb. 7:** Blomberg, Westportal am erhaltenen Turm der Martinikirche, 2. Hälfte 13. Jahrhundert. © Heinrich Stiewe

nadel (*de virgula et acu colligatis parvulum conficiens uncellum*).[23] In diesem Bericht erzählt die Täterin darüber hinaus in wörtlicher Rede, dass sie die Hostien mit einem Stab (*baculo*) versenkt habe.[24] Im Ablass von 1482 [Q 31] werden ebenfalls das Korporale und der „Stab zum Wasserschöpfen" (*baculo quo hauriri aqua solebat*) genannt. Im Ablass von 1497 [Q 36] werden Stab (*unco*) und Korporale dann bereits unter die Reliquien (*veris sacrosanctis reliquijs*) gerechnet. Witte [Q 39; 1517] erzählt: die Hostien wurden mit einem Stab (*unco*) untergetaucht. Piderit spricht 1627 von mitgebrachten *Mittel und Instrument*, mit denen die Frau die Sakristei geöffnet habe (Haken?); später versuchte sie ihm zufolge, die Hostien hektisch unterzurühren (mit einem Stab?). Dabei wurde sie erwischt und verhaftet [Q 49, 43, 46].

**Tatzeiten:** Unerwartete Schwierigkeiten bereitete die Ermittlung der Tage, an denen die Tat begangen und an dem die Hostien in den Brunnen geworfen wurden. Das Jahr war eindeutig 1460, die Tatzeit lag ebenso unstrittig in der Osterwoche. Aber was genau heißt das? Herauskristallisiert haben sich zwei Tatzeitmodelle: Die Stunden unmittelbar nach der Ostermesse am Morgen und der Mittwoch nach Ostern. Bei dieser Beweisführung berücksichtige ich nur die Aussagen von Zeitgenossen; die Chroniken der Frühen Neuzeit haben hier wenig Beweiskraft.

**Ostersonntag als Tag des Diebstahls**: Die frühen, nicht exakt datierbaren Quellen der 1460er Jahre nennen einstimmig den „Ostertag", so die Aegidien-Chronik [*die Pascae*: Q 1]. Das Lied des Tabernes vermeldet den Raub als *na osterliker spise*

23 Anonymus, in: Staubach 2000, S. 228.
24 Ebd., S. 333.

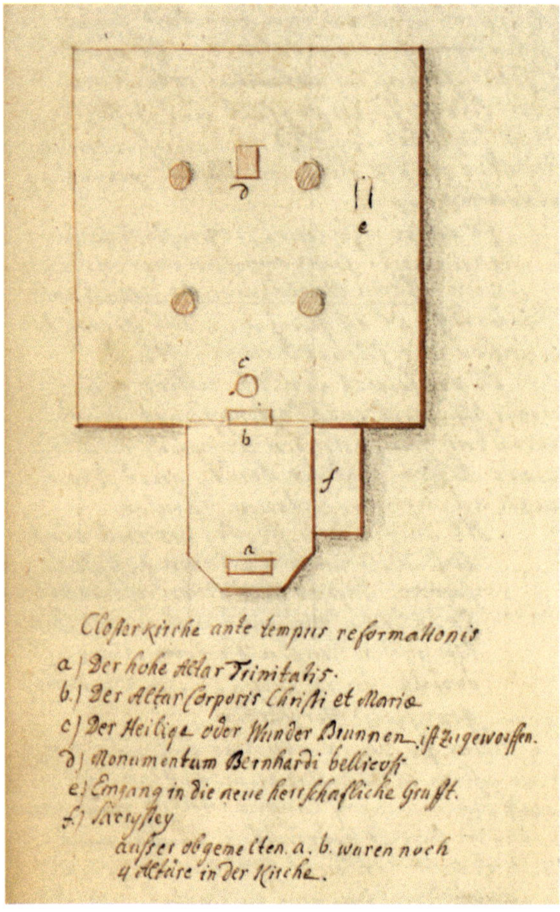


**Abb. 8:** *Closterkirche ante tempus reformationis.* Grundrissskizze von Johann Ludwig Knoch, 1793. © LAV NRW OWL D 72 Knoch, Nr. 17.

[Q 4] geschehen. Das älteste datierbare Zeugnis hat als ‚kirchenamtliches' Dokument zugleich die höchste Beweiskraft bei dieser Frage: In der Bestätigung der Klostergründung von 1468 [Q 15] durch den Paderborner Bischof Simon III. zur Lippe vom 17. August 1469 [Q 17] heißt es zur Tatzeit: Nach der Messe der Osterfeier (*festis paschalibus*) seien in der städtischen Pfarrkirche konsekrierte Hostien übriggeblieben. Am Ende der Messe habe sich die Angeklagte heimlich in der Kirche einschliessen lassen. Als die Kirche leer war, stahl sie das Korporale aus dem vergitterten Sakramentar. Auf die Frage, zu welcher Stunde der Blomberger Pastor diese Ostermesse gehalten hatte, geht allein Johannes Hagen ein. Ihm zufolge war es die Frühmesse: Denn nachdem der Pastor zu Mittag gegessen hatte, fand er die von ihm eingeschlossenen Hostien nicht mehr vor [*Revertente autem presbitero post refectionem non reperit easdem*: Q 18]. Im umfangreichsten Ablassbrief von 1482 [Q 31] ist beim Diebstahl ebenfalls von „Mittag an den Ostertagen" die Rede (*circa meridiem … in diebus pascalibus*). Der Ablass von 1497 [Q 36] datiert mit: *in diebus paschalibus*. Als „Osterfeiertage" gelten damals der Ostersonntag und der Sonnabend vor Ostern (die Vigilie also). Da es in allen unseren Fällen um die Ostermesse geht, ist mit dem Ausdruck eindeutig der Ostersonntag gemeint. Im Mittelalter nahmen, so Beßelmann, viele Laien nur zu Ostern am Abendmahl teil. Deshalb habe eine Hostienschändung, die zum Auslöser einer Wallfahrt wurde, damals häufiger an Ostern stattgefunden: „Die bewußte oder unbewußte Parallelisierung der Eucharistie […] zum Opfertod Jesu ist dabei unübersehbar."[25]

25 Beßelmann 1998, S. 67.

**Mittwoch nach Ostern als Tag des Diebstahls:** Erstmals genannt wird der Termin wohl in den anonymen ‚Gesta' um 1480 und dann auch auf der mutmaßlich zeitgleichen Inschriftentafel [Q 40]. In ersterer steht, der Diebstahl der Hostien sei am 4. Wochentag der Osterwoche geschehen [*ipsa diei festo Pasche proxima feria quarta*; Q 21]. Witte schreibt „Anno 1460 am Ostermittwoch" [*Mercurii die*; Q 40]. Das war 1460 der 16. April. Der Termin wird von Witte selbst, weiteren Chronisten [wie Q 43, 46] oder Fitzner 1989 [G 11] übernommen. Die Ursache der Terminverschiebung könnte mit der Neuordnung von Wallfahrt und Hostienverehrung durch den Paderborner Bischof Simon III. zur Lippe und seine Weihbischöfe zusammenhängen. 1477 fand die erste Reliquienprozession durch die Stadt bis zum Niederntor statt [Q 30] und 1481 wurde eine „Heiltumsweisung" am Sonntag nach Fronleichnam gestiftet. Das war ein Hochfest, bei dem alle vom Kloster erworbenen Reliquien (und das waren ungemein viele) dem Volke öffentlich „gewiesen" (d. h. gezeigt und erklärt) wurden [Q 27]. Die rituell geregelte Teilnahme garantierte einen nicht unbedeutenden Ablasserwerb. Neben die Hostienverehrung trat so gleichgewichtig, bald aber schon zentral, der Reliquienkult. Die Wallfahrt hatte sich fundamental verändert.

**Tag des Brunnenwurfs**: Aus Angst vor Verfolgung, so lautet die häufigste Aussage, versenkte die Täterin die Hostien in einem nahe gelegenen Brunnen. Sie benutzte dazu einen am Brunnen befindlichen Stab, vielleicht einen Schöpfstab. Das Korporale aber nahm sie wieder mit in ihr Haus [Q 18]. Der Brunnen befand sich damals da, wo heute das Mittelschiff der Klosterkirche liegt, und zwar mittig vor den Stufen zum Chor.

Der Brunneneinwurf wird in den zeitnahen Quellen auf den Tag nach dem Diebstahl gesetzt. Allerdings zog schon Hagen bei seiner Abwägung aller Indizien des Tathergangs in Erwägung, ob zwischen Diebstahl und Versenkung der Hostien nicht doch mehr Zeit verstrichen sein könnte: Denn dass der Brunneneinwurf am Morgen nach der Tat geschah, wisse man schließlich nur aus dem Geständnis der Täterin [Q 18].[26] Der päpstliche Ablassbrief von 1475 [Q 24] datierte ebenfalls unspezifisch auf: „einige Zeit später" (*aliquandiu*). Und noch Piderit spricht [Q 43] davon, dass die Täterin die Hostien eine „Zeitlang" bei sich bewahrt habe. Turck [Q 46] folgt ihm und geht ebenfalls davon aus, dass die Hostien eine längere Zeit in der Kiste des Hauses der Täterin lagen. Als die Frau dann die Hostien im Brunnen versenken wollte, sei sie, so Piderit und Turck, erwischt und sofort verhaftet worden.

26 Hagen, in: Klapper 1961, S. 92 (Geständnis), 93 (verbreitete Meinung).

Ich neige dazu, den zeitnahen Quellen der 1460er Jahre zu folgen, und den Morgen nach der Tat als Zeitpunkt des Brunneneinwurfs festzuhalten. Andere Quellen, insbesondere das Zeugnis und die kritischen Überlegungen Hagens sowie die vorsichtig formulierende Papsturkunde von 1475 lassen jedoch starke Zweifel an dieser Festlegung zurück und müssen gleichgewichtig berücksichtig werden. Und sollte die Täterin die Hostien tatsächlich tage- oder wochenlang in ihrem Haus verwahrt haben, würde das auch den Zaubereiverdacht erneut stärken.

**Ergebnis:** Tatorte waren die Pfarrkirche St. Martin, ein Haus im Winkelviertel und ein nahegelegener Brunnen. Tatzeit des Diebstahls war gegen Mittag nach der österlichen Frühmesse vom 13. April 1460. Der Einwurf der Hostien in den Brunnen geschah mutmaßlich am Morgen des 14. April. Eine Versenkung der Hostien erst im Mai bleibt aber denkbar. Irgendwann hat sich auch die Festlegung der Tatzeit des Diebstahls offenbar verschoben auf Mittwoch nach Ostern, den 16. April. Die Ursachen für die Verschiebung konnten nicht geklärt, sondern nur vermutet werden. Eine spätere Versenkung der Hostien im Brunnen kann nicht ausgeschlossen werden; so [Q 24, 1475: *aliquandiu*] und [Q 43, 1627 „eine Zeitlang“], so auch Q 46.

## Streitpunkt 2: Fahndungswelle

Unser Wissen über die Art der Strafverfolgung nach dem Diebstahl der Hostien verdanken wir den beiden Berichten der 1470/80er Jahre [Q 18, 21]. Der Pastor löste [so Hagen in Q 18] eine aggressive Verfolgungswelle in Stadt und Amt Blomberg aus: „Als der Priester nach der Mahlzeit zurückkam, fand er diese [die eingewickelten Hostien] nicht mehr vor. Dadurch zutiefst verstört, haben er und andere zahlreiche Nachforschungen eingeleitet, begleitet von Befragungen und Drohungen mit Kirchenstrafen (*factis posthoc multis inquisicionibus cum communicacionibus et censuris ecclesiasticis*), bis schließlich eine Frau, die in dringendem Verdacht der Wahrsagerei stand (*infamata super sortilegiis*), gefangen, in den Kerker geführt und unter verschiedenen Foltermethoden befragt wurde (*penis variis examinata*).“[27] Der Anonymus [Q 21] berichtet ausführlicher: Sobald die Tat bekannt wurde, „sorgten die Pfarrer und Kleriker in jener Stadt, aber auch in ihrer Umgebung und in den Dörfern rundherum dafür, dass öffentlich bekannt werde, was heimlich geschehen war; dass ans Tageslicht käme (*in commune veniret*), wer der Urheber eines solch

27 Ebd., S. 92.

großen Verbrechens sei. Sie agitierten mit Predigten und Ermahnungen, mit Exkommunikations-Drohungen oder mit der Androhung von Kirchenstrafen. Sie versuchten es aber auch mit feierlichen Fürbitten, die sie schroff oder freundlich, öffentlich oder hinter verschlossenen Türen zelebrierten. Aber alle ihre dabei vergossenen Tränen und Seufzer hielten diese Pfarrer und Kleriker nicht lange davon ab, bald schon massiv gegen Losdeuterinnen (*divinas sortilegas*) und Wahrsagerinnen (*Phitonissas*) vorzugehen. Denn seit langem schon bestand der Verdacht, dass einige dieser Personen in der Stadt wohnten. Nach kurzer Zeit tauchte plötzlich das Korporale wieder auf, es war auf den höchsten Altar der Pfarrkirche zurückgebracht worden. Vermutlich wurde es frühmorgens dorthin geworfen, wo man es schließlich fand. Niemand aber wusste, wer es zurück brachte und von woher es kam."[28] Der Anfangsverdacht traf mal wieder die „üblichen Verdächtigen".

Acht der Wahrsagerei bezichtigte Blomberger Frauen wurden gefasst und inhaftiert. Dabei wurde eine der „Wasserprobe" unterzogen, die sie bestand (vermutlich im großen Teich vor der Burgmühle). Bei dieser und sechs weiteren der inhaftierten Frauen konnte der Tatverdacht nicht erhärtet werden. Diese sieben wurden daraufhin frei gelassen. Ihre mutmaßliche Wahrsagerei führte allerdings zum Stadtverweis, eine damals durchaus belastende Bestrafung [Q 21]. Allein die mutmaßliche Täterin blieb in Haft. Die Episode zeigt in aller Deutlichkeit, dass es 1460 nicht um Wahrsagerei oder Zauberei ging, geschweige denn um „Hexerei". So hat Johannes Hagen, der schärfste Kritiker der Blomberger Geschehnisse, auch zu Recht nur diese offensichtlich aus dem Ruder gelaufene Fahndung und die problematischen Verhaftungen kritisiert, nicht aber den Gerichtsprozess selbst.

Ausgebildete Polizeikräfte standen den mittelalterlichen Städten bei solch großflächigen Strafverfolgungen nicht zur Verfügung. Pastoren, Priester und Hilfspriester waren tonangebend. Geholfen haben werden sicher auch die zwei Stadtdiener und drei Torwächter sowie der Burgvogt mit seinen eigenen Tor-, Turm- und Grabenwächtern.

**Ergebnis:** Die außergewöhnlich harte Verfolgungswelle dauerte mehrere Wochen an (nach Witte bis zum 18. Mai [Q 40]; nach Q 21 bis ca. 10. Mai; auch die Berichte von Piderit [Q 43] und Turck [Q 46] lassen größere Zeiträume zu).

28 Anonymus, in: Staubach 2000, S. 329.

## Streitpunkt 3: Verhaftung

Zweifel am hinreichenden Tatverdacht bei der Inhaftierung jener acht der Zauberei verdächtigen Frauen hatte anfangs auch der damals auf der Blomberger Burg residierende Bernhard VII. zur Lippe. So jedenfalls berichten die ‚Gesta' [Q 21]. Ging es doch in dem Fall anfangs nicht um Zauberei-Ermittlungen, sondern um den schweren Vorwurf des Kirchendiebstahls (Täterin und genaueres Motiv kannte man zu dem Zeitpunkt ja noch nicht). Bernhard war sich höchst unsicher, ob die Inhaftierung dieser acht Frauen überhaupt rechtens sei: „Aber da der edle Baron und Landesherr Bernhard zur Lippe wenig sicher war, ob ein [rechtmäßig] Angeklagter überhaupt darunter [d. h. unter den Verhafteten] war, wollte er das Verfahren erst einmal hinauszögern" (*Sed cum adhuc nobilis baro Bernardus de Lippia dominus terre minus de reo certificatus esset, parumper dissimulandum esse iudicavit*). Erst nach wiederholtem Drängen seiner Frau Anna, vorgetragen mit Mahnungen, Vorhaltungen und Tränen, hat er einen Rückzieher gemacht und die Eröffnung des Verfahrens zugelassen [Q 21].[29] Dass die Gattin des Landesherrn sich zur Sprecherin eines als Gotteswillen erklärten Verfolgungsdrucks machte, war damals nicht ungewöhnlich. Es hätte Hagens späteren Verdacht einer nicht rechtskonformen Prozesseröffnung aber stützen können.

Wie anfangs Edelherr Bernhard war später der Kartäuser Johannes Hagen [Q 18] ebenfalls der Meinung, dass für Verhaftung und Inhaftierung keine belastbaren Rechtsgründe vorlägen. Es fehlten ihmzufolge nämlich die für Anklage, Prozesseröffnung und Folter notwendigen härteren Indizien oder zwei glaubhafte Zeugenaussagen. Es bestand seiner Meinung nach weder für die Inhaftierung noch für eine Anklageerhebung in Sachen Kirchenraub und Frevel ein hinreichender Tatverdacht![30] Auch die später angewandte Folter hätte in dem Fall keine Rechtsgrundlage gehabt (s. u.). Ähnliches gab Hagen in Sachen Wallfahrt zu bedenken. Soweit er in Erfahrung bringen konnte, gäbe es für den Einwurf der Hostien in den Brunnen nur die Aussage der Täterin. Für die kirchenamtliche Erlaubnis einer Wallfahrt aber wären härtere Indizien nötig gewesen, beispielsweise glaubwürdige Zeugen des Einwurfs. Hagen schrieb um 1470. Sein Fazit ist, dass im Frühjahr 1460 die Rechtsgrundlagen der Anklageerhebung ebenso problematisch waren wie die der Etablierung einer Wallfahrt: Es hätte in beiden Fällen sorgfältiger geprüft werden müssen! Die Vorwürfe bleiben immer noch bedenkenswert.

---

29 Ebd.; vgl. Hüther 2012, S. 82f.

30 Hagen, in: Klapper 1961, S. 94f. [Anhang I].

Das völlige Fehlen von harten Indizien und von Augenzeugen für Diebstahl und Brunnenwurf ist tatsächlich erklärungsbedürftig. Mentalitätsgeschichtlich gesehen könnte es sich bei der Blomberger Verfolgung um eine fanatische, emotional aufgeheizte Suche nach Schuldigen gehandelt haben, wie es sie insbesondere in Pest- und Krisenzeiten immer wieder gegeben hat. Ich vermute, dass die Eröffnung des Verfahrens trotz schwacher Rechtsgrundlage auch hier vor allem dem immensen öffentlichen Druck und der durch den Klerus erzeugten inquisitorischen Atmosphäre geschuldet war. Gisela Wilbertz beharrt demgegenüber darauf, dass ein dringender Tatverdacht, der die mutmaßliche Täterin von den anderen sieben Frauen fundamental unterschied, vorgelegen haben muss. Überlegungen zu diesem neuralgischen Punkt des Gerichtsverfahrens finden sich unter dem Streitpunkt „Hochgericht".

Zum Tag der Verhaftung der Täterin (und damit auch dem der anderen sieben Frauen) wissen die zeitnahen Quellen wenig zu sagen. Erst Bernhard Witte macht genauere Angaben. Er schreibt, dass auf der Inschriftentafel an der Pfarrkirche, die er um 1480 als junger Mann abgeschrieben haben will, der Sonntag vor Himmelfahrt (in dem Jahr der 18. Mai) als Tag der Verhaftung der Täterin verzeichnet war [Q 40]. Am Mittwoch vor Himmelfahrt, den 21. Mai, soll sie der Inschrift zufolge bereits gestanden haben; am Montag danach, am 26. Mai, wäre der Widerruf auf dem Hinrichtungsplatz gewesen; und am nächsten Tag, dem 27. Mai, schließlich erfolgte die Hinrichtung. Diese Terminierung ist nicht überzeugend: Sie ist spät angesetzt mit viel zu knapp bemessener Prozessdauer. Bei Piderit 1627 [Q 43] und Turck [Q 46] kommt noch ein weiterer Gesichtspunkt der Verhaftung ins Spiel. Danach bewahrte die Täterin die Hostien noch eine ganze Zeitlang bei sich im Haus und wurde erst dann verhaftet, als sie die Hostien im Brunnen versenken wollte. Da wir nicht wissen, was eine „Zeitlang" bedeutet, kann man hier nur spekulieren. Nach Abwägung aller vorliegenden Aussagen finde ich die Angabe der ‚Gesta' [Q 21] für den Termin der Hinrichtung, den 20. Mai, am plausibelsten. Davon ausgehend setzte ich die Verhaftung deshalb auf die Tage um den 10. Mai (s. u.).

**Ergebnis:** Die Verhaftung wird in der ersten Hälfte des Mai geschehen sein. Ob ein dringender Tatverdacht vorlag, konnte nicht abschließend geklärt, darf aber gut begründet angenommen werden (s. u.).

## Streitpunkt 4: Das Hochgericht und die Angeklagten

Das „peinliche Gericht" bzw. Hochgericht verfuhr nach den Regeln des Inquisitionsprozesses. Dieser Prozesstyp entstand im 13. Jahrhundert. Er löste ältere Gerichtsverfahren ab, bei denen Eideshelfer und in seltenen Fällen auch Gottesurteile die entscheidende Rolle spielten. Dem gegenüber setzte das neue, besonders in den Städten entwickelte Inquisitionsverfahren auf die Überführung der Angeklagten durch Indizien und Zeugen, besonders aber auf das Geständnis des Tatverdächtigen. Es fand nur bei schweren Delikten Anwendung. Gleichzeitig wurde die Einleitung eines solchen Verfahrens vom Vorliegen einer privaten Anklage abgekoppelt: Das war die Geburtsstunde der Strafverfolgung von Amts wegen, der Beginn der Geschichte der „Offizialdelikte". Weltliche Hochgerichte (wie die in Lippe) oder Städte mit eigener Hochgerichtsbarkeit (wie etwa Lemgo) verfuhren zunehmend nach diesem rationalisierten Prozessverfahren. Wurden keine Zeugen gefunden oder legte eine dringend der Tat verdächtigte Person kein Geständnis ab, konnte auch das ebenfalls neu implementierte Mittel der Folter angewandt werden. Am Ende des Verfahrens musste in jedem Fall ein ‚freies Geständnis' stehen.[31]

Das zuständige Gericht auf der Burg im Mai 1460 war nicht das berüchtigte kirchliche Inquisitionsgericht, sondern ein Lippisches Hochgericht. Hochgerichte übten die Blutgerichtsbarkeit aus und konnten über Leben und Tod entscheiden. In Lippe hatten Gogerichte und Freigerichte (Veme) hochgerichtliche Kompetenz; unter den Städten besaß diese allein Lemgo. Die Stadt Blomberg dagegen übte nur die Niedere Gerichtsbarkeit aus. Für schwere Straftaten im Amt Blomberg waren demnach entweder der lippische Freigraf oder der Gograf zuständig. Das Urteil im Prozess fanden an beiden Gerichten allein die Schöffen.

Offene Fragen: Da es sich bei den Verhafteten und bei der mutmaßlichen Täterin um Einwohnerinnen Blombergs handelte, spricht vieles dafür, dass das Gericht ein Freigericht war. Wären diese Frauen allerdings vom Dorf zugezogene Hörige gewesen, hätte ein Gogericht zusammentreten müssen. Dafür gibt es allerdings keine belastbaren Anhaltspunkte. Weiterführend könnte die Bemerkung der ‚Gesta' [Q 21] sein, dass der Sachkundigste (*magis expertus*) unter den am Gericht Beteiligten ein „Lemgoer Bürgermeister" war.[32] Der gehörte seit jeher zum „geheimen Rat" des lippischen Landesherrn, einem vormodernen Regierungsgremium. Dass dieser Lemgoer Bürgermeister im Mai 1460 in Blomberg als Schöffe tätig war, verwundert daher nicht.[33]

31 Grundlegend zur Geschichte des Inquisitionsprozesses: Trusen 1988; Blauert 2020; Wilbertz 1994.

32 „*Tunc ait unus oppidi cuiusdam vicini nomine Lemego proconsul et inter ceteros ut videbatur magis expertus …*" (Anonymus, in: Staubach 2000, S. 331).

33 Ein Lemgoer Bürgermeister war um 1460 übrigens Johann Cathmann. Als man 1510 in Blomberg die „Wilkensche brannte" (*als de Wylkenssche gebrent wart*), reiste schon wieder ein Lemgoer Bürgermeister namens *Johann Cothmann*, vermutlich Sohn oder Enkel des erstgenannten, auf

**Abb. 9:** Burg Blomberg, östlicher Keller unter dem Saalbau, 1969. © LWL-DLBW.

Wie auch immer, ob Gogericht oder Freigericht: Der vorsitzende Richter auf der Blomberger Burg dürfte in jedem Fall ebenfalls ein Lemgoer Bürger gewesen sein: Und zwar Cord Peckelhering. Dieser bekleidete in jenen Jahren zugleich das Amt des lippischen Freigrafen und das des Gografen.[34] Das übrige Gericht setzte sich zusammen aus Mitgliedern des geheimen Rates des Edelherrn und Schöffen aus Stadt und Amt Blomberg; darunter waren stets einige Blomberger Ratsherren.[35] Es trat auf der Blomberger Burg zusammen, der damaligen Residenz der Edelherren zur Lippe.

die Blomberger Burg. Er sollte mitwirken an einem peinlichen Gerichtsverfahren, mutmaßlich war das ein früher Hexenprozess, vgl. Meier 2023b (nach der Blomberger Amtsrechnung in: LAV NRW OWL L 92 Z Nr. 994, S. 127–136). Beide Cathmanns könnten Vorfahren des später so berüchtigten „Hexenbürgermeisters" Hermann Cothmann gewesen sein; grundlegend zu diesem Rügge 2000, S. 221ff.

34 Weerth 1895, S. 30ff.

35 Das Freigericht (ein Gericht über Freie, auch Veme genannt) im Amt Blomberg tagte in der Regel am Freistuhl in Wilbasen, manchmal in Blomberg, ab dem 16. Jahrhundert im Wilbasen-Saal des Rathauses. Die Schöffen dieses Gerichts mussten selbst Freie sein; wie im 16. Jahrhundert, waren das wohl auch im Mittelalter vor allem Blomberger Ratsherren. Auf diese Weise hatte die Stadt Blomberg auch einen Anteil an der Hochgerichtsbarkeit. Das zuständige Gogericht (ein Gericht

Das Gericht konzentrierte sich bald auf nur eine Tatverdächtige. Sie wurde unter Einsatz der Folter verhört. Verhörraum war der östliche Keller des Saalbaus der Burg.[36] Eine Wendeltreppe führte in die darüber liegende Küche.

Thelemann berichtet, man habe „vor Jahren" dort an der Nordwand bei Baumaßnahmen ein Bild vom Heiligen Michael freigelegt [G 5].[37] Das war dann allerdings nicht, wie er meinte, ein Bildnis vom „Volksheiligen der Deutschen", sondern ein damals weit verbreitetes Gerichtsbild. Als Seelenwäger mit der Waage (auch ein Attribut der Justizia) findet sich der Erzengel Michael in zahlreichen mittelalterlichen Kirchen, Burgen, Gerichtsstätten und Rathäusern Europas. Vor Gericht erinnert der Erzengel an die Folgen eines falschen Schwurs und dessen Bestrafung im Jüngsten Gericht. Am bekanntesten ist wohl das Weltgerichtsbild, das Rogier van der Weyden um 1450 malte.[38]

Im weiteren Prozessverlauf sind noch ein von der Täterin der Mitwisserschaft bezichtigtes kleines Mädchen und dessen Mutter verhört worden; das Mädchen unter Anwendung der Folter. Beide konnten nicht überführt und mussten frei gelassen werden. Gisela Wilbertz sieht hier eine Möglichkeit, den für einen Prozessbeginn erforderlichen dringenden Tatverdacht zu rekonstruieren: „Bei der Frage, wie es zu diesem hinreichenden Tatverdacht gekommen sein könnte, der auch den Einsatz der Folter rechtfertigte, käme dann möglicherweise die Geschichte des Mädchens ins Spiel. Angenommen, sie sei tatsächlich eine Beobachterin des Tatgeschehens gewesen, was ihre Mutter dann weitermeldete, dann wäre eine solche Zeugenaussage sowohl eine plausible Erklärung für einen nun vorliegenden hinreichenden bzw. dringenden Tatverdacht, als auch für eine Rache der Beschuldigten in Form einer Gegenbeschuldigung."[39]

Frank Huismann greift diesen Gedanken auf: Die Gegenklage würde auch erklären, warum das Mädchen gefoltert wurde. „Denn mit einem Bekenntnis, die Tat gesehen zu haben, steigt schließlich auch die Wahrscheinlichkeit einer Mittäterschaft bzw. einer eigenen Täterschaft. Im Verlauf der Befragung konnten dann die-

---

über Hörige) tagte üblicherweise vor einem der Stadttore. Für weiterführende Hinweise bei dieser komplexen Materie danke ich Frank Huismann und Roland Linde.

36 Vgl. Meier 2023b.

37 Thelemann 1944, S. 160.

38 Pleister 1988, S. 36–43, hier S. 40f. In einem 1493/94 für das Weseler Rathaus von Derick Baegert gemalten Gerichtsbild ermahnt ein Engel, sicher Michael, den vor Gericht stehenden Angeklagten dringend, keinen falschen Eid zu schwören. Sonst nämlich verliere er sein *ewiges guet*. Die Mahnung verwies dabei auf das Weltgerichtsbild, das Baegert oberhalb des Ratsgerichts die Wand der Gerichtsstube gemalt hatte, vgl. Meier 1996, S. 356, 384 Abb. 4.

39 Mitteilung von Gisela Wilbertz vom 4.5.2023.

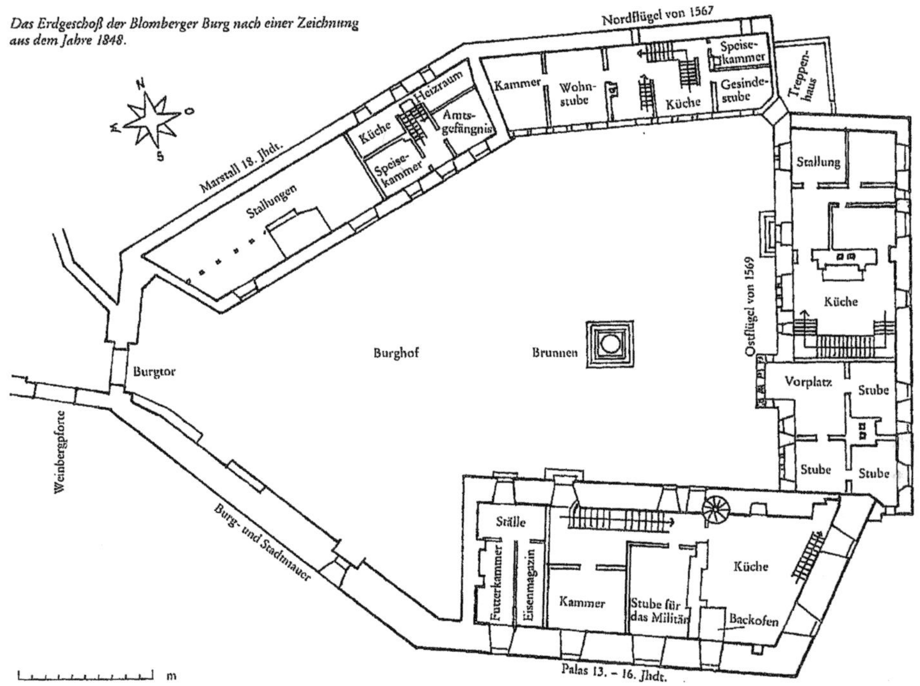

**Abb. 10a+b:** Burg Blomberg. a) Grundriss Erdgeschoss, nach einer Zeichnung von 1848. © Rolf 1981, S. 141. b) Östlicher Keller unter dem Saalbau mit Wendeltreppe zur Küche, 1969. © LWL-DLBW.

se beiden Möglichkeiten (Mittäterschaft oder eigene Täterschaft) ausgeschlossen werden." Damit läge in jedem Fall eine „echte Zeugenaussage" vor. Für diese Differenzierung spricht, dass in der Darstellung der ‚Gesta' das Mädchen zwar tatsächlich bestreitet, der bösen Tat (*huius mali*) schuldig zu sein. Sie bestreitet aber an keiner Stelle, die Tat, hier ist wohl der Einwurf der Hostien in den Brunnen gemeint, selbst gesehen zu haben. Wie auch immer: Am Ende gestand allein die Hauptangeklagte gerichtsfest. Sie allein wurde verurteilt und hingerichtet.

Für die Rekonstruktion der Straftat bleibt festzuhalten: Möglicherweise wurde erst nach Verhaftung und Befragung klar, dass die Hostien in den Brunnen geworfen worden sind [Q 18]. Erst ab dem Tag der Wetterkatastrophe lesen wir nämlich von Wundern an diesem Brunnen! Anders sieht es allein die Braunschweiger Chronik, die von der wundersamen Entdeckung der Hostien im Brunnen noch vor dem Unwetter berichtet [Q 1].

**Ergebnis**: Nach der Fahndung wurde zunächst nur die mutmaßliche Täterin durch das im Keller des Saalbaus tagende Hochgericht verhört. Die peinlich Verhörte bezichtigte dann ihre Nachbarinnen, eine Witwe und ihre zwölfjährige Tocher, der Mitwisserschaft und damit indirekt der Mittäterschaft. Die beiden wurden verhaftet und vernommen. Ob diese Bezichtigung aus Rache wegen einer gemutmassten Anzeige durch die Nachbarinnen geschah oder ob das kleine Mädchen tatsächlich Zeugin der Tat war, konnte nicht geklärt werden. Im Verfahren selbst stellte sich heraus, dass letztere keine Mittäterin gewesen ist.

## Streitpunkt 5: Prozessverlauf, Folter und Hinrichtung

Die Anwendung der Folter war damals Standard bei schweren Verbrechen, ebenso die Hinrichtung im Falle eines Todesurteils (durch Schwert, Strang oder Verbrennen).[40] Der Feuertod war Strafe bei nachgewiesenem Frevel, Kirchendiebstahl, Brandstiftung, Giftmischerei oder Zauberei. Bei unserer Tat, das sei noch einmal betont, ging es nicht um Hexerei, sondern um Frevel, Kirchendiebstahl und, gewissermaßen als Nebenklage, um Wahrsagerei oder Zauberei. Die Berichte des Johannes Hagen [Q 18] und die anonymen ‚Gesta' [Q 21] gehören zu den ganz seltenen mittelalterlichen Quellen, die uns etwas über die Rechtsgrundlage der Folter und über deren tatsächlich angewandte Form verraten. Gerade die konkreten Praktiken dieser Prozessverfahren waren damals noch nicht reichsrechtlich normiert: Es muss mit starken regionalen Unterschieden gerechnet werden.[41]

40 Schild 1990, S. 154ff.

41 Ein spannendes Thema: „Das Grundproblem ist, dass im 15. Jahrhundert noch nicht ohne weiteres von einem *rechtsförmigen Verfahren* gesprochen werden kann. Es gab keine fixierten Normen und das gemeine Recht war erst im Entstehen. Die Rechtsgrundlagen der Folter waren natürlich durch die Juristen festgelegt, aber wie verbindlich das war und wie sehr es beachtet wurde, ist unklar" (mündliche Mitteilung von Gerd Schwerhoff, September 2023); grundlegend Trusen 1988.

Die peinliche Befragung (Folter) war Mittel der Wahrheitsfindung [Q 18: Anhang I]. Auf die Frage, ob zur Erlangung eines Geständnisses gefoltert werden darf, antwortet Johannes Hagen: Das sei gemäß den Legisten im Gesetz über das Foltern im Kapitel des Codex ‚Über Befragungen' [Codex Justinianus 41] erlaubt: „Diese Befragung zur Ermittlung und Sichtbarmachung der verborgenen Wahrheit, wie sie weltliche Richter ausüben, wird Folter genannt" (*secundum legistas in lege de tormentis, Codice de questionibus: Quod questio dicitur tortura ad eruendum et manifestandum veritatem latentem, sicut in usu habent judices seculares*). Zu ihrer Anwendung muss aber eine hohe verfahrensrechtliche Hürde überschritten werden, die seiner Meinung nach im Fall Blombergs vielleicht nicht genügend Beachtung fand: „Denn allein Gerüchte oder ein leichter Verdacht reichen zur Folter nicht aus" (*non autem sola fama sufficit aut levis suspicio ad torquendum*). Auch müsse am Ende Folgendes bedacht werden: Wenn ein unter Folter gemachtes Geständnis öffentlich, aus freien Stücken wiederholt werde, dann sei genau zu prüfen, ob das nicht etwa aus Furcht vor erneuter Folter geäußert worden sei.[42] Neben dem freien Geständnis, blieben allein hinreichende Indizien und glaubhafte Zeugen der sichere Weg zu Wahrheit und Gerechtigkeit.

### *Methoden und Stufen der Folter [Q 21, Text im Anhang II]*

Durch die ‚Gesta' wissen wir, dass die Verhöre im östlichen Keller des Saalbaus der Burg stattfanden (s. o. Abb. 11). Ob die Folterungen im selben Keller, im anschließenden Raum oder im Verließ des Bergfrieds stattfanden, ist nicht ermittelbar.

Die erste Stufe der peinlichen Befragung beschreibt der Anonymus am Beispiel des Mädchens. „Die Mutter und die Tochter aber wurden auf die Burg geführt, die Tochter aber allein ohne die Mutter in den Kerker, um sie am Stock (*cippo*) zu martern und durch Befragungen zu verhören. Obwohl sie an den Gelenken und Sehnen der Hände und Füße genug der schrecklichen Untersuchung [Tortur] erfuhr, wurden bei dem kleinen Mädchen überhaupt keine Beweise der Schuld oder irgendeiner Freveltat gefunden. Als man die Untersuchung unterbrach, ließen die Vollstrecker kurz ab und wunderten sich sehr, dass einem so kleinen Mädchen durch solch grausame Folter und Qualen keine Angst zu machen war" (*Mater igitur et filiola castris inducuntur, sed filia sola sine matre carceribus et cippo torquenda vel scrutiniis exami-* [fol. 171v] *nanda concluditur. Subiecta igitur puella examinationi satis dire in manuum et pedum iuncturis et nervis, nulla omnino in ipsa puellula comperiuntur*

42 Hagen, in: Klapper 1961, S. 101.

**Abb. 11:** Burg Blomberg, westlicher Keller unter dem Saalbau, 1969. © LWL-DLBW.

*alicuius reatus aut culpe documenta. Cum autem cessatum esset aliquantulum ab examine, recedentibus atque ammirantibus exactoribus, quod tantilla iuvencula de tam diris torturis et cruciatibus non esset pavefacta …*).[43]

Folterstufe zwei: „Nachdem das Mädchen solche Beharrlichkeit und Überzeugungskraft gezeigt hatte, wandte der Foltermeister (*tortor*) jetzt schärfere Methoden an, um die Wahrheit in dieser Sache herauszufinden. Und siehe: Wiederum vollführte sein Diener (*minister*) die vorgeschriebenen Foltern und drohte mit Brutalerem: Es wurden der Kleinen die Arme kräftig mit Stricken gefesselt und verdreht, indem sie erst zum Rücken hin- und dann grausam zur Brust zurückgebogen worden sind; zusätzlich noch zu den überdehnten und zugleich schrecklich verdrehten Armen wurden die Muskeln und Gelenke des ganzen kleinen Körpers kräftig zusammengeschnürt" (*Sic perseverante puella et sermocinante tortor ipse convertit se*

43 Anonymus, in: Staubach 2000, S. 329.

*ad alia pro rei veritate obtinenda. Et ecce iterato brachiis iuvencule fortiter ad cordulas a tergo atrociterque retrograde ad pectus colligatis et retortis, quineciam de hinc brachiis distentis perverse pariterque distortis, contractis eciam valide nervis et iuncturis totius corpusculi, tormentis obsequitur minister et impendet importunis*).[44]

Eine weitere Verhörmethode wird bei der mutmaßlichen Täterin thematisiert: „Nachdem alle diese Dinge geschehen waren, wurde die immer noch im Kerker einsitzende gottlose und vermaledeite Frau noch strengeren und härteren Verhören unterworfen, um die Wahrheit zu erfahren. Das geschah, indem man wechselte zwischen [der Verlesung der] geprüften Bekenntnisse, völliger Entspannung [einer Befragungspause] und [der Verlesung der] manifesten Leugnungen des Verbrechens; ihre Antwort durfte jedes Mal nur sein: ‚ja und nein oder: nicht so' (*ita et non et non ita*). Nach der gerichtlichen Befragung durch so viele, durch so besonnene Männer und sachkundige Beisitzende hatte die Geständige schließlich keine Möglichkeit mehr, weiterhin zu leugnen. Nach drei Tagen oder etwas länger wird sie herausgeführt, dem Urteil unterworfen und angeklagt auf Grundlage des von ihr selbst [in der Beichte] beeideten und erklärten Sündenbekenntnisses. Sie bekennt sich schließlich des besagten Verbrechens für schuldig und wird durch den abschließenden Richtspruch verurteilt, den Feuertod zu sterben" (*Hiis ita transactis demum mulieri sacrilege et maledicte adhuc ipsis carceribus incluse strictius et artius examina realiter pro veritate cognoscenda exhibentur, ita ut alternatis vicibus in examine confessionibus, in relaxatione omnino et firme criminis negationibus operam daret, et sermo eius esset ita et non et non ita. Sed demum (cum) tantis et tot discretis viris iudiciale scrutinium expertis assistentibus et confessa ulterius locum negandi non haberet, post triduum aut citra educitur, iudicio sistitur, accusatur testimoniis confessionis sue deductis et ostensis. Tandem ipsa se ream de crimine quesito fatetur et sic finali sententia iudicio ignis morti subicienda condempnatur*).[45]

Wer im peinlichen Prozess das „Fachpersonal" bei der Befragung und Folter war, wird ebenfalls erwähnt. Es ist die Rede von einem „Folterer" (*tortor*) und seinem „Diener" (*minister*).[46] Ob damit der Scharfrichter und sein Knecht (ein Abdecker) gemeint sind oder ob es damals, wie an einigen Orten des Reiches nachweisbar, auch in Lippe ein eigenes Amt des „Foltermeisters" gab, wissen wir nicht.[47] Das Gleiche gilt für die Frage, ob es für das Amt Blomberg schon damals einen für die

---

44 Ebd., S. 330.
45 Ebd., S. 331.
46 Ebd., S. 330.
47 Wilbertz 2014, S. 9f.

Hinrichtung zuständigen Scharfrichter gab. Im 16. Jahrhundert saß der bekanntlich in Lemgo.[48] 1460 hätten dann er und sein Diener gut in Begleitung des Lemgoer Bürgermeisters und des Richters Cord Peckelhering zum Verfahren nach Blomberg mitgereist sein und die Hinrichtung vor dem Heutor inszeniert haben können.

### *Widerruf, Unwetter und Hinrichtung*

Die beiden ausführlichen Berichte der Blomberger Geschehnisse [Q 18 und Q 21] machen auch zur Hinrichtung einige Angaben. Die ‚Gesta' [Q 21] sind detailreicher und nur sie benennen den Tag genau. Beim ersten Hinrichtungstermin, als die Täterin widerrief und zurück ins Burgverlies gebracht wurde, brach das Unwetter los. Angesichts dieses Gottesurteils bekannte die Frau sich am nächsten Tag schuldig und wurde verbrannt. Das nun sei am Dienstag vor Christi Himmelfahrt gewesen (*tertia feria ante Ascensionem domini*), also am 20. Mai 1460.[49] Das Unwetter war demnach am 19. Mai. Auf Wittes Inschriftentafel stand demgegenüber als Tag der Hinrichtung der Dienstag vor Pfingsten, also der 27. Mai (*Pneumatis profesto die martis*). Folgt man Witte, hätte zwischen seinem Verhaftungstermin, dem 18. Mai, und der Hinrichtung etwas mehr als eine Woche gelegen. Das scheint für diesen komplexen Strafprozess viel zu knapp bemessen. Ich neige mit den ‚Gesta' dazu, den 20. Mai (Dienstag vor Christi Himmelfahrt) als Hinrichtungstag anzusetzen. Denn am Tag nach Himmelfahrt begann im Kirchenjahr die Pfingstnovene, d. h. die meditative und rituelle Vorbereitung auf das Pfingstfest. Profanes wie Hinrichtungen hat man in dieser Zeit möglichst vermieden. Belegen kann ich das nicht. Definitiv ausgeschlossen wurde dagegen der von Witte im Chroniktext selbst [Q 39] angegebene zweite (sic!) Hinrichtungstermin: nämlich der Vorabend von Pfingsten (*in vigilia Penthcostes*: damals also der 31. Mai). Meine Ermittlungen legen Folgendes nahe:

Tag des Widerrufs und des Unwetters war Montag, der 19. Mai [Q 21]. Am Beispiel des Widerrufs der Tatverdächtigten diskutiert Hagen [Q 18 Punkt 14], ob man allein wegen eines unter der Folter gegebenen Bekenntnisses verurteilt werden darf.[50] Das dürfe nur dann sein, so seine Antwort, wenn das Bekenntnis später absolut freiwillig wiederholt werde. Im Zweifelsfall müsse man den Angeklagten freisprechen. Bernhard VII. habe als Gerichtsherr (*domicellus et judex terre*) in dieser Situation deshalb vollkomen richtig gehandelt, als er die Hinrichtung abbrach.

48 Wilbertz 1995.
49 Anonymus, in: Staubach 2000, S. 333.
50 Hagen, in: Klapper 1961, S. 101.

Tag der Hinrichtung war Dienstag, der 20. Mai; nach Witte Dienstag der 27. Mai [sollte Wittes *Pneumatis profesto die martis* aber mit „am Dienstag vor dem Heiligen Geist, also Pfingstnovene" übersetzt werden dürfen, kämen wir ebenfalls auf den 20. Mai; dann wäre Wittes 18. Mai als Tag der Verhaftung allerdings hinfällig]. Selbst an diesem Tag hätten, wenn man der Argumentation Hagens folgt, Bernhard als Gerichtsherr oder der Richter noch mit dem Argument eingreifen können, dass das inszenierte öffentliche Geständnis der Täterin vielleicht doch nur aufgrund abergläubischer, durch das Gewitter verursachter Panik, oder aus Angst vor weiteren Folterungen geschehen sei. Offensichtlich aber hielten Richter und Schöffen das öffentliche Geständnis der Täterin an diesem Tag für überzeugend.

Ort der Hinrichtung war der Platz vor dem Heutor, nördlich der Straße. 1829 wurde der städtische Friedhof von der Martinikirche nach hier verlegt. Seit 2009 heißt das Gelände „Groene Plaats". Vor dem Tor südlich der Straße lag 1460 sicher schon der für ganz Lippe zuständige zentrale „Begräbnisplatz der Juden" (erwähnt 1486).[51]

**Ergebnis**: Die Eröffnung des Verfahrens durch den Edelherrn geschah unter Umständen auf starken öffentlichen Druck. Es basierte vielleicht auf einem nicht hinreichenden Tatverdacht [Q 18, 21; Genaueres oben II.3]. Ich glaube das nicht. Zweifel an der Rechtmäßigkeit des Gerichtsverfahrens konnten demgegenüber nicht dingfest gemacht werden. Das Verfahren selbst bediente sich der damals üblichen Methoden der peinlichen Befragung unter Einschluss der Folter sowie des Wechsels von Folter und freiem Verhör. Wer der jeweilige „Umstand" beim öffentlichen Teil des Verhörs war [Q 21], also die *extra carcerem* sitzenden Beisitzer und Zeugen (*auscultanibus et audientibus*),[52] muss offen bleiben. Das Verfahren dürfte weit mehr als eine Woche in Anspruch genommen haben (mehr als drei Tage vergingen allein nach der Entlassung von Mutter und Tochter). Schlusspunkte waren das freiwillige öffentliche Geständnis, die Beichte und der Strafvollzug vor dem Heutor.

51 Meier 2022a, S. 19.
52 Anonymus, in: Staubach 2000, S. 331.

## Streitpunkt 6: Sozialprofil und Persönlichkeit der Täterin

Die Frau gehört den zeitnahen Quellen zufolge eindeutig zur Unterschicht. Sie bewohnte mit ihrem Mann ein kleines Haus im Winkelviertel, dort, wo heute die Klosterkirche steht. Den Charakter ihres Hauses beschreibt die Verkleinerungsform von *domus* (Haus) sehr deutlich: Es ist eine *domuncula*, ein Hüttchen [Q 18] bzw. Häuschen (*domuncula seu casella* [Q 21]). Es findet sich auch das Wort *aedes*, was einfach „Wohnung" meinen kann. Zweimal heißt es ebenso vage, sie sei zu ihrer „Wohnung" bzw. „Wohnstätte in ihrem Viertel" [Q. 25 (*domicilium*), 32 (*ad domicilium sue propie habitationis*)] geflohen. Alles Formulierungen, die nicht eindeutig auf Hausbesitz schließen lassen. Von einem weiteren Merkmal ihrer Person, nämlich ihre Mutterschaft, erfahren wir allein bei Bernhard Witte: Auf der Inschriftentafel an der Martinikirche, die er in seiner Jugend abgeschrieben haben will, sei sie als „Mutter" (*mulier mater*) bezeichnet worden [Q 40]. In seinem Chroniktext fügt er hinzu, dass sie eine „Stadtbewohnerin" [*mulier quaedam opidi inhabitatrix*; Q 39] war.

Grundlegend für jede Beurteilung der Persönlichkeit ist die Tatsache, dass die Täterin in den zeitnahen Quellen der ersten hundert Jahre niemals beim Namen genannt wird. Die Täterin ist in den mehr als 50 Einzelnennungen der Urkunden und Texte einfach nur „eine gewisse Frau" (*vruwe, wiwe, quedam mulier, femina*). Es ist bei dieser Befundlage davon auszugehen, dass ihr Name mit Absicht nicht genannt wurde: Es handelte sich hier mutmaßlich um jene damals verbreitete Strafe der *damnatio memoriae*, die jede Erinnerung an eine Person ausgelöschen wollte. Vielleicht aber sollte auf diese Weise auch nur ihre Familie, die in der Kleinstadt jeder kannte, geschützt werden.

Um sie genauer zu charakterisieren, wurden der Frau häufig bestimmte Eigenschaften zugesprochen. Die meisten Attribute hatten anklagenden Charakter: Man liest, sie sei böse (*maligna*), boshaft (*humane pravitatis*), vom „bösen Geist verführt" (*maligo ut creditur spiritu suadente*), frevlerisch oder lästerlich gewesen. Sie wird als Wahrsagerin (*infamatam quasi sortilegam, divinatricem et phitonisam*) verdächtigt. Das dürfte, wie wir wissen, bei der Verhaftung eine Rolle gespielt haben, war für das Strafmaß aber irrelevant. In drei amtlichen Urkunden des Paderborner Bischofs oder seiner Weihbischöfe [Q 17, 24, 31, 36] wird ihr der Vorwurf gemacht, sie habe die jedem Christen ziemende „Furcht Gottes" abgelegt oder vergessen (*dei timore omnino oblita*). Häufig wird sie „ungläubig/verräterisch/schädlich" (*perfida*) genannt [etwa Q 30, 27, 32]. Herabwürdigender noch sind dann Bezeichnungen bei Hagen [Q 18], welche er bei der Beschreibung des von ihm stark kritisierten Pilgerzeichens wählt: Er warnt Leute eindringlich, sich „das vermaledeite Zeichen der schändlichen und ruchlosen Frau“ (*maledictum signum femine turpis et malefice*) an den Hut zu stecken (*super caput ponant*). *Turpis* kann auch „häßlich“ heißen, trifft auf die Frau auf dem Pilgerzeichen aber wohl kaum zu. Hagen wird in seiner Kritik noch grundsätzlicher: Das Zeichen habe, wie es bei solchen *Signa* erforderlich sei, überhaupt keinen erbaulichen Wert, sondern verbreite allein die Botschaft, „dass die Stadt Blomberg voller Wahrsagerinnen und abscheulicher Personen sei“ (*quod opidum Blomberch habundavit phitonissis et detestandis personis*).[53] Das Adjektiv „abscheulich“ wird auch verwandt in der Ablassurkunde von 1488 [Q 36], wo die Versenkung der Hostien im Brunnen als Tat einer „abscheulichen Frau“ (*per quandam mulierem detestabilem*) geschildert wird.

*Malefica* = Übeltäterin oder Hexe? Dieses zentrale Wort des entstehenden neuen Hexenbegriffs kommt in den Texten selten vor. Hat es in diesen Fällen nicht auch „Hexe“ heißen können? Das ist zu prüfen: Der anonyme Autor der ‚Gesta‘ [Q 21] bezeichnet die Täterin bei der Hinrichtung zweimal als *malefica*. In den Bischofsurkunden 1481 und 1482 [Q 27, 31] wird die Frau bei der Versenkung der Hostien ebenfalls eine *malefica* genannt. Alle diese Wörter müssen aber definitiv mit „Übeltäterin“ übersetzt werden. Das Wort konnte damals auch „Zauberin“ bedeuten. Auch Johannes Hagen [Q 18] trieb das um, als er fragte: Könnte die Täterin nicht auch eine Zauberin (*malefica*) gewesen sein, die mit den Hostien Zaubereien (*maleficia*) betreiben wollte. Seine Antwort ist sehr differenziert. Zum einen ein klares Nein! Denn jede wahre Zauberin hätte die Hostien in den langen Wochen bis zur Verhaftung für Zaubereien zu nutzten gewusst; sie hätte sie auf keinen Fall so überstürzt in einen Brunnen geworfen. Mangels klarer Indizien zum Zeitpunkt dieses Aktes lässt er auch andere Möglichkeiten offen.[54]

Manifeste Zauberei wurde der mutmaßlichen Täterin nur in zwei zeitnahen Quellen unterstellt. Den Annalen des Braunschweiger Aegiden-Klosters zufolge hatte die „Frau“ die Absicht, mit den Hostien Zaubereien zu begehen [Q 1: *propter quasdam incantationes cum eis faciendas*]. Der Augstinereremit Gottfried Hollen spricht 1466 konkret von Liebeszauber [Q 3: *incantationes … ad amorem*]. Von Schadenszauber im engeren Sinne aber war bis zu Piderits Zeiten nie die Rede!

Auch das Adjektiv *malefica* im Sinne von „ruchlos / verbrecherisch“ kommt in unseren Quellen vor (s. o. Pilgerzeichen). Die Affinität der lateinischen Wörter *mal-*

53 Hagen, in: Klapper 1961, S. 108, 110.

54 Ebd., S. 93. Auch der tatnahe Papstablass von 1475 [Q 24] ließe die Möglichkeit zu, zwischen Diebstahl und Brunnenwurf eine Frist von mehr als einem Tag anzunehmen (mit *aliquamdiu*; eine Zeitlang). Ausformuliert findet sich das dann bei Piderit und Turck [Q 43, 46]

*efica* („ruchlos / verbrecherisch" oder „Übeltäterin / Hexe"), *maleficium* („Zauberei oder Hexerei") und schließlich *miraculum* im Sinne von „Mirakel / Wunder" ist die semantische Grundlage, die es inquisitorisch gesinnten Theologen leichtmachte, den verbreiteten Wunderglauben zur Quelle ihres Hexenwahns zu machen. Denn gerade nach der Jahrhundertmitte hatte die Kirche diesen Wunderglauben im Zusammenhang mit Marienerscheinungen und Wallfahrtsrhetorik massiv gefördert. Sie stärkte damit unbeabsichtigt aber umso nachhaltiger den altüberkommenen Glauben an Schadenszauber und Magie. Das führte am Ende zu jener unheiligen Allianz von Wunderglauben und Hexenwahn, unter der besonders die Frühe Neuzeit zu leiden hatte. Um 1460 hielten demgegenüber die meisten Obrigkeiten und besonnenen Zeitgenossen, wie der Berichterstatter von angeblichen Treffen alter Frauen und Matronen am Brocken [Q 2], wie Johannes Gerson, Johannes Hagen oder Kardinal Nikolaus von Kues die Geschichten von ‚Hexen', ‚Hexensabbat' und ‚Hexenflug' noch für schlichten Aberglauben: Für psychologisches Blendwerk, das ungebildeten und geistesverwirrten Frauen in traumähnlichen Zuständen vormachte, solches tatsächlich erlebt zu haben.[55] In dieser unseligen Dynamik liegt einer der Gründe dafür, dass aus der Blomberger Frevlerin von 1460, deren Tat Ursprung so vieler Wunder werden sollte, später unter der Hand und unversehens eine Hexe hat werden können.[56]

Die liebenswerten Züge und guten Eigenschaften dieser einfachen Frau, welche möglicherweise Mutter war, werden uns immer verborgen bleiben. Keine anwaltliche Aussage ist überliefert! Ein Persönlichkeitsprofil ist unter diesen Umständen nicht möglich. Der einzige empathische Zug, den unsere auf Anklage getrimmten Zeugnisse aufweisen, ist, dass die Täterin von Beginn an auch als „Unglückliche und Elende" (*infelix et misera*) charakterisiert worden ist: Als Frau, die am unteren Rand der Gesellschaft lebte und mit den Sorgen ihres Lebens einfach nicht mehr klarkam. Noch bei Piderit begegnet die Wendung *„das arme Weib Alheit genandt"*. Ihr Tatmotiv jedenfalls werden viele Menschen, damals wie heute, gut verstanden haben: Sie wünschte sich nichts mehr als ein auskömmliches Leben in schwerer Zeit mit einem geliebten Partner, der auch sie liebte.

Nichts dürfte ihr fernergelegen haben, als anderen durch Zauberei zu schaden, eine Teufelsbündnerin zu werden oder gar auf den Brocken im Harz zu fliegen. Alles Dinge, die einfältige Leute damals immerhin für möglich hielten. Dort *in Montes Brockensberg* (Brocken) nämlich hätte es einer Erfurter Handschrift zufolge in

55 Staubach 2000, S. 304ff.
56 Ebd., S. 295; Meier 2008, S. 178.

den Jahren vor 1460 angeblich ein Treffen von alten Frauen und Matronen an einer Quelle am Gipfel des Berges gegeben: dem späteren „Hexenteich“ [Q 2]. Die Frauen seien auf Besen dorthin geritten. Der Erfurter Schreiber selbst glaubte nachweislich nicht an solchen Unsinn: Mit so einem ‚Hexensabbat‘ hatte unsere „unglückliche und elende“ Diebin nicht das Geringste zu schaffen; sicher nicht einmal im Traum.

**Ergebnis:** Die Frau ist eindeutig den städtischen Unterschichten zuzuordnen. Sie wohnte in einer bescheidenen Hütte oder Wohnung zusammen mit ihrem Mann. Einmal wird sie auch Mutter genannt. Die guten Eigenschaften dieser einfachen Frau werden uns wohl immer verborgen bleiben. Denn es gibt keine neutralen Aussagen über sie oder gar anwaltliche Verteidigungsschriften. Ein faires Persönlichkeitsprofil ist unter diesen Umständen nicht möglich (mehr dazu in Kapitel 3). Ihr Tatmotiv, sich in schlechter Zeit ein auskömmliches Leben sowie Liebe und den Rückhalt seines Partners zu wünschen, dürfte damals wie heute jedem verständlich gewesen sein. Die Beurteilung der Tat und deren Bestrafung macht den Unterschied der Zeiten aus. Uns will es nicht mehr gelingen, darin ein todeswürdiges Verbrechen zu sehen, dessen Aufklärung darüber hinaus Folter als Verfahren erlaubt.

## Streitpunkt 7: War der Name der Täterin „Adelheid Pustekoke“?

Da der Name der Täterin konsequent verschwiegen wurde, stößt die Rekonstruktion ihrer Persönlichkeit über ihren Namen oder ihre Familie auf unüberwindbare Schranken.

Hieß sie „Pustekoke“? Fangen wir bei dem spät beigelegten Familiennamen an, denn dieser Punkt ist schnell und eindeutig zu beantworten. Moritz Leopold Petri, der 1843 die erste wissenschaftlich überzeugende Geschichte des Blomberger Klosters schrieb [G 1], hatte in einer Anmerkung kurz erwogen, ob die Täterin vielleicht den Familiennamen „Pustekoke“ geführt haben könnte. Er selbst fand dafür aber keine belastbaren Beweise.

Spannend in diesem Zusammenhang ist die Tatsache, dass der führende lippische Kirchenhistoriker des 18. Jahrhundert selbst Pustekoke hieß [Q 48]. Es ist der aus Blomberg stammenden Friederich Christoph Pustkuchen. Der niederdeutsche Familienname war mittlerweile, wie es damals verbreitet geschah, ins Hochdeutsche der oberen Schichten übersetzt worden. Sollte es in Blomberg zu seiner Zeit eine mündliche Tradition zu einer Täterin namens Pustekoke gegeben haben, wäre das dem äußerst mitteilungsfreudigen Autor gleichen Namens sicher nicht entgangen. Ist er doch sonst jeder Tradition und jeder schrägen Legende nachgegangen. Außerdem hätte er es an Rechtfertigungen nicht fehlen lassen, die seine Familie damit in Zusammenhang brachten. Dass dieser Kirchenhistoriker der seit dem frühen 15. Jahrhundert in Blomberg ansässigen und angesehenen Familie der Pustekoke angehörte, gibt der Sache immerhin eine pikante Note.

Hieß sie „Adelheid"? Auch das ist unwahrscheinlich, denn den Vornamen der Täterin kannte in den ersten 100 Jahren nach der Freveltat niemand. Erstmals liest man davon um 1575 in der ‚Genealogie' des Gerhard Kleinsorgen [Q 41: „Ein Weib, genannt Adelheid"]. Zum zweiten Mal dann bei dem Blomberger Pfarrer und lippischen Chronisten Johannes Piderit im Jahre 1627 [Q 43]; dann auch bei Turck [Q 46]. Als Quelle seiner Namensgebung gibt Piderit sachgerecht Kleinsorgen an, verweist aber auch auf „alte Manuskripte des Blomberger Klosters". Hatte die Täterin damit endlich einen belastbaren Namen bekommen?

Mitnichten: Die meisten Historiker und Theologen der folgenden zwei Jahrhunderte waren von der Namensgebung durch Kleinsorgen und Piderit nicht überzeugt. Nur einer übernahm sie [Turck Q 46]. Von besonderem Gewicht ist, dass der wohl am besten unterrichtete Paderborner Hofhistoriker Nikolaus Schaten [Q 47], der alle älteren Chroniken, auch die von Kleinsorgen und Piderit, nachweislich kannte, den Namen „Adelheid" in seinen mit zahlreichen alten Urkunden ausgestatteten ‚Annalen' nicht übernimmt [Q 47]. Er spricht, wie alle mittelalterlichen Urkunden und Chronisten vor ihm, weiterhin lediglich von einer „Frau", der wie üblich verschiedene negative Attribute zugeteilt wurden, etwa „gottlos und frevelhaft".

**Ergebnis:** Die Täterin hieß weder Adelheid noch Pustekoke.

## Streitpunkt 8: Wer war die „wahre Adelheid"?

Wie aber kam der Name Adelheid überhaupt ins Spiel? Zur Beantwortung dieser Frage muss ein Umweg genommen werden. Denn der einzige Name, der bis 1575 im Zusammenhang mit den Beschuldigten dieses Prozesses überhaupt genannt worden ist, ist der Name eines kleinen Mädchens. Das nämlich wurde von der Täterin als Mitwisserin bezichtigt. Es wird erwähnt von Johannes Hagen [Q 18; (vor 1472)]. Er nennt sie „ein junges Mädchen von 12 Jahren" und berichtet auch von ihrer Mutter. Diese Mutter kennt auch der anonyme Verfasser der etwas späteren ‚Gesta' [Q 21]. Hier findet sich darüber hinaus die einzige Stelle der gesamten Überlieferung, bei der das Mädchen beim vollen Namen genannt wird: Demnach hieß sie Adelheid und war Tochter des Wilhelm van Versperde (*Aelheit Willem van Vesperde fila*).[57]

57 Anonymus, in: Staubach 2000, S. 329.

Das ist der Beginn einer komplizierten Namengeschichte. In den Text der ‚Gesta' [Q 21; Text im Anhang II] sind meiner Ansicht nach Einträge zum Tatgeschehen aus dem verloren gegangenen Blomberger Wunderbuch eingegangen. Die Hauptrolle in diesem ungemein ausführlichen Bericht über die Geschehnisse in der Stadt Blomberg im Jahre 1460 spielt überraschenderweise nicht die mutmaßliche Täterin, sondern dieses kleine Mädchen namens Adelheid. Ihr ist der meiste Raum in der herzergreifenden Erzählung gewidmet. An ihrem zerschundenen Leib offenbarte sich eines der größten Wunder dieser Tage: Die sofortige vollständige Wiederherstellung ihrer leiblichen Unversehrtheit nach grausamen, verletzenden und entstellenden Foltergängen. Der Begriff „Mädchen" wird hier zudem in zahlreichen Verkleinerungsformen angeboten. Statt *puella*, Mädchen: *puellula*, kleines Mädchen. Dasselbe: statt *iuvenca* steht *iuvencula*; gesteigert sogar noch durch eine doppelte Verniedlichung: *tantilla iuvencula*, also „ein so kleines kleines Mädchen".[58] Damit sollte die Vorstellung von einem sehr kleinen, ungemein zarten und überaus jungen Mädchen evoziert werden. Ein bekanntes literarisches Stilmittel.

Das ist überzeugend gelungen und steigerte bewusst den Kontrast zu den schweren und mehrfachen Folterungen und körperlichen Verletzungen, die diese Kleine erdulden musste. Das wird weiter unterstrichen durch übertrieben kindliche Spracheformen in ihren wörtlich zitierten Äußerungen: Aus gängigen Anredeformen wie: „O weh meine teuerste Nachbarin, warum beschuldigst du mich gar Elende, Zarte und überaus Kleine?", werden kleinkindliche Wendungen wie: „O weh teuerste Nachbarin der Adelheid (*vicina Adelheidis*), warum beschuldigst du mich gar Elende, Zarte und überaus Kleine?"[59]

Der Nachnamen des Kindes verweist auf das Vesperfeld bei Lügde. Cord von Lasterhausen, dessen Adelshof 1460 genau wie das Häuschen der Täterin oder das des Mädchens dort lag, wo später die Klosterkirche stehen sollte, hatte seit den 1450er Jahren nachweislich lippische Lehen auf dem Vesperfeld in Besitz (im *vesperfelde*). Nicht unwahrscheinlich, dass Leute von seinen Gütern bei Lügde nach Blomberg gezogen waren. Es könnte im 15. Jahrhundert sogar eine Niederadelsfamilie *van Vesperde* gegeben haben. Eine solche Familie ist mehrfach bezeugt als Inhaber eines lippischen Lehns im Vesperfeld. Um 1450 heißt es etwa: *Item V hove landes*

58 Hüther 2010, S. 44.

59 Anonymus, in: Staubach 2000, S. 330. Nach Gisela Wilbertz könnte die Bezichtigung des kleinen Mädchens als Rache der mutmaßlichen Täterin gelesen werden (s. o. unter „Hochgericht"). Auch könnte diese episch erzählte Geschichte gespeist worden sein vom „Erzählmotiv der falschen Anklage und dem wundersamen Erweis der Unschuld einerseits und den Überlieferungen zahlreicher Legenden, in denen MärtyrerIinnen trotz aller Martern unversehrt blieben, andererseits" (Mitteilung von Gisela Wilbertz vom 24.4.2023).

*in deme Vesperde velde vor Lude, de oldinges weren Johans van Vesperde und gat to lene van den heren van der Lippe.*[60] Zu dieser Familie könnte der in den ‚Gesta' genannte Vater der Adelheid, Wilhelm van Vesperde, gehört haben. Dessen hochbetagte, mutmaßlich verwitwete Frau und kleine Tochter hätten in dem Fall selbst auf einem Adelshof im Winkelviertel gelebt. Der wäre dann, genau wie der Hof des Cord von Lasterhausen, mit dem Ausbau der Klosteranlage abgerissen worden und verschwunden. Ebenso unbeweisbar wie spannend.

**Ergebnis:** Die „wahre Adelheid" ist die zwölfjährige Tochter des Wilhelm van Vesperde, der ein Haus im Seligen Winkel besaß; ihre Mutter war „hochbetagt", zur Tatzeit vermutlich Witwe.

## Streitpunkt 9: Die Wanderung des Vornamens

Es liegt eine gewisse Tragik in der Tatsache, dass dieses in den zwei vorliegenden Berichten genannte, aber nur einmal bei seinem Namen gerufene kleine Mädchen 125 Jahre später ihren Vornamen „Adelheid" an die Täterin des Hostienfrevels, die sogenannte „Hexe" von Blomberg, abgeben musste. Vermutlich lag das an der lateinischen Vorlage, von der Kleinsorgen um 1575 und Piderit 1627 [Q 41, 43] ihre Geschichten des Hostienfrevels abgeschrieben hatten. Das waren entweder die ‚Gesta' [Q 21], so die naheliegende Annahme, oder das diesem Bericht zugrundeliegende, verloren gegangene Blomberger Wunderbuch [Q 0]. Es geht dabei insbesondere um die Übersetzung der in Q 21 überlieferten Wendung *vicina Adelheidis*. Wenn Piderit der Text der lateinischen ‚Gesta' vorgelegen habe sollte, dann hat er *Adelheidis* als Vokativ gedeutet und mit „Nachbarin Adelheid" übersetzt. Dieser Vokativ hätte in dem Fall die Nominativform wiederholt. Die Latinistin Franziska Hüther hatte das philologisch durchgespielt und hielt beide Übersetzungen für möglich; die Lösung ließ sie aber offen.[61] Zu bedenken bleibt, dass die Nominativform dieses Namens im Text zuvor schon einmal genannt wurde, und zwar als *Aelheit / Adelheid* (unterschiedliche Schreibungen desselben Namens sind damals die Regel, s. Piderit). Ich denke, der bewusste Wechsel von der deutschen zur lateinischen Namensform im Ausruf „*Vicina Adelheidis*" ist als Genitiv zu deuten: Dem Leser sollte damit unmissverständlich klar gemacht werden, dass es hier um die „Nachbarin der Adelheid", also um die stets namenlos gehaltene Täterin ging. Meine Dokumentation

60 Abbenburger Urkundenbuch, Urk. 77, LWL Portal.
61 Hüther 2010, S. 17.

der Benennung der Täterin über mehr als 300 Jahre bekräftigt diese Lesart.[62] So wurde aus dem Namen der Heldin, einem gottesfürchtigen, durch harte Folter gesundheitlich schwer geschädigten kleinen Mädchen, das durch ein Wunder Gottes schon bei der Entlassung aus dem Kerker seine körperliche Gesundheit vollständig wiedererlangte, der Name der verurteilten und hingerichteten Täterin.

**Ergebnis:** Die Namensübertragung geschah durch eine nicht sachgerechte Übersetzung der lateinischen Namensform *Adelheidis* ins Deutsche. *Adelheidis* wurde als Vokativ gedeutet, was grammatikalisch möglich ist. Der Kontext aber spricht eindeutig für eine Genitivform. Die muss an dieser Stelle übersetzt werden mit: „Nachbarin der Adelheid“ [aus Q 21 in Q 41, 43 und 46].

### Streitpunkt 10: Perspektivische Verschiebungen in einer langen Geschichte

In langen Zeiträumen verändern sich Perspektiven auf alte Geschichten und neue Inhalte werden angelagert. Das war in der Überlieferung des Neuen Testamentes nicht anders. Ochse und Esel im Stall, die drei Könige oder die Geschichten aus der Jugend der Jungfrau Maria kamen auch hier erst später hinzu. Man wollte es irgendwann eben genauer wissen. Ähnlich verhält es sich in unserem Fall. Zunächst zu den Akteuren.

Hauptakteure waren die Täterin (s. o. Abb. 2), der neue Pfarrer Bernhardus de Embrike, Bernhard VII. zur Lippe und seine Frau Anna von Schaumburg (beide als Grisant liegend dargestellt auf der Grabtumba und an der Stirnseite mit Schmerzensmann). Dann Bernhards jüngerer Bruder, der spätere Paderborner Bischof Simon III. zur Lippe. Ein weiterer Zeuge dürfte der Revaler Bischof Simon von der Borch, Ablassspender von 1488 [Q 34, 35; s. u. Abb. 23], gewesen sein.[63] Der war schließlich in jungen Jahren ein enger Vertrauter und Vasall von Bernhard VII. und hätte durchaus die Ereignisse nach der Freveltat von 1460 als Augenzeuge miterlebt haben können. Auch das kürzlich in Tallinn gefundene Blomberger Pilgerzeichen könnten er oder seine Delegation 1489 mit nach Tallinn, das früher Reval hieß, genommen haben. Im Verlaufe der Wallfahrt traten noch weitere Akteure hinzu.

Neue Motive und Praktiken lagerten sich an die Verehrung des Brunnens an. Die Täterin von 1460 und ihre Tat wurden Schritt für Schritt aus dem Zentrum

62 Zu dieser Einschätzung schrieb Nikolaus Staubach am 6. August 2019 (Auszug E-Mail): „Ihre Vermutung ist völlig plausibel, angesichts der auffälligen Namengleichheit und beim Fehlen eines weiteren Belegs für den Namen der Frevlerin“.

63 Vgl. Literatur zu Q 34.

**Abb. 12:** Blomberger Pilgerzeichen des Typ B: Zwei Engel halten das Korporale mit den Hostien; im Gewölbezwickel darüber steigt Christus als Schmerzensmann aus einem Brunnen – ähnliche Darstellungen Christi im Brunnen finden sich in dem Relief am Kopfende der Grabtumba und auf dem Klostersiegel. © Tallinn University, Archeological Research Collection (AI 7909: 4404), 62 x 40 mm.

der Aufmerksamkeit verdrängt. Insbesondere Prior Lubbert Lange sorgte mit seinen zahlreichen Reliquienkäufen für die Ausbildung neuer kultischer Verehrungsformen.[64] Das galt auch für die Pilger, für die er und sein Konvent im Blomberger Augustiner-Kloster ab 1468 zuständig waren. Bischof Simon III. zur Lippe bündelte diese Anstrengungen 1481 in der Etablierung eines Heiltumsfestes [Q 27].[65] Fortan strömten die Pilger besonders zwischen Fronleichnam und dem darauf folgenden Sonntag in die Stadt. So konnten sie sowohl an Fronleichnam als auch am Heiltumstag bei der zur Schau-Stellung jeder einzelnen Reliquie aus dem Klosterschatz mehrere Ablassangebote kumulieren. Eine weitere Überformung ergab sich eher beiläufig aus einer alten Frömmigkeitstradion des lippischen Hauses, die schon im 12. Jahrhundert nachweisbar ist: nämlich Marienverehrung und Kreuz-Kult.[66] Beides erhielt auch für Blombergpilger immer größeres Gewicht [Q 36, 38]. Als das Kloster nach 1511 schließlich zur Grablege der Edelherren und späteren Grafen zur Lippe wurde, war diese Tradtion im kultischen Leben der Stadt schon fest etabliert. Perspektivwechsel und semantische Verschiebungen lassen sich an folgenden Punkten schlagwortartig verdeutlichen.

**Gott:** Wir unterstellen zumeist, man habe in früheren Zeiten das Böse in der Regel mit dem Teufel und das Gute mit Gott in Verbindung gebracht. Das stimmt nur bedingt. In den ‚Gesta' [Q 21] beispielsweise geschah die Freveltat mit der Einwilligung Gottes (*a deo ut permissum*). Im Ablass von Papst Sixtus IV. 1475 [Q 24] ist der Blomberger Hostienfrevel für unseren „Erlöser" gleichsam der willkommene Anlaß, seine Macht den allzu glaubensschwachen Christen einmal wieder zu demonstrieren und

---

64 Mit-Akteur unserer Geschichte war auch der seit 1461 in Blomberg aktenkundige Pastor Bertold Glede († 1505), der in den Verhandlungen zur Ansiedlung des Klosters im Sommer 1468 zum leitenden Rektor des Blomberger Klerus und vermutlich einer der reichsten Blomberger werden sollte, vgl. Butterweck 1926, S. 327f.

65 Vgl. Meier 2017a, S. 70f.; 2017b, S. 24; Kühne 2004, S. 45, 54 (Blomberg).

66 Meier 2003, S. 89ff.

**Abb. 13a:** Siegel der Kapelle zum „Heiligen Leichnam" an der Urkunde zur Klostergründung vom 11.11.1468. © LAV NRW OWL L 1 Nr. 1493, in: LRNF Siegel-Katalog Tafel 11 Nr. 5.

**Abb. 13b:** Konventssiegel des Blomberger Klosters, Christus im Brunnen mit Leidenswerkzeugen, 1496. © LAV NRW Westfalen B 401 U Nr. 2212.

unter Beweis zu stellen: So „hat der Erlöser Aller (*Saluator omnium*) wegen der Vortrefflichkeit und Bekräftigung jenes Sakraments [der Eucharistie], aber vor allem zur Festigung jener Gläubigen, die nicht glauben, dass das menschliche Geschlecht jener Wahrheit, Vortrefflichkeit und Tugend würdig ist, und welche deswegen bisweilen zu schwanken scheinen, kürzlich in der Stadt Blomberg, in der Diözese Paderborn, erneut erstaunliche Wunder entschlossen offenbar werden lassen." Auch das neue Pilgerzeichen, auf dem zwei Engel die Hostien in den Brunnen werfen, spricht diese Sprache: Gott war von Anfang an beteiligt und Akteur in unserer Geschichte! Dass Christus im Brunnen präsent ist, war Aushängeschild der Blomberg-Wallfahrt. Bildlich umgesetzt wurde das in der Darstellung des „Schmerzensmannes" im ersten Siegel der Kapelle, und später auch im Siegel des Klosters abgebildet.

An der Grabtumba erscheint er zwischen Bernhard VII. und Anna von Schaumburg.[67] In der Neuzeit geht die Freveltat dann eindeutig zu Lasten des Teufels.

**Hostien**: Die im Mittelalter herrschende Lehre, dass im Brot des Abendmahls Christus leiblich anwesend ist („Leib Christi"; „Heiliger Leichnam"), wurde in der Reformation zum Angriffspunkt protestantischer Fundamentalkritik. In diesen ag-

67 Vgl. Cohausz 1962a, S. 76, der eindringlich auf die frömmigkeitsgeschichtliche Bedeutung dieser Darstellungen mit den „Arma Christi" (den Leidenwerkzeugen verstanden als ‚Waffen Christi') hinweist. Vgl. auch Priewe 2012a, S. 116ff.

gressiven Kampf um das rechte Abendmahlsverständnis geriet auch die mittelalterliche Überlieferung zur Blomberger Freveltat. Lutherische Chronisten wie Piderit [Q 43], die der Hostie jegliche Wirkmacht abstritten, und altgläubige Geschichtsschreiber wie die Jesuiten Turck und Schaten [Q 46, 47] gaben die mittelalterliche

**Abb. 14 a+b:**
a) Blomberg, Klosterkirche. Grabtumba des Edelherrn Bernhard VII. zur Lippe und seiner Frau Anna von Schaumburg, nach 1511.
b) Relief am Kopfende. Christus als Schmerzensmann zwischen Bernhard VII. und Anna von Schaumburg mit ihren Schutzpatronen Andreas und Jacobus maior.
© Ev.-ref. Kirchengemeinde Blomberg

Überlieferung in der Regel zwar exakt wieder. In Nebensätzen aber ließen sie keine Gelegenheit aus, die Abendmahlsvorstellung ihrer konfessionellen Gegner lächerlich zu machen oder zu diffamieren.

**Teufel:** Auch in mittelalterlichen Quellen hatte der Teufel bei der Freveltat von 1460 bisweilen seine Hand im Spiel. Nur einmal aber trat er direkt auf: Im zeitnahen Lied des Tabernes [Q 4] wird die Frau beschrieben als „vom Teufel verführt" (*de duvel hadde se ummedan*).[68] In den lateinischen Quellen wird weitaus vorsichtiger, gewissermaßen philosophisch formuliert: Sie wurde, hieß es, vom „bösen Geist verführt" oder ihr wurde vom „bösen Geist" geholfen [Q 24, Q 31: *maligno spiritu suadente /cooperante*]; oder es ist die Rede von einer durch „teuflische List" und menschliche Bosheit verführten Frau [Q 17: *dyabolice fraudis et humane pravitatis persuasa mulier*]. Erst in der Frühen Neuzeit, etwa bei Piderit [Q 43], tritt der Teufel dann leibhaftig präsent und gewaltbereit auf: Er selbst hilft der Frau beim Öffnen des Sakramentars. Nachdem sie den Raub in einer Kiste in ihrem Haus ablegte, hat „der Teuffel bey Tag und Nacht grewlich in und aussem dem Hause ein geplerr, poltern, klopffen. mit Liecht unnd Fackelnbrennen angerichtet, besonders an dem Orthe da die Kiste gestanden."[69] In den dunklen Zeiten der großen Hexenverfolgungen und des Dreißigjährigen Krieges war Gott offensichtliche ferner, dafür aber der Teufel besorgniserregend nah und zudem wesentlich agiler als im vermeintlich dunklen Mittelalter.

**Pilgerzeichen** (s. o. Abb. 2): Hagen [Q 18] fordert kategorisch: „Der Verkauf von Abzeichen an Pilger sollte eingestellt werden. [...]. Selbst wenn es wahr wäre, wäre diese Darstellung immer noch verabscheuungswürdig, weil es Brauch sei, an heiligen Orten würdige und heilige Darstellungen auszuteilen, nämlich die Darstellung unseres Erlösers Jesus Christus oder dessen äußerst gesegnete Mutter, Darstellungen der Apostel Petrus und Paulus, des heiligen Nikolaus oder anderer Heiliger. Stattdessen wird diese abscheuliche Darstellung der Übeltäterin mitsamt ihren Schandtaten ausgeteilt und von den Pilgern in entlegene Gegenden getragen, damit

68 Wenn man Tabernes folgt, begann unsere Geschichte Ostern 1460 mit dem *Duvel*, dem „Teufel". Dann wurde die Freveltat Anlass einer Wallfahrt. Zu deren Betreuung holte man 1468 die Augustiner-Chorherren (in Blomberg wurden sie konsequent „Mönche" genannt). Nach der Reformation lösten sich Kloster und Konvent auf. Der letzte ‚Mönch', der noch vom Landesherrn unterhalten werden musste, starb am 14. Dezember 1570. Ironischerweise hieß er *Augustinus Duvel* (zugleich der Familienname einer seit 1450 aktenkundigen Blomberger Bürgerfamilie). Am Anfang und Ende einer 110jährigen Geschichte stand damit gewissermaßen ein *Duvel* bzw. ein Teufel (vgl. Butterweck 1926, S. 18).

69 Piderit 1627, S. 594.

man sogar dort weiß, dass es in Blomberg vor Wahrsagerinnen und verachtenswerten Personen geradezu wimmelt. Daher ist zu raten, dass sie in Zukunft keine Darstellungen dieser Art mehr an Pilger für Geld oder umsonst austeilen."[70]

Hagens Kritik scheint auf fruchtbaren Boden gefallen zu sein. Das nächste Pilgerzeichen zeigt statt der Täterin zwei Engel, die die auf einem Korporale liegenden 45 Hostien in den Brunnen versenken (s. o. Abb. 12). Das macht zunächst stutzig. Es zeigt aber nichts anderes als das, was insbesondere unser Anonymus in den ‚Gesta' immer wieder hervorhebt (Q 21 passim): Die Tat selbst geschah ebenso mit Einwilligung Gottes wie die Wunder, welche an dem Brunnen danach passieren sollten. Auch das bei Witte [Q 40: mutmaßlich 1480] begegnende Motiv, dass die Täterin eine „Mutter" gewesen sei, kam der veränderten Sicht auf die Frau offensichtlich zugute und wurde bald schon in ein Bild umgesetzt: Im Kirchenrelief an der nach 1511 errichteten Grabtumba steht eine Bürgersfrau mit Kopftuch in bestem Alter über den Brunnen gebeugt und schüttet die Hostien hinein.[71]

**Wallfahrt:** Freveltat und Wallfahrt veränderten das kultische Leben und den Alltag in der Stadt. Rat und Bürgerschaft wurden ökonomisch, politisch und kulturell in das Geschehen verwickelt [deutlich sichtbar in Q 15, Anhang III]. Die Wallfahrt selbst hat in den etwas mehr als 70 Jahren ihres Bestehens darüber hinaus bedeutsame Metamorphosen durchgemacht.[72] Insbesondere die Paderborner Ablässe um 1480 änderten ihren Charakter fundamental: Reliquien-, Marien- und Kreuzverehrung traten immer deutlicher in den Vordergrund und drängten den Hostienfrevel ein Stück weit zurück. Marien- und Kreuzverehrung kennzeichneten bereits seit dem 13. Jahrhundert das Frömmigkeitsprofil der lippischen Dynastie. Als das Kloster Blomberg dann um 1500 zu deren dynastischer Grablege wurde, erfuhr die Frömmigkeitstradition des Hauses Lippe zugleich eine Auffrischung in neuem Gewand. Die Kreuzverehrung erreicht im Ablass von 1504 ihren Höhepunkt.[73] Der „Tatort Brunnen" blieb weiterhin Kultzentrum der Stadtbevölkerung und der Pilger. Tat und Täterin dagegen traten im Laufe der Jahrzehnte etwas in den Hintergrund.

---

70 Hagen, in: Klapper 1961, S. 110. [Anhang I].

71 Ein drittes Blomberger Pilgerzeichen zeigt in einer Monstranz angeordnet nur noch fünf Hostien als Abbreviatur der 45 Hostien, vgl. o. Abb. 3 und Meier 2022a, S. 11 (Abb. 12c).

72 Meier 2022a, S. 9f.

73 Zur Veränderung des Wallfahrtsprofils: Cohausz 1962a, S. 71–77; Beßelmann 1998, S. 71f; Priewe 2012a, S. 116ff.; Meier 2012, S. 132ff; ders. 2003, S. 89ff. (Heiltumsfest). Zur ausgeprägten Reliquienverehrung der Windesheimer, insbesondere der beiden Prioren von Böddeken und Blomberg (Lubbert Lange) vgl. unten Anm. bei Q 21, S. 94f.

**Abb. 15 a+b:** Relief am Fußende der Grabtumba a) Ansicht der Klosterkirche, 1936. b) Ausschnitt mit Darstellung der Frau, die die Hostien in den Brunnen versenkt. © LWL-DLBW.

Dieser Trend wurde gegen Ende des 15. Jahrhunderts in dem Augenblick durchbrochen, als die Einnahmen aus der Wallfahrt drastisch sanken. Krisen führten gerade im monastischen Leben des Mittelalters häufig zur Rückbesinnung auf die Anfänge. So auch hier. Die Tat wird jetzt auf ganz besondere Weise memoriert und medial vermittelt. Im Ablassbrief Bischof Simons III. zur Lippe von 1497 [Q 36] heißt es beispielsweise: Die bei der Tat von 1460 verwendeteten Utensilien (der Stab, mit dem die Hostien versenkt wurden, und ein Stück des Korporale, in das sie eingewickelt waren) sollen von zwei Chorherren, zusammen mit „vielen anderen heiligen Reliquien", regelmäßig durchs Land getragen werden. Auf diese Weise hoffte man, mehr Ablässe zu verkaufen und reichere Einnahmen für den stockenden Weiterbau des Klosters zu generieren.

**Wetterkatastrophe**: Seit Beginn der Überlieferung wissen wir von der Wetterkatastrophe, die nach der Verschiebung der Hinrichtung losbrach: So im Lied des Tabernes, am umfangreichsten dann in den ‚Gesta' [Q 21] oder bei Hagen [Q 18]. Noch Piderit [Q 43] widmet dem Unwetter einige seiner spannendsten Seiten. Allerdings hatte sich das Interesse daran im Laufe der Jahrhunderte merklich verändert. Waren in den mittelalterlichen Schilderungen die „Wunder", die bei dieser Katastrophe etwa in den mystischen Gestalten der Hagelkörner auftraten, wichtigster Bestandteil der Geschichte, so setzte sich in der Neuzeit die Schilderung eines zerstörerischen Naturereignisses mit moralischen Untertönen durch. Mit Kleinsorgens Genealogie [Q 41] kam ein neues Motiv hinzu: Die Zerstörung des Pfarrhauses, der Wehme, bei diesem Unwetter. Das Motiv nun wird bei Piderit ein Stück weit re-theologisiert [Q 43]. Wie beim Spuk im Haus der Täterin, spielt beim Unwetter jetzt auch der Teufel selbst direkt mit. Das Feuer in der Wehme wird erweitert um eine moralische Pointe: Dieser durch Blitzschlag entfachte Brand hätte das Pastoren-Haus so urplötzlich erfasst, dass keine Hilfe mehr möglich war. Sollte das etwa heißen, dass der Teufel mit Gottes Einwilligung das in Q 18 und 21 geschilderte zweifelhafte Verhalten des Blomberger Pastors beim Prozess von 1460 gestraft hatte? Dass unser evangelischer Pastor im Jahr 1627 das wirklich hat sagen wollen, liegt nahe; wir wissen es nicht mit letzter Sicherheit. Fest steht dagegen, dass die damals vollständig abgebrannte Wehme das Haus eines katholischen Priesters war.

Die Unwetterschilderung bereichert Piderit noch um Folgendes: Der die ganze Nacht über tobende Sturm habe eine große Linde vor dem Heutor aus den Wurzeln gerissen, umgewendet und sie mit der Baumkrone verkehrt herum in die Erde gesetzt. Er mag hier an einen Satz der ‚Gesta' [Q 21] angeknüpft haben: „... nicht wenigen Bäumen und Sträuchern wurden die Wurzeln nach oben gewendet" (*arbusta*

**Abb. 16:** Sakramentsnische von 1489 in der Pfarrkirche von Schwalenberg. Jahreszahl: M° CCCC° LXXXIX°; Wappen links (heraldisch rechts): Der Paderborner Bischof Simon III. zur Lippe; Wappen rechts (heraldisch links): Edelherr Bernhard VII. zur Lippe. Das waren die beiden Schwalenberger Ortsherren dieses Jahres. © Foto Meier 2023.

*quedam funditus a radicibus eversa*).[74] Die nach oben gewendeten Wurzeln wurden bei Piderit zur Baumkrone der großen Linde vor dem Heutor: also genau dem Ort, wo am nächsten Tag „das Weib verbrandt" werden sollte. Ergänzt um den Scheiterhaufen suggeriert der Baum mit seinen Wurzeln als Baumkrone ein wahrhaft gespenstisches Bild! Wie jeder Humanist war unser Autor anfällig für einprägsame Bilder. Geschichte war schließlich „Lehrmeisterin des Lebens".

## Epilog: Was bleibt?

Nach mehr als 560 Jahren können die genauen Umstände des Blomberger Hostienfrevels nicht mehr geklärt werden. Das verwundert nicht. Das Außergewöhnliche bleibt in jedem Fall die einzigartig umfangreiche schriftliche Überlieferung zur Tat. Gleiches kann von den materiellen „Überresten" des Tatgeschehens und seiner Folgen leider nicht gesagt werden. Die Martinikirche wurde 1833 abgerissen. Das Sakramentar im Chor, aus dem die Hostien gestohlen wurden, könnte ähnlich ausgesehen habe wie das in der Schwalenberger Pfarrkirche von 1484.[75] Allein der Turm der Martinikirche steht noch.

Bedeutsamer noch sind die Folgen der seit 1460 vorgenommenen Eingriffe in die Stadtstruktur. Dabei wurden große Teile des Winkelviertels niedergerissen und überbaut. Das Häuschen der Diebin und ihrer Nachbarin wichen schon bald dem Bau der Kapelle und dem Kloster. Der Brunnen befindet sich zugemauert unterhalb des Mittelschiffs der Klosterkirche (s. o. Abb. 8). Vor der Freveltat lagen auf

74 Anonymus, in: Staubach 2000, S. 332.

75 Vielleicht ist die Verriegelung durch ein engmaschiges Gitter schon eine Reaktion auf die Blomberger Freveltat. Durch das Schwalenberger Sakramentsnischen-Gitter von 1489 hätte kein mit Hostien gefülltes Korporale mehr durchgezogen werden können.

dem späteren Klosterareal viele Kleriker- und Bruderschaftshäuser, vor allem aber mindesten fünf bedeutende Freistätten bzw. Burgmannshöfe. Das neu entstandene Klosterareal wurde zu einem eigenen, ummauerten Rechtsraum in der Stadt mit Klosteranlage, Hospital, Wirtschaftshof und Gästehäusern. Von diesem Großareal zeugen noch heute die Klosterkirche, die erhaltenen Klostergebäude, das Areal der alten Volksschule mit ihrem großen Schulhof, die Hausstätte des Kindergartens in der Schulstraße und die Hausstätten der Flüggeschen Scheune mit ihrem Nachbarhaus (dort lag ehemals der klösterlichen Wirtschaftshof, s. o. Abb 5).[76]

Das bedeutendste materielle Zeugnis bleibt am Ende die Grabtumba, die mit ihren Bildprogrammen an den Stirnseiten Zeugnis von Täterin und Tat ablegt. Ein weiteres architektonisches Denkmal unserer Erzählung, das ist kaum bekannt, war erstaunlicherweise noch über Jahrhunderte intakt: Es handelte sich dabei um den großen Altaraufbau über dem Wunderbrunnen (zur Lage s. o. Abb. 8), dem Ziel also der Pilger aus ganz Nordeuropa. Auf diesem Altar standen, wie wir wissen, eine Montranz mit geweihten Hostien [Q 9] und das livländische Kreuz „in einer silbernen, teilweise vergoldeten Monstranz“ [Q 38]. Als nach dem Abriss der Martinikirche im Jahr 1833 die ehemalige Klosterkirche zum Gotteshaus der reformierten Gemeinde wurde, stand dieser mittelalterliche Prachtaltar dann einfach nur noch im Weg. Er störte den Ablauf des reformierten Gottesdienstes. Er war viel zu groß, um ihn mit Tüchern abzuhängen. Er stand bei den sonntäglichen Bibellesungen ungünstig zwischen Vorleser und Gemeinde. Die beiden Blomberger Prediger Neubourg und Goedecke forderten am 7. Februar 1855 deshalb vom Kirchenvorstand vehement die Beseitigung dieses überkommenen Altars. Sie schrieben dem „löblichen Kirchenvorstand“ folgenden Brief:[77]

„Es hat sich bei allen Handlungen, die am Altare verrichtet werden, namentlich beim Vorlesen und der Confirmation, der Übelstand heraus gestellt, daß wegen der zu großen Entfernung des Predigers von den Zuhörern derselbe nicht auf allen Stellen der Kirche, insbesondere in den Seitenschiffen, genügend verstanden werden kann. Um diesem Übelstande abzuhelfen, muß darauf Bedacht genommen werden, den Platz des Predigers beim Vorlesen u.s.w. der Gemeinde näher zu bringen. Da aber der jetzige Altar zu groß ist, um dem Schiffe der Kirche mehr genähert werden zu können, so würde Obiges nur durch Zurücksetzen desselben zu erreichen sein, indem als dann der Prediger den Platz zwischen dem Altare und dem Schiffe der

76 Vgl. auch Meier 2022, S. 26f. mit Karte des Winkelviertels.

77 Beide, das geht aus dem Protokoll der Sitzung durch den Kirchenvorstand hervor, waren derzeit Prediger an der Kirche.

**Abb. 17 a+b:** Blomberg, Klosterkirche. a) Bekrönung des früheren Sakramentshauses, zuletzt über dem Taufstein. Ansichtskarte um 1910. © Sammlung Stiewe. b) Pelikan von der Spitze der um 1955 zerstörten Bekrönung des Sakramentshauses. © Katharina Priewe.

Kirche einnehmen und somit trotz der Zurücksetzung des Altars der Gemeinde näher stehen würde.

Hieraus erwüchse bei Confirmationen noch der große Vortheil, daß dann die Confirmanden nicht mehr im hintern Chor der Kirche, sondern vor und neben den Stufen des Altars sich stellen könnten, und der Prediger bei der fraglichen Handlung ihnen zugewandt wäre und Alles besser verstanden würde. Derselbe Vortheil würde bei der gewöhnlichen Sonntags-Vorlesung zu gewinnen sein.

Der jetzige steinerne Altar verletzt, weil er seiner Größe wegen nicht durch Überhänge verdeckt werden kann, das Auge eines Jeden, dem eine angemessene Ausstattung des Innern der Kirche am Herzen liegt; so haben sich unter Anderen auch Fremde, namentlich Mitglieder unsers Consistoriums dahin geäußert. Es würde also der passende Ausweg darin zu finden sein, daß der jetzige steinerne Altar entfernt und ein passender hölzerner an dieser Stelle gesetzt würde. Dieser Tausch läßt sich nun dadurch begründen, dass eine Verkleinerung der steinernen Platte einen

**Abb. 18:** Blomberg, Klosterkirche. Gewölbemalerei über dem westlichen Joch des nördlichen Seitenschiffes, um 1485, freigelegt 2018. © Ev.-ref. Kirchengemeinde Blomberg, Foto Antje Döring.

fernern Gebrauch derselben verhindern könnte, sondern auch dadurch, daß eine schwere Steinmasse auf dem bezeichneten Platze wegen des darunter befindlichen Brunnens bedenklich sein müsste."[78]

Der Vorschlag für einen kleineren, dem Stil der Kanzel von 1704 angepassten Altar aus Holz interessiert in unserem Zusammenhang ebenso wenig, wie der am Ende des Briefes an den Vorstand erteilte Rat, die anfallenden Kosten von 40 bis 50 Reichstalern, die für den Abriss des alten und den Bau des neuen Altars nötig wären, durch eine Kollekte zu finanzieren. Der Kirchenvorstand jedenfalls billigte den ambitionierten Antrag. Aufschlussreich für unser Thema ist der hier vom alten Altar vermittelte Eindruck: Er war demnach von imponierender Größe. Auch die für den Abriss angeführten Gründe lassen aufhorchen: Der Altar, lesen wir da, verletze das „Auge eines Jeden, dem eine angemessene Ausstattung des Innern der Kirche am Herzen liegt." In diesem Satz spricht derselbe protestantische Geist, der schon in den Jahren der Reformation den großen Aufsatz des Sakramentshauses in der Klosterkirche und den dahinter liegenden Lettner zwischen dem Chor der Mönche und der Wallfahrtskirche zerstörte.[79] Derselbe Geist, der, wie bei Piderit gesehen, die altkatholische Wallfahrt verdammte und der noch im 19. Jahrhundert nicht allein den Brunnenaltar abreissen sollte, sondern auch die Wände des einst „bunte Kirche" genannten Gotteshauses weiß übertünchen ließ.

Die reformierte Blomberger Gemeinde ist heute weltoffen. Pastorin Ursel Rosenhäger und ihr Kollege Hermann Donay haben die traditionelle calvinistische Bilderfeindschaft abgelegt und sind selbst zu Initiatoren der Freilegung der übertünchten mittelalterlichen Wandmalereien geworden.[80] Nicht auszuschließen, dass bei einer künftigen Freilegung der alten Malereien an den Stirnwänden der Seitenschiffe sogar noch Geschehnisse des Jahres 1460 wieder ans Tageslicht kommen: Bilder von der Täterin und dem Diebstahl vielleicht oder auch Szenen der Versenkung der Hostien im Brunnen vor ihrem kleinen Häuschen.

---

78 StadtA Blomberg, Neues Archiv III/H I c 2: „Kirchenkommision, kirchliche Angelegenheiten" 1839–1912. Christiane Klotz machte mich auf dieses Manuskript aufmerksam. Dieter Zoremba half bei Entzifferung einiger schwer lesbarer Passagen.

79 Priewe 2012b, S. 18f. Vgl. Auch Pieper 2000, S. 155f. Der Lettner trennte im Mittelalter auch in Blomberg die Kirche des klösterlichen Konvents, also den Chor-Raum, vom Schiff der Wallfahrtskirche. Der noch 1950 intakte, äußerst filigrane spätgotische Aufbau eines Sakramentshauses mit dem Pelikan an der Spitze wird Teil dieser trennenden Architektur gewesen sein. Es könnte durchaus auch ein Teil des Brunnenaltars selbst sein, auf dem ja permanent geweihte Hostien bereit zu halten waren.

80 Auszug Lippische Landeszeitung 10. April 2016: https://www.lz.de/lippe/blomberg/20760446_Restauratorin-entdeckt-alte-Wandmalereien.html.

# 3. Ermittlungsergebnisse: Der Diebstahl und seine Folgen

Vorbemerkung: Den Zeugnissen des 15. Jahrhunderts wurde im Zweifelsfall größeres Gewicht zugemessen, als den Chronisten der Neuzeit. Wen einzelne Punkte näher interessieren, sei auf die Kapitel 2 und 4 oder die drei Anhänge verwiesen.

Im Jahr 1460 residierten auf der Blomberger Burg (s. o. Abb. 6) Edelherr Bernhard VII. zur Lippe und seine Gattin, Anna von Schaumburg. Sie hatten drei kleine Töchter: Margarete, Elisabeth und Anna. Die Stadt hatte sich noch nicht von der Zerstörung in der Soester Fehde im Jahr 1447 erholt. Der Wiederaufbau zog sich über Jahrzehnte, bis ins 16. Jahrhundert hinein. Der Ausbau und die Modernisierung der Burg nahmen die Jahre 1456 bis 1463 in Anspruch. Das Jahr 1460, mitten in dieser Baukampagne gelegen, wurde darüber hinaus ein ausgesprochen schlechtes Jahr. Die kleine Eiszeit, die heute zum Ursachenbündel der Hexenverfolgungen der Frühen Neuzeit gezählt wird, begann damals bereits, ihre Schatten voraus zu werfen. Gleich zu Beginn des Jahres brach in Braunschweig die Pest aus, die vermutlich auch andere Teile Norddeutschlands erreichte. Wetterkatastrophen und Teuerungswellen lösten sich ab. Im Tatmonat April herrschte ein solch starker Frost, dass weder gepflügt noch gesät werden konnte. Es folgte eine Dürreperiode. Die Getreidepreise stiegen empfindlich.

Die Tat geschah somit in wahrlich schwerer Zeit. Und trotz der Aufklärung durch Reformtheologen glaubten damals viele an Zauberei und manche auch daran, dass Zauberinnen auf ihrem Besen auf den Brocken fliegen können. Bei der Blomberger Tat aber ging es nicht um Hexerei. Es handelte sich um einen Hostiendiebstahl, genauer gesagt um einen Kirchendiebstahl und eine Freveltat: Täterin war eine Frau aus der städtischen Unterschicht. Als Tatzeit wurde Ostern, der 13. April 1460, ermittelt. Dieser Diebstahl erfolgte gleich nach der Frühmesse in der Martinikirche. Das Diebesgut, es waren bereits geweihte und in ein Korporale gewickelte Hostien, trug die Täterin durch die Kirche bis vor das Portal (s. o. Abb. 7). Dort öffnete sie das Tuch und erkannte jetzt erst die hohe Anzahl der Hostien: Es waren 45! Sie erschrak zutiefst und lief verwirrt in ihr kleines Häuschen (*domuncula*), gelegen im Seligen Winkel, wo sie zusammen mit ihrem Mann wohnte. Ihre Hausstätte lag genau dort, wo heute die Klosterkirche steht. Wie viele Tage oder Wochen die gestohlenen Hostien in ihrem Hause verblieben, war nicht eindeutig zu klären.

Durchgesetzt hat sich die Meinung, dass die Diebin die Hostien aus Angst vor Entdeckung schon im Morgengrauen des nächsten Tages in einen Brunnen bei ihrem Haus warf. Das wäre der 14. April gewesen. Einige durchaus ernstzunehmende Aussagen legen allerdings einen Einwurf der Hostien erst nach mehreren Tagen nahe. Selbst Anfang Mai wurde in Betracht gezogen. Das Korporale, in das die Hostien eingewickelt waren, behielt die Frau jedenfalls bei sich.

Der Diebstahl zog eine regelrechte Fahndungswelle in Stadt und Umland nach sich. Mittelalterliche Kleinstädte verfügten über keine Polizeikräfte. Pfarrer und Stadtklerus waren deshalb federführend: damals etwa 20 Priester und Altaristen. Verstärkt wurde die Suche sicher durch die beiden Stadtknechte, drei Stadttorwächter und das Wachpersonal des Burgvogtes. Die intensive Fahndung lief über mehrere Wochen und dauerte bis Mitte Mai. Aber nach kurzer Zeit schon tauchte das Korporale wieder auf. Es wurde auf dem Hochaltar der Pfarrkirche heimlich abgelegt. Der Täter also schien noch in der Stadt zu sein. Man intensivierte die Fahndung und fasste im Mai schließlich acht der Wahrsagerei verdächtigte Frauen. Der schlechte Ruf (*fama*) dieser Blombergerinnen dürfte der wichtigste Grund für einen Anfangsverdacht gewesen sein. Eine der Frauen unterzog man der Wasserprobe (vermutlich im „Großen Teich“ vor der Burgmühle). Sie bestand diese Probe, wurde aber zusammen mit weiteren sechs Frauen auf freien Fuß gesetzt. Bei diesen sieben Inhaftierten konnte ein hinreichender Tatverdacht in Sachen Hostiendiebstahl nicht nachgewiesen werden. Wegen des nicht ausgeräumten Vorwurfs der Wahrsagerei aber verwies man sie der Stadt. Eine harte Strafe zu jener Zeit.

In Haft blieb allein die achte Verdächtige, die mutmaßliche Täterin. Jetzt im Mai wurde jedenfalls erst aktenkundig, dass sie die 45 Hostien in den an ihrem Häuschen gelegenen Brunnen geworfen hatte. Es tauchten schon damals massive Zweifel an der Rechtmäßigkeit der Anklageerhebung und der Prozesseröffnung auf. Es bestand, so der Vorwurf des Kartäusers Johannes Hagen, dafür eventuell kein hinreichender Tatverdacht. Das Gerücht allein und die Selbstaussage der Frau nämlich hätten nach damaligem Recht keineswegs genügt. Weitere Indizien und Zeugen wären vielmehr nötig gewesen. Realistisch bleibt nach unseren Ermittlungen immerhin die Vermutung, dass ein kleines, von der Täterin im Prozessverlauf der Mitwisserschaft bezichtigtes Nachbarmädchen etwas beobachtet haben könnte. Eine zeitnahe Quelle nennt sie beim Namen: Es war Adelheid, Tochter Wilhelm van Vesperdes. Damit hätte zumindest eine echte Zeugenaussage vorgelegen und die Begründung des dringenden Tatverdachts wäre erhärtet gewesen.

Johannes Hagen meldete auch Bedenken an gegen die Rechtmäßigkeit der Wallfahrt: Denn allein die Behauptung der mutmaßlichen Täterin, sie habe die Hostien in den Brunnen geworfen, sei kein ausreichender Grund für die Etablierung einer Wallfahrt nach kanonischem Recht. Eine zeitgnössische Quelle, die Annalen aus dem Braunschweiger Aegidienkloster, notierte allerdings, dass die in den Brunnen geworfenen Hostien schon bald nach der Tat auf wunderbare Weise wiederentdeckt worden seien. Von wem, wird nicht ausgeführt. Hatte die kleine Adelheid aus dem Nachbarhaus vielleicht diese Entdeckung gemeldet? Hatte sie die Hostien im Brunnen noch gesehen?

Der Gerichts- und Landesherr Bernhard VII. hat die extrem unübersichtliche Rechtslage klar erkannt und zunächst sehr zögerlich reagiert. Am Ende aber, so der zeitnahe Bericht unseres Anonymus in seinen ‚Gesta', gab er dem Druck der Straße, des aufgebrachten Blomberger Klerus und dem Wunsch seiner Gattin nach: Widerwillig ließ er das Verfahren eröffnen. Handfeste Belege, die uns erklären, wie aus dem Anfangsverdacht bei der Inhaftierung der acht „üblichen Verdächtigen" schließlich ein dringender Tatverdacht bei der einen mutmaßlichen Täterin hat werden können, waren nicht zu ermitteln. Die Zeugenschaft des kleinen Mädchens bleibt weiterhin denkbar, auch wenn ihre mutmaßliche Tatbeteiligung im Prozess gerichtsfest widerlegt werden konnte. Weitere Indizien dürfte es gegeben haben. Dafür, dass es sie gab, spricht die Tatsache, dass bei allen vorgetragenen und berechtigten Zweifeln das Gerichtsverfahren selbst nie infrage gestellt worden ist. Der Prozess, zu dem damals Foltermethoden unstrittig gehörten, hat die geltenden Standards rechtsgültiger Prozessführung offensichtlich strikt eingehalten.

Das Verfahren fand Mitte Mai vor dem ordentlichen Hochgericht statt. Es tagte im östlichen Keller des steinernen Saalbaus der Blomberger Burg (s. o. Abb. 6 und 9). Das Gericht vernahm, wie berichtet, noch ein von der Täterin der Mitwisserschaft bezichtigtes kleines Mädchen von 12 Jahren. Es war jene Adelheid van Vesperde, die Nachbarin der mutmaßlichen Täterin. Ihre peinliche Befragung erstreckte sich über mehrere Tage und Foltergrade. Das Kind blieb standhaft. Auf Verlangen der mutmaßlichen Täterin wurde dann noch ihre hochbetagte Mutter, wohl eine Witwe, einbestellt. Von ihrer peinlichen Befragung nahm man allerdings Abstand. War ihre Zeugenschaft doch nirgends belegt. Zudem war das Gericht stark davon beeindruckt, dass ihre kleine Tochter selbst schwerste Folter ohne gesundheitliche Schäden überstand. Weitere Beschuldigungen der mutmaßlichen Täterin hatten nach der vergeblichen Befragung der kleinen Adelheid offenbar jegliche Glaubwürdigkeit verloren. Mutter und Tochter durften nach Hause gehen. Das Gericht handelte auch hier nach den Standards damaliger Rechtsprechung.

Die Hauptverdächtige verhörte man unter Anwendung der Folter dann so lange weiter, bis sie ein ‚freies' öffentliches Geständnis ablegte. Unsere beiden Hauptquel-

**Abb. 19:** Blomberg, mittelalterllcher Hinrichtungsplatz nördlich vor dem Heutor. Kupferstich von Elias und Heinrich van Lennepp, ca. 1663–65 (Abb. 1), Ausschnitt. Das Tor in der Mitte der östlichen Stadtmauer mit dem vorgelagerten Zwinger ist das Heutor. © LAV NRW OWL D 75, 346.

len aus den 1470er Jahren berichten ausführlich über die Rechtsgrundlagen und über die Methoden der damals ausgeübten Folter. Auch das daran beteiligte „Fachpersonal" wird benannt: Es waren ein Foltermeister (*tortor*) und sein Knecht (*minister*). Die überführte Täterin wurde rechtskräftig wegen Frevel und Kirchendiebstahl verurteilt. Beim ersten Hinrichtungstermin widerrief sie ihr Geständnis und wurde zurück ins Burgverlies gebracht. Ein kurz darauf losbrechendes schweres Unwetter, das von der zurückgeführten Frau offenbar selbst als Zorn Gottes gedeutet worden ist, veranlasste sie dann, endgültig zu gestehen. In aller Öffentlichkeit bekannte sie sich am nächsten Tag erneut schuldig. Das Geständnis erachtete das Gericht nunmehr als glaubwürdig, frei und wahrheitgemäß. So jedenfalls berichtet es unser Anonymus. Am Dienstag vor Pfingsten, dem 20. Mai, wurde sie vor dem Heutor verbrannt.

Weitere Ermittlungsergebnisse sind: Die Täterin hieß weder Adelheid noch Pustekoke. Adelheid wurde sie von Gerhard Kleinsorgen erstmals um 1575 genannt. Dabei hatte der Autor mutmaßlich den Vornamen des kleinen bezichtigten Mädchens auf die Täterin übertragen. Die Chronisten Johannes Piderit und Heinrich Turck übernahmen das 1627 bzw. vor 1669. Die Täterin selbst war Ehefrau, einmal wird sie „Mutter" genannt. Dass sie Bürgerin war, ist nicht aktenkundig. Der Begriff „Stadtbewohnerin" (*opidi inhabitatrix*) fällt an einer Stelle. In den allermeisten Aussagen aber ist allein von einem Weib (*wief, wiwe*) oder einer Frau (*mulier, femina*) die Rede. Das geschah, um die Erinnerung an sie zu vernichten (*damnatio memoriae*), aber möglicherweise auch in der Absicht, ihre Familie zu schützen. Der Täterin wurden darüber hinaus, und durchaus typisch für Anklageschriften, vornehmlich schlechte Eigenschaften zugeschrieben. Es wurde gesagt, sie sei eine böse, frevlerische, gottvergessene, verräterische oder eine vom „bösen Geist“ (*spiritus malignus*) verführte Frau.

Das Abbild auf dem ersten Pilgerzeichen deutet darauf hin, dass sie jung und attraktiv war. Johannes Hagen hat an diesem ersten Pilgerzeichen (s. o. Abb. 2, Typ A) massive Kritik geäußert. Das war sicher einer der Gründe, warum ein neues Pilgerzeichen geprägt wurde, auf dem die Täterin nicht mehr zu sehen ist (s. o. Abb. 12, Typ B). Es wurde das am weitesten verbreitete Blomberger Zeichen. Vor kurzem fand man ein Exemplar davon in Tallinn, früher Reval genannt. Ein veränderter Blick auf die Täterin zeigt sich auch im Kirchenrelief an der Grabtumba im Chor der Klosterkirche (nach 1511: s. o. Abb. 15b). Aus der schlanken, freizügig gekleideten und hübschen jungen Frau mit offenem Haar war eine biedere Hausmutter mittleren Alters mit Kopftuch geworden.

Unsere intensive Beschäftigung mit dem Bild der Täterin, das sich in den Quellen der ersten sechs Jahrzehnte nach der Tat spiegelt, hat uns gleichsam nebenbei einen tieferen Einblick in die Geschichte der Blomberger Wallfahrt im 15. Jahrhundert und ihrer Verwerfungen verschafft. Bereits hier waren perspektivische Verschiebungen bei der Sicht auf die Freveltat und ihrer Rolle in der kultischen Praxis erkennbar. Dieser Blickwechsel sollte sich in der Reformation fortsetzen, als die katholischen oder protestantischen Chronisten die Geschichte der Frau in ihr konfessionelles Weltbild einordneten. In dieser Zeit bekam sie erstmals den Vornamen Adelheid.

Die zeitgenössischen Quellen schildern lebendig und ausführlich die massiven Folgen der Freveltat für Stadtstruktur und religiöses Leben. Große Teile des Winkelviertels wurden niedergerissen und überbaut. Adelshöfe, Kleriker- und Bruderschaftshäuser verschwanden dort. Augustiner-Chorherren aus Möllenbeck wurden nach Blomberg geholt. Sie errichteten ab 1468 ein Kloster. Sie sollten eine aus dem Ruder gelaufene Wallfahrt in den Griff bekommen.

Inmitten der Bürgerstadt entstand ein Klosterareal als autonomer und fest ummauerter Rechtsraum. Vom einstigen klösterlichen Großareal (s. o. Abb. 5) zeugen noch heute die Klosterkirche, einige Klostergebäude, die Stätte der alten Volksschule (ehemals Ort des Hospitals zum „Heiligen Geist“) mit ihrem großen Schulhof (einst Hospital- und Klostergarten), die Hausstätte des Kindergartens in der Schulstraße (zuvor klösterliches Gästehaus) und die Hausstätten der Flüggeschen Scheune mit ihrem Nachbarhaus (ehemals Wirtschaftshof).

Bedauerlich bleibt, dass ich kein faires Persönlichkeitsprofil erstellen konnte: Tatunabhängige oder gar anwaltliche Aussagen fehlen vollständig. Was am Ende von der auf dem Scheiterhaufen grausam gestorbenen Diebin bleibt, ist wenig: Erinnern können wir allerdings daran, dass sie von Anfang bis zum Ende der reichen Über-

**Abb. 20:** Blomberg, früheres Augustiner-Chorherrenkloster (heute: ev.-ref. Pfarrkirche). Klosterkirche und ehem. Nordflügel der Klausur. Ansichtskarte, um 1960. © Sammlung Stiewe.

lieferungskette auch immer wieder geschildert wurde als eine einfache, schlichte, arme, elende, unglückliche, verwirrte, schwache oder verführte Frau, die mit ihrem Leben überhaupt nicht zurechtkam. Eine Frau also, die unser Mitleid verdient. Und wer könnte, damals wie heute, ihre Motive nicht verstehen? Ihr Wunsch nach einem auskömmlichen Leben in ungewöhnlich schwerer Zeit und ihre Sehnsucht nach der Liebe und Treue ihres Mannes.

## Drei Nachbemerkungen

1. Auch für fiktive Ermittlungsergebnisse gilt: Aus denselben Indizien und Akten können Andere durchaus andere Schlussfolgerungen ziehen. Noch heute ein Urteil in dieser Sache fällen zu wollen, wäre absurd. Denn das könnte allein ein mittelalterliches Hochgericht. Dessen regional unterschiedliche Prozessregeln wurden zwar 1532 in der „Peinlichen Halsgerichtsordnung" Kaiser Karls V., genannt ‚Carolina', reichsrechtlich vereinheitlicht. Aber gemeinsam mit dem „Heiligen Römischen

Reich Deutscher Nation“ verschwand diese höchst ambivalente Strafprozessform im Jahre 1806 aus dem Leben der Menschen. Ein peinliches Halsgericht passte nicht mehr in eine veränderte Welt. Der Aufklärung und Napoleon sei Dank.

2. Juristische Zweifel bestehen weiterhin bei der Frage, ob wirklich ein hinreichender Tatverdacht für eine rechtskonforme Prozesseröffnung vorgelegen hat. Ich gehe fest davon aus, dass es dafür genügend Indizien gab. Die Prozessführung selbst und die anschließende Verurteilung jedenfalls verliefen, soweit das heute beurteilt werden kann, nach den damals geltenden Regeln einer ‚unabhängigen‘ Justiz. Das zu verdammen, wie es die „Blomberger Erklärung“ vom 13. Mai 2012 tut, ist menschlich verständlich und spontan sympathisch. Es hieße zugleich aber, die antike und mittelalterliche Welt insgesamt moralisch zu diskreditieren. Was heute natürlich jedem freisteht.

3. Auch wenn die Hexe Adelheid Pustekoke, die mir seit meiner Zeit auf der Blomberger Volksschule bestens vertraut ist, keine Hexe war. Auch wenn sie weder Adelheid noch Pustekoke hieß: Sie gehört unstrittig zur Blomberger Geschichte! Ein Blick auf Hameln mag da tröstlich sein. Kern der Rattenfänger-Geschichte ist eine schriftliche Überlieferung aus dem 15. Jahrhundert, der zufolge am 26. Juni 1284 ein Pfeifer durch die Weserstadt zog, 130 Hamelner Kinder hinter sich versammelte und mit ihnen die Stadt verließ. Die Schuld daran gab im Mittelalter nachweislich niemand einem Rattenfänger, der von den Bürgern um seinen Lohn betrogenen wurde. Denn eine solche Figur wurde erst im 16. Jahrhundert verbreitetes Märchenmotiv. Die Hamelner griffen das Motiv auf und machten es im 17. Jahrhundert zum Teil einer Geschichte vom Auszug ihrer Kinder im Jahre 1284. Der betrogene Rattenfänger wurde bald zu einer eingepräsamen und gern erzählten Gestalt im städtischen Geschichtsbewusstsein. Er avancierte am Ende zum Mittelpunkt eines höchst erfolgreichen Tourismuskonzeptes. Auf Hameln-Exkursionen mit Studierenden aus den USA oder aus Japan konnte ich immer wieder erleben, dass einige Teilnehmer den um seinen Lohn betrogenen „Rattenfänger von Hameln“ schon kannten. Dass es ihn nicht gab, ist am Ende also kein sehr überzeugendes Argument dafür, künftig seine Geschichte nicht mehr zu erzählen.

Auf Adelheid Pustekoke übertragen, heißt das: Der namenlosen Frau einen Namen zu geben, war hilfreich und menschlich überaus verständlich. Es trug dazu bei, dass die mutmaßliche Täterin von 1460 nicht vergessen wurde. Der Namen eines Menschen prägt sich leichter ein, als die verschwommene Gestalt einer anonymen Hostienfrevlerin. Welche Geschichte aber soll bei Gästeführungen auf dem Marktplatz am „Alheyd- Pustekoke-Brunnen“ nun erzählt werden? Die bisher bekannte Geschichte von ihrer Tat, Verhaftung und Hinrichtung bleibt in weiten Teilen bestehen. Nach unseren Ermittlungen muss jetzt aber deutlich gesagt werden, dass Adelheid Pustekoke nicht ihr richtiger Name gewesen ist. Zudem muss die bekannte Erzählung ergänzt werden um die Geschichte eines kleinen Mädchens, welches wirklich Adelheid hieß und Tochter des Wilhelm van Vesperde war. Und so haben Gästeführerinnen und Gästeführer am Marktplatz-Brunnen jetzt zwei spannende Geschichten zu erzählen.

# 4. Quellenkatalog: Aussagen, Berichte, Zeugnisse

Vorbemerkung: Die im Folgenden behandelten Urkunden, Berichte, Annalen und Chroniken bilden unsere „Ermittlungsakte".[81] Dass das keine Akte im modernen Sinn ist, sagte ich einleitend. Ebenso, dass die ‚kirchenamtliche' Bestätigung der Klostergründung aus dem Jahr 1469 [Q 17] und die beiden umfangreichen Berichte der 1470er Jahre [Q 18, 21] Basis meiner Urteilsbildung gewesen sind. Damit knüpfe ich an eine Beobachtung von Nikolaus Staubach an, der schreibt: „Die drei Texte stimmen in sachlichen Einzelheiten und sprachlichen Ausdrücken und Wendungen bei aller Verschiedenheit des Stils und Gattungscharakters vielfach überein, so daß eine gemeinsame Quelle anzunehmen ist."[82] Ich gehe darüber hinaus davon aus, dass diese gemeinsame Quelle das verlorene Blomberger Wunderbuch war [Q 0]. Zu beweisen ist das nicht.

Irritieren mag der Umstand, dass unser Quellenfundus sehr viele Ablassbriefe enthält. Das liegt daran, dass in der „Narratio" dieser Urkunden die Geschichte der Freveltat immer wieder, und zwar auf unterschiedliche Weise wiederholt wird. Das Wichtigste bei Ablässen bleiben natürlich die versprochenen Ablasshöhen und die Informationen zu den Leistungen, die für deren Erwerb zu erbringen waren. Letztere bleiben darüber hinaus gebunden an ganz bestimmte Gewinnungstage. So nämlich werden die Tage genannt, an denen die im Brief angeführte Ablasshöhe tatsächlich erworben werden konnte. Am gebräuchlichsten waren Ablasshöhen von 40 und 100 Tagen. In einem Ablassbrief werden stets mehrere solcher Gewinnungstage genannt. Die höchsten in Blomberg zu vergebenen Ablässe waren die Papstablässe von 1465 und 1475 [Q 10 und Q 24] mit sieben Jahren und sieben Karenen (also plus siebenmal 40 Tage).

Mediengeschichtlich und für unser Thema überaus bedeutsam ist dabei Folgendes: An diesen „verbrieften Gewinnungstagen" wurde die entsprechende Urkunde

81 Die Übersetzungen aus dem Lateinischen ins Deutsche sollen den Zugang zu den Quellen erleichtern bzw. für viele erst ermöglichen. Da insbesondere die juristisch geprägte Sprache der Urkunden oder Traktate nicht immer leicht zu verstehen ist, habe ich lange Satzgebilde häufig in Teilsätze aufgelöst und geglättet. Wissenschaftliche Kontroversen müssen daher auf die lateinischen Originatexte zurückgreifen.

82 Staubach 2000, S. 297 Anm. 137.

„an Haken und Stangen im Altarraum aufgehängt" oder „an die Holzportale der Kirchen genagelt".[83] Dass die Urkunden danach manchmal abgeschnitten werden mussten, erklärt bei vielen Stücken die Beschädigungen an der Rändern. Zu besonderen Medienereignissen im Festzyklus der Stadt wurden deshalb stets jene Tage, die für Pilger besonders attraktiv waren: In Blomberg etwa Fronleichnam, das Heiltumsfest am Sonntag danach oder der Tag der Geburt Mariens (8. September).[84] Die genannten Tage nämlich werden in den meisten Ablassbriefen für Blomberg als Gewinnungstage geführt. Das heißt zum einen: Wer an diesen Tagen die geforderten Bedingungen (Reue, Beichte, Absolution, Beiträge zu Kirchbau und Austattung in Form von Geld oder Dienstleistung) erfüllte, konnte nicht allein besonders viele Tage Ablass erwerben. Er wurde zudem auch noch von „schwerer Schuld" losgesprochen. Das heißt zum anderen: An Fronleichnam oder an Mariengeburt hingen Ende des 15. Jahrhunderts mehr als 10 auf Pergament geschriebene Ablassbriefe in den Räumen der Klosterkirche: Oft prächtig ausgemalt mit Wappen und farbigen Initialen und geschmückt mit meist roten Siegeln an Bändern. Aufgabe des betreuenden Klerus war, den Pilgern zu erläutern, was Inhalt dieser ausgestellten Briefe war: Diese Information bildete gewissermaßen die Geschäftsgrundlage aller frommen Rituale und Messen an diesem Tag.[85] Es ist davon auszugehen, dass bei der Gelegenheit auch die Geschichten vom Hostienfrevel und den Wundern am Brunnen, die in der Narratio der ausgestellten Urkunden standen, dem Publikum übersetzt und von der Kanzel verlesen worden sind. Damit wurde nicht allein der amtskirchliche Wunderglauben verbreitet: Vielmehr dürfte auf diesem medialen Weg auch Tausenden von Blombergpilgern die Geschichte unserer unglückseligen Täterin vermittelt worden sein.

Ablasserwerb, daran muss nach dieser kleinen Einführung in die Quellenlage ausdrücklich erinnert werden, war natürlich nur ein Grund, sich auf Pilgerfahrt nach

---

83 Seibold 2001, S. 55. Dort auch Informationen zum Geschäftsgang an der römischen Kurie bei der Ausstellung von Ablässen. Zur Ablassfrömmigkeit im mittelalterlichen Lippe, vgl. Meier 2019, S. 178ff.

84 „Spitzenreiter" unter den Blomberger Gewinnungstagen war Mariengeburt, der 8. September, mit um 1500 mehr als 20 Jahren an erwerbarem Ablass. Attraktiv war auch Fronleichnam; blieb man bis zu dem am folgenden Sonntag begangenen Heiltumsfest, konnte man ab 1481 Ablässe in ähnlicher Größenordnung erhalten. Wir wissen von insgesamt 23 Ablässen für das Kloster Blomberg zwischen 1462 und 1504, 5 davon kennen wir nur durch Bestätigungsurkunden bzw. durch Erwähnungen in Fremdquellen. Im LAV NRW OWL liegen insgesamt 17 dieser Urkunden. Vgl. auch Besselmann 1998, S. 68.

85 Die mediale Seite des Ablasswesens war 2018 Thema einer Ausstellung im Historischen Museum Bielefeld: vgl. Neumann/Riedel 2020.

Blomberg zu machen. Für viele waren andere Motive wichtiger: Eine Pilgerfahrt konnte eine auferlegte Buße sein, um wieder in die Gemeinde seines Heimatortes aufgenommen zu werden.[86] Im Falle der Wallfahrt zum „Heiligen Leichnam“ hat, das berichten die Quellen durchgängig, der Wunsch nach „Heilung“ von Krankheiten am Wunderbrunnen stets an erster Stelle gestanden.[87]

## Der Beginn und die vom Blomberger Klerus betreute Wallfahrt bis 1467 [Q 0–12]

### *Q 0: Das verschwundene Blomberger Wunderbuch (Liber miraculorum)*

Wunderbücher gab es damals an allen Wallfahrtsorten.[88] Darin wurden Tag für Tag und Jahr für Jahr jene Wunder notiert, die am Wallfahrtsort passierten, oder die Folge einer Pilgerfahrt dorthin waren. Das ist heute noch so. Meist handelte es sich um Heilungswunder. Auch der Blomberger Klerus, der die Wallfahrt betreute, besaß ein solches Wunderbuch. Wie dieses geführt wurde, erregte den Zorn des Reformtheologen und Kartäusers Johannes Hagen [Q 18]. Der kannte wie kaum ein anderer die Blomberger Wallfahrtspraxis genau. Er stammte schließlich aus Hattendorf, südlich von Stadthagen; damals Residenz der Schaumburger Grafen. Da wir durch diese Kritik zugleich wichtige Informationen vom Alltag am Pilgerort erfahren, lassen wir ihn selbst zu Worte kommen:

Dort in Blomberg, schreibt er, werden „Gelübde abgelegt und eingelöst. Die einen bringen zu diesem Zweck Figuren und Gebilde aus Wachs, andere welche aus Holz, wieder andere welche aus Eisen mit [vgl. auch Q 8]. Diese Figuren und Gebilde werden öffentlich aufgehängt, so dass das Volk sie betrachten kann, als seien es Beweise wahrhaftiger Wunder. Was auch immer die Opfernden über die Wiederherstellung ihrer Gesundheit oder irgendeine andere Angelegenheit berichten, wird, als wäre es ein ganz und gar glaubhaftes Wunder, von ihnen aufgeschrieben. Es wird dem Volk dann von der Kanzel mitsamt der Erteilung von Ablässen verkündet. […] Das tun sie ohne jede Nachforschung! […] Häufig stellte sich dabei heraus, dass Falsches erzählt wurde. Häufig sind die Geschichten, wenn sie auch wahr sind, dennoch keine Wunder und keinesfalls zur Stärkung des Glaubens geeignet.“

86 Eine Strafwallfahrt nach Blomberg schildert Beßelmann 1998, S. 71. Grundlegend zum Thema „öffentliche Buße“: Neumann 2008, hier S. 35–46.

87 Vgl. Staubach 2000, S. 290f.

88 Zu Wunderbüchern: Hoffmann/Dohms 1988; Signori 2006. Weitere Literatur bei Staubach 2000, S. 290ff. Zum frühneuzeitlichen lutherischen Wunderdiskurs vgl. Kühne 2010.

Ein „richtiges Wunder" bedarf Hagen zufolge der Zertifizierung durch ein langwieriges kanonisches Prüfverfahren. Das ist heute noch so. Er setzt deshalb alle Hoffnungen in die ab 1468 nach Blomberg geholten Augustiner-Chorherren aus Möllenbeck. Deren Aufgabe war ja tatsächlich, eine aus dem Ruder gelaufene Wallfahrt in den Griff zu bekommen.[89] Er rät ihnen deshalb eindringlich, dieses unsachgemäß geführte Mirakelbuch sofort vom Markt zu nehmen. Sie sollten es entweder vernichten oder wegschließen. Ich glaube, das haben die Blomberger Chorherren nicht getan. Ich glaube weiterhin, dass der anonyme Autor der ausführlichsten Quelle zum Hostienfrevel ganze Abschnitte daraus abgeschrieben hat [s. Q 21]. Und ich glaube schließlich, dass dieses Mirakelbuch um 1600 immer noch vorlag, als Kleinsorgen, Piderit oder Turck den Namen „Adelheid" ins Spiel brachten [Q 41–43]. Beweisen kann ich das alles nicht, die verschwundene Quelle trägt deshalb die Kennziffer „0".

### *Q. 1: Chronica S. Aegidii in Brunswig [annalistische Eintragungen bis 1474]*

Das Original dieser Annalen aus dem Braunschweiger Aegidien-Kloster ist verloren, Abschriften davon erscheinen in gedruckten Sammelwerken des 16. Jahrhunderts. Die Annalen wurden als ‚Chronica S. Aegidii in Brunswig' aufgenommen, in: Pistorius / Struve 1726, 1, S. 1112 [die 1. Auflage dieser Sammlung alter Chroniken von Pistorius erschien 1583 (hier S. 751)]. Besonders durch diese gedruckten und verbreiteten Chronik-Sammelwerke wurde die Blomberger Tat von 1460 in der Frühen Neuzeit weithin bekannt. Die ‚Cronica' nahm der Einleitung Struves zufolge 1711 auch Gottfried Wilhelm Leibniz im 3. Band seiner ‚Scriptores rerum Brunsvicensium' auf (dort S. 558–600; die Notiz zu Blomberg S. 597). Leibniz äußert sich nicht näher über diese Annalen; der Titel ‚Chronica S. Aegidii in Brunswig' stammt von ihm.

**Tat:** Hostienraub vom Altar der Pfarrkirche. Wurf in den Brunnen (*in fontem*).

**Tatzeit**: Am Ostertag (*die Paschae*).

**Täterin**: „eine gewisse Frau" (*mulier quaedam*), die die Hostien stiehlt, um damit Zaubereien zu begehen (*incantationes*: ‚Wahrsagereien').

**Motiv:** Zum Zaubern (*propter quasdam incantationes cum eis faciendas*).

**Textauszug:** „Im Jahre 1460, sofort nach Weihnachten [damals der Jahresanfang, also 1459], begann eine ganz ungewöhnliche Pest, bei der vor allem erwachsene Männer, aber wenige Frauen und kaum Kinder dahingerafft wurden. Wegen dieser Pest wurden in der Fastenzeit in allen Pfarrbezirken Braunschweigs Pest-Messen

89 Dazu vgl. Beßelmann 1998, S. 68f; Staubach 2000, S 295f.; Meier 2017a, S. 55ff.

auf folgende Weise zelebriert: Alle Anwesenden hielten mit nackten Füßen brennende Kerzen in den Händen. Über drei Tage hin wurden diese Messen gefeiert und gefastet, am 4. Tag mit Brot und Wasser. Und erfreut, barmherzig und wunderbar erhörte Gott das Volk. Und sofort wich die Pest vom Volke.

Im selben Jahr wurden der Frost vor und nach Ostern und viele Tage danach so stark, dass nicht gepflügt, gegraben oder gesät werden konnte. Danach herrschte eine überaus starke Trockenheit, dass es nicht genug Gras auf den Wiesen gab und auch viele Tiere aus dem Vieh von Hunger geplagt wurden. III Wispel Hafer wurden für eine Mark verkauft.[90]

Im selben Jahr am Ostertag hat in der Stadt Blomberg eine gewisse Frau geweihte Hostien, die am Altar der Pfarrkirche übrig waren, gestohlen, um damit Zaubereien auszuführen; zu sehr erschreckt aber warf sie diese danach in einen nahegelegenen Brunnen; wunderbarerweise wurden sie wiedergefunden. Zur selben Zeit wurden dort durch Hagel und Sturm die Saat in einem Gebiet von 5 Meilen Länge und Breite geschädigt.

Diesem Unglück folgte eine unerwartete Teuerung, so dass man selbst in der Stadt Braunschweig 15 Scheffel Weizen für eine Mark verkaufte[91] und die Bäcker am Sonntag gezwungen wurden, Brot zu backen für das Volk, das von überall her in die Stadt strömte. Ebenso brach am Vorabend von Peter und Paul [Samstag 28. Juni] ein schreckliches Unwetter los mit nie dagewesenem Sturm, weshalb viele Bäume zerbrachen und aus der Erde gerissen wurden, sie brachen in der Mitte auseinander und flogen dann weit weg vom Stamm durch die Luft; Dächer von Häusern wurden ergriffen und heruntergeworfen."

(*Anno Domini MCCCCLX, statim post festum Natiuitatis Christi incepit pestilentia satis rara & insolita, quia viri fortes in ea moriebantur, & pauce mulieres: de pueris verò valde raro aliqui obierunt. Propter hanc pestem in Quadragesima proxima missa pro pestilientia cum certis precibus per omnes parochias decantabatur in ciuitate Brunswicensi, isto modo. Omnes praesentes nudis pedibus stabant, candelas ardentes in manibus tenebant. Per tres dies quibus missae celebrabantur, ieiunauerunt, & quarta die in pane & aqua. Vnde Dominus placatus misericorditer & et mirabiliter populum exaudit: et statim vindicta haec à populo cessat.*

90 3 Wispel = 12 Scheffel Hafer kosten 1 Mark (= 12 Schilling). In Blomberg zahlte man in einem Normaljahr wie 1464 für 12 Scheffel Hafer (1 Mute) nur 2 Schilling, also 1/6.

91 Eine Mark hatte 12 Schilling und 144 Pfennige. 1 Scheffel Weizen kostete in Braunschweig 1460 rechnerisch 9,6 Pfennig. In einem Normaljahr, wie etwa 1464 in Blomberg, kostete der Scheffel Weizen ca. 6 Pfennig. Man darf also 1460 etwa mit einer Teuerungsrate bei Weizen von mindesten 60 Prozent rechnen.

*Eodem anno, frigus in tantum inualuit, vt ante festum Paschae & aliquibus diebus post, nec arari, fodi aut seminari quicquam potuit. Post hoc fuit nimia siccitas, vt nec gramina pratorum abundarent, vnde etiam pecora multorum fame vexabantur. Item III chori auenae pro marca Brunswicensi vendebantur. Eodem anno die Paschae in oppido dicto Blomberg, mulier quaedam hostias consecratas à presbytero in altari derelictas furata est propter quasdam incantationes cum eis faciendas: tandem nimiùm peterrita in fontem vicinum proiecit, & miraculosè reinventae sunt. Eodem tempore propter intempestatem & grandinem segetes ibidem per quinque milliaria in longum & latum perierunt. Hanc miseriam inopinata & cara venditio frumentorum sequuta est: ita vt etiam in ciuitate Brunswicensi xv modij siliginis pro marca vendebantur et pistores dominica die cogebantur panes pistare propter vulgus vndecunque adueniens. Item in vigilia Apostolorum Petri & Pauli horribilius tempestas & ventorum flatus inauditus est exortus: vnde multae arbores frangebantur, à terra euellebantur, per medium scindebantur, & quam longè à trunco proiiciebantur: tecta de domibus impetuosè iactabantur;* Pistorius 1583, S. 751).

**Kommentar:** Die bis 1474 jährlich geführten Annalen des Braunschweiger Klosters könnten damit, nach dem mutmaßlichen Wunderbuch, die ersten Zeugnisse der Blomberger Freveltat sein. Der annalistische Jahreseintrag 1460 bietet insgesamt einen guten Überblick über die Geschehnisse des katastrophenreichen Jahres.[92] Er wurde daher vollständig zitiert. Der Text zu Blomberg wurde in der Chronik von Stangefol 1640 wörtlich abgedruckt [Q 45].

*Q 2*

In der sogenannten **Erfurt-Leidener Handschrift der ‚Historia de origine Saxonum'**, finden sich zeitgenössische Bemerkungen zur aktuellen Zeitlage; sie sind geschrieben in den Text oder am Rand von Texten, die damals schon Jahrhunderte oder Jahrtausende alt waren. So ergänzte ein Erfurter Schreiber kurz vor 1460 einen aus Tacitus oder Widukind von Corvey abgeschriebenen Bericht über den Kult der alten Germanen, welche angeblich Bäume und Quellen auf hohen Bergen verehrt haben sollten (wo auch ihre Irminsul gestanden haben mag), folgendermaßen:

92 Auch die Klimageschichte sieht einen extrem kalten Herbst und Winter an der Jahreswende 1459/60. Dazu kam die negative Frühjahrsbilanz dieser Jahre (ein Trend, der bis 1750 anhalten sollte!) mit starken Frösten und Stürmen: Alles Vorboten der Kleinen Eiszeit (Glaser 2001, S. 81f., 86f., 90f.).

**Textauszug:** „Und so glauben [heute noch] alte Frauen und Matronen, durch dämonische Täuschungen betrogen, dass sie auf Bänken oder Besen oder anderen Gegenständen zum Brockensberg reiten oder fliegen und dort miteinander wetteifern; von den anderen wundersamen Dingen nach Art dieses eitlen Aberglaubens, in die sie verwickelt und von denen sie besessen sind oder die sie beachten, schweige ich."

[Neben „Brockensberg" die Randglosse:] „Dieser höchste Berg bei Werningerode hat oben auf seinem Gipfel eine Quelle." [Die sollte später dann „Hexenteich" genannt werden].

(… *et quomodo vetule mulieres et matrone per varias illusiones demonum decepte putabant se equitare vel scandere in scampnis vel scopis vel aliis utensilibus in montes Brockensberg et ibidem concertantes, atque alia mirabilia genera vanarum superstitionum, quibus implicati tenebantur, observabant, pretereo.* [Randglosse:] *Hic mons est prope Werninchrode altissimus, habens fontem in summo cacumine*).[93]

## *Q 3: Der Augustinereremit Gottschalk Hollen († 1481)*

Der im Osnabrücker Augustiner-Eremiten Kloster lebende und lehrende Bettelmönch ist predigend durch Ostwestfalen gezogen. Turck [Q 46] datiert die hier gebotene Predigt auf 1466 und bezeichnet sie als ersten literarischen Bericht über das Ereignis.

**Tat:** Diebstahl von Hostien (*rapere sacramentum*) in Blomberg; Frevel (*nefas*).

**Tatzeit:** der Raub der Hostien, geschah „neulich" (*noviter*).

**Täterin:** „Eine gewisse Frau" (*quaedam mulier*).

**Motiv:** Liebeszauber (*incantationes ad amorem*). Durch den Verzehr eines Hostienkuchens sollte die Liebe eines jungen Mannes gewonnen werden.

**Besonderheit:** Backen eines Hostienkuchens, um die Liebe eines jungen Mannes zu gewinnen.

**Text:** „Aber das schwerste aller Verbrechen ist, das Sakrament der Eucharistie aus der Kirche oder einem Behältnis zu rauben und damit Zaubereien zu betreiben oder andere Dinge, die dem heiligen Glauben zuwieder sind, wie es neulich in Blomberg in der Paderborner Diözese geschah, wo eine gewisse Frau einige Partikel des Sakraments an sich nahm und in einem Kuchen gebacken hat mit der Absicht, den Kuchen einem jungen Mann zu geben, damit dieser durch die Kraft des Sakra-

93 Zit. nach: Jacobs 1878, S. 469, Randglosse: S. 434 (online). Der Abschreiber von 1460 glaubte selbst nicht an diese Dinge. Nach Dennert 1954, S. 11, ist die Randglosse der erste Beleg für eine Brockenbesteigung.

mentes zu ihr in Liebe entbrenne. Wegen dieses Frevels wurde sie verbrannt" (*Sed omnium gravissimum est rapere sacramentum eucharestiae de ecclesia aut pyxide et facere cum eo incantationes vel aliquid aliud, quod esset sanctae fidei contrarium, sicut noviter factum fuit in diocesi Paderbornensi in Blombergen, ubi quaedam mulier intrans ecclesiam accepit aliquas particulas sacramenti, quas in una torta pistabat, volens illam tortam dare cuidam iuveni, ut eum virtute sacramenti ad suum amorem instigaret, propter quod nefas fuit combusta*).

**Literatur und Druck**: Eckermann 1967, S. 126 Anm. 367.

**Kommentar:** Überliefert sind Ausführungen Hollens zur Blomberger Freveltat allein in einem seiner Predigtzyklen (s. Text). Mutmaßlich hat er diese Predigten in den Jahren gleich nach der Tat gehalten, denn seine Geschichte fiel aus dem Rahmen des bald schon etablierten Narrativs heraus. Dafür spricht die Einordnung dieser Predigt durch Heinrich Turck 1669 [Q 46], der sie als erstes literarisches Zeugnis der Tat von 1460 bezeichnet und auf sechs Jahre nach der Tat datiert (*post sexennium*).[94] Hollens wichtiger Traktat ‚De sacramento eucharistiae in Blomenberge' ist verschollen. Hollens Beurteilung der Wallfahrt soll darin moderater ausgefallen sein als die von Johannes Hagen. Auch er verlangte aber offensichtlich die Bestätigung jedes Wunders durch den Papst und die Einhaltung kanonischer Regeln [vgl. Beßelmann 1998, S. 73 und S. 200 Anm. 9, mit dem Hinweis auf den Augustiner Johannes Schiphower, der noch kurz nach 1500 in seinem ‚Chronicon Archicomitatum Oldenbergensium' auf diesen Traktat von Hollen als Standardwerk hinweist].

### *Q 4: Das Lied des Tirich Tabernes (Dietrich Schenk)*

Der Nachname des Dichters, der nur in dieser Handschrift begegnet, könnte die latinisierte Form der Berufsbezeichnung „Schenk" bzw. „Gastwirt" sein. Das ‚Lied vom Blomberger Hostienfrevel' ist ein „Marienlied", das von „Maria, der reinen Magd und ihrem lieben Kinde" handelt, aber vor allem von dem, was diesem „lieben Kind" in Blomberg Übles widerfuhr. Es könnte gut der Propagierung der neuen Wallfahrt zum Wunderbrunnen gedient haben. Das Lied entstammt einer Sammlung der Äbtissin des Klosters Wienhhausen, Katharina von Hoya († 1474). Diese Sammlung (so Kaufhold, S. 14), dürfte „um das Jahr 1460" vollendet worden sein. Unser Lied wäre demnach extrem zeitnah entstanden. Zwei Töchter Bernhards VII., Anna und Ermgard, sollten bald Grafen aus dem Hause Hoya heiraten.

94 Turck 1669, fol. 86v: Randglosse mit Geschichtswerken zur Freveltat.

**Druck:** Kaufhold 2002; Text in 10 Versen, auch bei Rolf 1981, S. 46f. (mit Übersetzung), und Fitzner 1989, S. 28–31 (hier mit einem Faksimile der Handschrift).

**Tat:** Diebstahl von Hostien von einem Blomberger Altar. Der Ehemann missbilligt die Tat, die Täterin bekommt Angst und wirft die Hostien in einen kalten Brunnen (*se warp on an eyn borneken kalt / let en henne fleten*).

**Tatzeit:** Nach der Ostermesse (*na osterliker spise*).

**Täterin:** Eine verheiratete Frau. Meist „die Frau“ (*de vruwe*) genannt. Bei der Tat (Strophe 2) ist die Rede von einem „bösen Weib“ (*van eynem bosen wiwe*), das „vom Teufel umgarnt/verführt“ worden ist (*de duvel hadde se ummedan*);

**Motiv:** wird nicht klar, es scheinen Strophen zu fehlen).

**Textauszug:** (Übersetzung angelehnt an Rolf 1981, S. 46f.).

1: Nun erst will ich anheben (*Nu erst wylle ick heven an*) / mit dem allerbesten, das ich kann / von Gott will ich singen, / von Marien, der reinen Magd, / und ihrem lieben Kinde (*leven kynde*).

2: Zeichen (*tecken*) mag man hier wohl sehn / wie zu dem Blomberg ist geschen / von einem bösen Weibe (*bosen wive*) / wie sie zum Altar drang / nach österlicher Speise (*na osterliker spise*).

3: Mit unkeuschem Sinn fasste sie ihn an (*Myt dem unkuschen syn grep se on an*), / Jesum Christum, das wahre Lamm, / sie trug ihn heimlich fort (*se droch on al vorhalen*); fünfundvierzig [Hostien], das ist wahr / hatte sie dem Priester gestohlen (*hadde se dem prester stolen*).

4: Als sie vor den Altar kam, / der Teufel hatte sie umgestimmt (verführt: *de duwel hadde se ummedan*), / da stand sie und dachte, / wie sie Gottes Leichnam (*licham*) / von dem Altar fortbrachte.

[5 u. 6]

7: „Wer sich daran schuldig weiß“, / sprach zu seiner Frau der Mann (*de man*), / „der schweige darüber ganz stille, das wird ihn Leib und Gut kosten, / geschehe es, wem es wolle.“

8: Als die Frau das vernahm, / dass das letzte Urteil (*leste ortdel*) kam, / da ließ sie sichs nicht verdrießen. / Sie warf ihn [Jesum] in einen kalten Brunnen / und ließ ihn da zerfließen (*se warp on an eyn borneken kalt / let en henne fleten*).

9: Als das himmlische Kind das vernommen hat, / haben Blitze, Sturm, großer Hagel und Wind / gewaltet / und Bäume aus der Erde gerissen / Das kam von Gottes Zorn“ (*Do dat vornam dat hymmelsche kynt / plixen, storm, grot hagel, wynt, / is dar van komen, / de bome uth de erde drunghen, / dat kam von godes torne*).

**Besonderheiten:** Auftreten eines Ehemanns. Der verurteilt die Feveltat strikt, offenbar ohne den wahren Täter zu kennen. Ob das *leste ortdel* in Vers 7 auf das

Jüngste Gericht, die Angst auf ihre bevorstehende Verurteilung oder auf das dann gefürchtete Todesurteil verweist (oder auf alles zugleich), wäre zu klären.

*Q 5–7*

**Die frühen Ablässe von 1462.06.00** [10 Kardinäle; Prinz 1971, S. 168]; 1462.06.15; 1462.07.08 [Pius II.] gelten der Kapelle: Keine Hinweise zu Tat oder Täterin.

*Q 8*

**1462.09.14** Der Dortmunder Ratsherr Johannes Kerkhörde († ca. 1465) pilgerte am 14. September 1462 mit Kunne, der Tochter seines Sohnes, nach Blomberg und berichtet in seiner Chronik darüber (verfasst vor 1465).

**Druck:** Johann Kerkhörde, ‚Chronicon' [1465]; 1887, S. 140.

**Tat:** Eine Frau hatte in Blomberg Hostien in einen Brunnen geworfen.

**Tatzeit:** –

**Tatort:** Brunnen.

**Täterin:** „Eine Frau" (*een wiff*).

**Besonderheiten:** Ersterwähnungen eines Behelfshauses (*hus*) über dem Brunnen und Beobachtung der vielen Wachszeichen und Krücken, die dort als Zeichen einer wunderbaren Heilung gestiftet wurden [vgl. Q 0].

**Textauszug:** *Op Exaltationis crucis* [am Fest der Kreuzerhöhung] *was ik mit Kunnen gegaen to dem Blomberge; daer hadde een wiff dat h. sacramente in enen putte* [Brunnen] *geworpen. Daer was een hus over gebouwet und een stenen altaer, oek was daer ene kerke begunt to makende. Daer schach grote gnade, als men seen mochte bi den wassenen tekenen unde krucken. Ob dit hadde Pius de pauwes nijens gestediget unde aflaet* [Ablass] *gegeven, und men gaf da nu tekene. In eme corporale was dat h. sacramente gehuet, xxxxv particulae etc.*

*Q 9*

**1465.06.26** (LRNF) **Rom: Papst Paul II.** gewährt allen, die die von dem Paderborner Bischof Simon und dessen Bruder Bernhard in Blomberg begonnene Kapelle zum hl. Leichnam an dem Tage der Kirchweihe und der Geburt Mariens besuchen einen Ablaß von sieben Jahren und ebensovielen Karenen an Kirchweih und Mariengeburt. Erwähnt wird die Pilgermenge (*Christifidelium multitudo*) und als deren Motiv die Fülle göttlicher Gnade (*dono celestis gratie uberius*), die an der Kapelle geschehen sei. Der Papst erlaubt darüber hinaus, den „Leib des Herrn" in einer „geziemenden Monstranz" (*in capsa decenti*) auf dem Brunnen-Altar aufzustellen.[95]

*Q 10*

**1465.09.03** (LRNF): **Ablassurkunde** von Johannes [Schulte], *episcopus ecclesie Cuonensis*, Titularbischof von Syronensis-Sura, Paderborner Weihbischof und Generalvikar des Paderborner Bischofs Simon III. [zur Lippe]. Er erteilt allen einen vierzigtägigen Ablass, die fromm dorthin pilgern, der Sonntagspredigt lauschen, den aufrichtigen Herzens gesprochenen Engelsgruß rezitieren und zur Ausgestaltung der Kapelle zum hl. Leichnam beitragen (*omnibus qui dictam capellam devote visitaverint, orationem dominicam cum salutatione angelica proclivo corde recitaverint, sive ad fabricam, ornamenta et dictae capellae neccessaria manus porrexerint adjutrices*). In der kaum noch lesbaren Urkunde erkennt man in der 2. Zeile noch die Bezeichnung der Täterin.

**Täterin:** „eine gewisse Frau" (*quedam mulier*) (LAV NRW OWL L 1 Nr. 1410).

*Q 11–12*

Weitere **Ablässe um 1465** kennen wir nur durch Hinweise von Johannes Hagen: Die der Bischöfe von Hildesheim [Q 11] und von Missinum [Q 12].[96] Wir erfahren die Ablasshöhen von 40 Tagen sowie die zu erbringenden Leistungen der Pilger, aber nichts über Tat, Tatzeit und Täterin.

---

95 Auch Hagen [Q 18] kommentiert diesen Ablass: Darin habe der Papst die Ausstellung der Hostien erlaubt, damit die Einwohner der Stadt diese sehen und verehren können, bevor sie zur Arbeit gehen (*antequam ad operas egrediantur*; Hagen, in Klapper 1961, S. 93; s. Anhang I).

96 Hagen, in: Klapper 1961, S. 93 [s. Anhang I]: Genannt wird der Bischof von Hildesheim mit 40 Tagen Ablass; das war Ernst von Schaumburg, ein Bruder der lippischen Landesherrin. Danach paraphrasiert Klapper 1960, S. 101, irreführend weiter: „Ablässe gleicher Art haben auch die Bischöfe von Meißen und Paderborn und der Paderborner Weihbischof (episcopus Sironensis) gewährt." Das wären dann insgesamt 4 Bischöfe. Der genannte *episcopus Misnensis* ist nicht, wie Klapper übersetzt, der Bischof von Meißen, sondern der Paderborner Weihbischof *Johannes Missenensis*, Titularbischof von *Missinum*; irritierndereise war der zugleich Weihbischof von Hildesheim. Der *episcopus Cironensis* dürfte der Paderborner Augustinereremit und Weihbischof Johannes Schulte, Titularbischof von Sura [Q 10], gewesen sein. Bei Klappers Übersetzung von „Bischöfe von Meißen und Paderborn" dürfte es sich also um ein und dieselbe Person (also um Schulte) gehandelt haben. Vgl. zu den Paderborner Weihbischöfen: Brandt/Hengst 1989, S. 155f.; Dies.: 2000, S. 169.

## Die vom Kloster betreute Wallfahrt: Erste Urkunden und Berichte [Q 13–21]

Vorbemerkung zu 1468: Der Blomberger Klerus war mit der Betreuung der Pilgerscharen offensichtlich überfordert. Missstände wurden beklagt, nicht nur von Johannes Hagen [Q 18]. Auch Bernhard VII. verlangte am 20. August 1468 [Q 13] bei einer Zusammenkunft von führenden Geistlichen aus der Region im Lemgoer Rathaus ebenfalls auswärtige Hilfe. Er bat auf dieser Versammlung die Augustiner-Chorherren aus Möllenbeck eindringlich, Chorherren zu schicken, um in Blomberg ein Kloster zu gründen und die Lage in den Griff zu bekommen. Die willigten nach weiteren Vorverhandlungen schließlich ein (Q 15). Wie die Möllenbecker gehörten die Blomberger Chorherren (von den Bürgern „Mönche" genannt) zum Böddeker Reformkreis, dieser wiederum zur Windesheimer Kongregation. Die Windesheimer waren Teil der niederländischen Reformbewegung der ‚Devotio moderna'.[97]

### *Q 13/14*

Die folgenden für das Kloster so bedeutsamen Urkunden des Jahres 1468 sind: 1468.08.20 Lemgo [Q 13 (Urk. lesbar nur in der Abschschrift im Kopiar des StadtA Bl II-Ia4); s. Anhang III]. Die Nachverhandlungen in Blomberg mit dem Stadtrat über Grundbesitzerwerb: 1468.10.19 [Q 14 StadtA Bl]. Dann:

### *Q 15*

**1468.11.11: Gründungsurkunde des Klosters zum Heiligen Leichnam** [Anhang III]: Allein in der prachtvollen Gründungsurkunde mit den drei Siegeln (Bernhards VII., der Stadt Blomberg und, für den künftigen Konvent, das Siegel der Kapelle zum Heiligen Leichnam) ist beiläufig folgendes zu lesen:

---

97 Heinrich Rüthing bietet einen konziesen Einblick in die überaus bedeutende Rolle, welche die Devotio moderna in der ostwestfälische Klosterlandschaft gespielt hat: Einleitung zur Böddeker Chronik, in: Probus 2016, S. 9–16. Eine Karte des „Böddeker Reformkreises", ebd., S. 494 Abb. 14. In der Böddeker Klosterchronik des Probus, die Rüthing ediert und durch Anmerkungen und Register vorbildlich erschlossen hat, spiegeln sich ‚Reformgeist' der Devotio und Mentalität der Windesheimer Chorherren auf ganz exemplarische Weise. Wer mehr über die Weltsicht der Blomberger Chorherren und ihre Frömmigkeit erfahren möchte, dem wird hier eine hochrangige zeitgenössische Quelle geboten: Was hier über Reliquienkult und Wunderglauben erzählt wird, ist direkt auf Blomberg übertragbar. Vgl. auch Meier 2017a, S. 52–55.

**Tat:** in Blomberg, an der Stätte der Kapelle zum Heiligen Leichnam, sei dem allmächtigen Gott „große Unehre und Schmach" geschehen (*groit unere unde smaheit deme almechtigen gode in der stede gescheyn ys*).

**Kommentar:** Das mag sich durchaus auf die Freveltat von 1460 bezogen haben. Damit könnten aber auch die Missstände bei der Betreuung der Wallfahrer gemeint sein, deretwegen die Augustiner-Chorherren nach Blomberg geholt worden sind (LAV NRW OWL L 1 Nr. 1493).

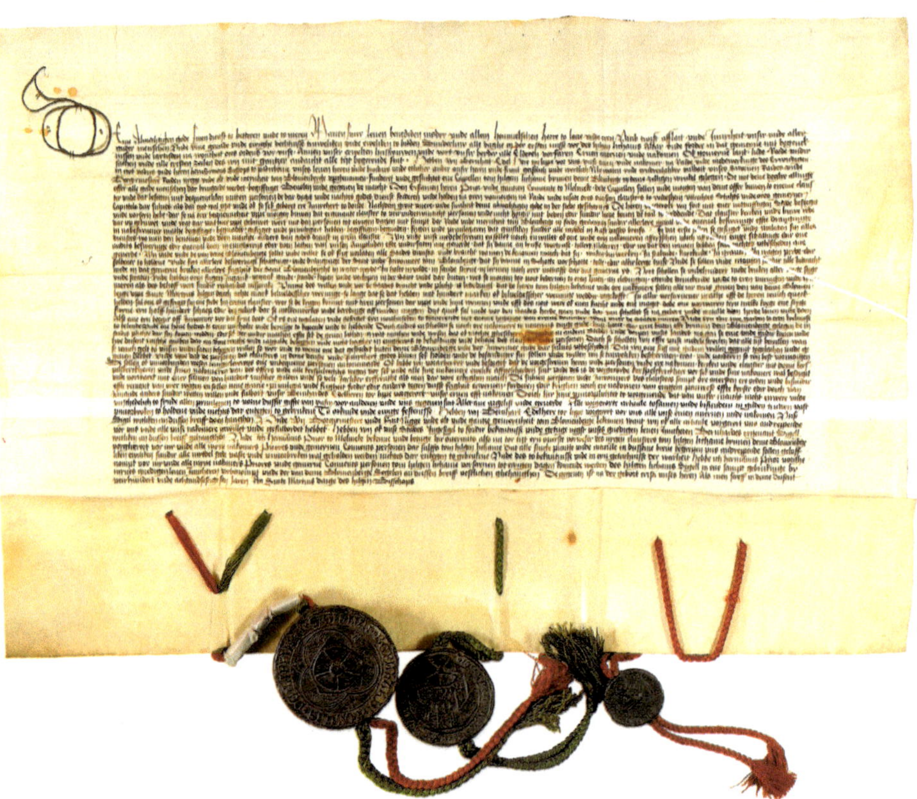

**Abb. 21:** Gründungsurkunde des Blomberger Augustiner-Chorherrenstifts vom 11. November 1468. LRNF 1468.11.11 [Q 15]. © LAV NRW OWL L 1 Nr. 1493.

*Q 16*

**1468.11.11A** (LRNF) **Nebenabsprachen mit der Stadt bei Klostergründung**. Von der Tat oder der Täterin ist keine Rede.

*Q 17*

**1469.08.17 Bestätigung der Klostergründung. Regest** (LRNF): „Der Paderborner Bischof Simon [zur Lippe] erklärt, i. J. 1460 habe eine schändliche Frau 45 geweihte Hostien aus der Pfarrkirche in Blomberg gestohlen, zunächst in ihrem Haus nördlich des Friedhofes im seligen Winkel *(angulo felici)* verborgen und schließlich in einen Brunnen geworfen. Sein Bruder, Edelherr Bernhard [VII.] zur Lippe, und dessen Gemahlin aus dem Hause der Grafen von Schaumburg hätten zur Sühne des Verbrechens an der Stelle eine Kapelle und schließlich ein Kloster errichtet. // Der Bischof bestätigt zu Händen des Möllenbecker Priors Hermann [Brant von Straelen] die Klostergründung nach den Statuten der Windesheimer Kongregation und der Regel der Augustinerkanoniker sowie seine Rechte und seinen Besitz; im Einvernehmen mit dem Kirchherrn Bertold Glede bestimmt er, daß es unabhängig sein solle von der Pfarrkirche, jedoch unbeschadet der Rechte des Archidiakons. // Siegelank.: Das Paderborner Bischofssg. und das große Sg. des Domkapitels. // 1469 *ipso die octava sancti Laurencii martiris.* // Ausf. [? an dem st. besch. Stück lassen sich Spuren einer möglichen Besiegelung nicht mehr erkennen] – Perg., große Lücken durch Moder“ [LAV NRW OWL L 1 Nr. 1508].

**Tat:** Hostiendiebstahl aus der Blomberger Pfarrkirche; Verbringung in ihr „Häuschen“ (*domuncula*) im Seligen Winkel; Versenkung der Hostien in einen Brunnen nah beim Haus (mit Hilfe eines Stabes).

**Tatzeit:** Direkt nach der Messe der „Osterfeiern“ (*festis paschalibus*); Versenkung im Brunnen am Ostermontag.

**Täterin:** eine durch teuflische List und menschliche Bosheit verführte Frau, getrieben von frevelhaftem Wagemut und unberührt von der Furcht Gottes (*dyabolice fraudis et humane pravitatis persuasa mulier … ausu sacrilego presumens timore dei postposito*).

**Motiv:** unklar.

**Textauszug (Z 1–10**; Auflösung der Zitate U. M.): „Simon, von Gottes Gnaden Bischof der Paderborner Kirche, zum ewigen Gedenken an dieses Geschehnis. Auch wenn es noch so laut tönen mag aus der himmlischen Trompete: Die ganze Welt liegt im Argen [1. Joh. 5,19], das Trachten des Menschen neigt zum Bösen [Ex 32,22] und es gibt keinen Mensch, der nicht sündigt, nicht einmal das Kind, das erst einen Tag auf der Welt ist [Augustinus, Confessiones I, 2]: So haben wir durch den Bericht Glaubwürdiger [leider] noch weit Abscheulicheres erfahren: Im Jahre des Herrn tausendvierhundertundsechzig lebte in Blomberg, einer Stadt in unserer Diözese, eine durch teuflische List und menschliche Bosheit verführte Frau, getrieben von frevelhaftem Wagemut und unberührt von der Furcht Gottes. Nun waren vom allerheiligsten Sakrament des Abendmahls 45 geweihte Hostien, die zu den Osterfeiern gebraucht werden sollten, übriggeblieben. Nachdem die Gläubigen andachtsvoll die Kirche verlassen hatten und nach Hause gingen, wurden die Hostien vom Priester, wie es dort Brauch ist, in ein leinenes Korporale gewickelt und anschließend in einen verschlossenen Kasten gelegt und eingeschlossen. Die unglückliche und elende Frau aber blieb nach Ende des Gottesdienstes heimlich in der Kirche zurück. Sie zog mit einem Haken das ungeöffnete Korporale durch das Gitter heraus, nahm es an sich und machte sich davon.

Nach dem Verlassen der Kirche öffnete sie das Korporale sofort, um zu sehen, was und wie viele sie darinnen hatte. Im Anblick der Menge der Hostien befiel sie, von Gott gestraft, ein extrem heftiges Zittern am ganzen Leib, gepaart mit geistiger Erstarrung. Sie konnte weder weggehen, noch zurück- oder vorwärtsgehen, auch nicht mit gesundem Urteil über das Gestohlene denken oder es gar, wie es denn nun einmal geschehen war, akzeptieren. Noch immer gelähmt und geschockt lief sie in ihr Häuschen (*domuncula sua*) nördlich des Pfarrfriedhofs in ein Viertel, das seit alters im seligen Winkel und lateinisch im glücklichen Winkel hieß, und verschloss das Korporale die Nacht über in einer hölzernen Kiste.

Verzweifelter noch als zuvor, stand sie gleich bei der Morgenröte auf und ging zu einem etwas mehr als zwei Doppelschritt [etwas mehr als 3 m] von ihrem Häuschen entfernten Brunnen. Sie breitete das Korporale aus und warf alles, was sie mit frevelnder Hand geraubt hatte, gänzlich hinein. Und weil der Brunnen nicht über menschliches Maß hinaus tief war, rührte jene Verwirrte die Wasseroberfläche um, und hin und her; und als dann alles sich zu geheimnisvollen und rätselhaften Gestalten ordnete, die über dem Wasser zu schweben schienen, nahm sie einen in der Nähe stehenden Stock zu Hilfe, damit nicht offenbar werde, was durch die Geduld Gottes vielleicht heimlich bleiben konnte; verwirrt und besorgt war sie, besorgter noch ging sie weg und zurück … [Z 15].

(*Symon Dei gratia sancte paderburnensis Ecclesie Episcopus. Ad perpetuam rei memoriam. Quamvis proclamante tuba celesti Totus* [mundus in mal]*igno sit positus, et cogitacio hominis ita prona sit / in malum, ut non sit qui non peccet etiam infans unius diei super terram Execrabilius (?) tamen non sine dolore fide dignorum relatio-*

*ne cognovi(us)* [...] *Annum domini millesimum quadringentesimum sexagesimum / dyabolice fraudis et humane pravitatis persuasa mulier in oppido Blomenberch nostre diocesis ausu sacrilego presumens timore dei postposito divinissime sacramentum eukarestie in quadraginta quinque hostiis con / secratum communicatisque festis paschalibus fidelium populis intra corporale lineum rite complicatum et in clausura cancellata, ut patrie moris est, a presbitero repositum et conclusum, ceteris cum reverencia fidelibus ad sua redeuntibus Infelix et misera ipsa / clam in ecclesia consistens uncello per cancellos transmisso de (l)oco suo corporali etiam non aperto subtraxit, assumpsit et abiit, moxque ad fores ecclesie consistens ipsa corporale aperiens ut videt quid et quantum intus habet. Visa mul / titudine iudicio divino nimirum tanto tremore corporis et stupore mentis perculsa est ut nec egredi nec regredi vel progredi vel quicquam sani consilii super acceptis (a)gendi, prout par erat, accipere meretur. Stupens tamen et herens in domuncu / la sua loci ad aquilonem cimiterii parrochialis vulgo in den Seligen wynkel latine vero Angulo felici ab antique nomen habentis, teca lignea per noctem illam concludens desperatius aurora surgente puteo, qui ad duos passus aut citra / domuncule sue vicinus erat, expanso corporali, quidquid intus et cum eo sacrilega manu rapuit et abstulit, penitus infudit. Et quia puteus ultra mensuram human*[e stature?] *altus non erat, ipsa demens impulsis et intra suum sinum et cre / pidinem* [in seinem Schlund und Grund] *concussis et repulses aquis et que in misteriorum figuris et enigmatibus apparere vel quomodo supernatare videri poterant, baculo qui aderat et quo ipsius* [...] *officii consueverant, ne res in palam veniret, quo magis paciencia / Dei potuerat clam confuse solaciata, ymmo desolacius abiit et recessit* ... [letzter Satz unleserlich – In den durch Moder zerfressenen Zeilen 15f. können wir noch entziffern und mutmaßen] „... aus den entferntesten Reichen und Teilen der Welt strömen sie dorthin zusammen (... *remocionibus mundi regnis et partibus ad ipsum confluentibus*), ... Gaben geistlicher und körperlicher Hilfen und Gnadenerweise seien geschenkt worden (... *spiritualium et corporalium subsidiorum et carismatum dona largiantur* ...)"; LAV NRW OWL L 1 Nr. 1508, teils unleserlich.[98]

**Kommentar:** Erstmals ist von „mystischen und rätselhaften Figuren" die Rede, zu denen sich die Hostien auf dem Brunnenwasser zusammenfügten (In [Q 1] ist nur von einer wunderbaren Auffindung [*miraculosè reinventae*] der Hostien im Brunnen die Rede). Das Unwetter wird in der Urkunde nicht erwähnt. Die wichtigsten Elemente der Erzählung aber sind aufgeführt: Tat, Tatzeit, Täterin, Tatorte; allein das Motiv wird nicht klar. Die Urkunde ist die kirchenrechtlich maßgebliche Fas-

98 Lat. Text teilweise transkribiert bei Staubach 2000, S. 327–333, in den Anmerkungen. Die Lücken wurden, soweit möglich, ergänzt.

sung der Tat. Ihr Ausstellungstag dürfte nicht zufällig mit „Oktave nach Laurentius" gekennzeichnet worden sein (‚zwei Tage nach Mariae Himmelfahrt' wäre für den 17. August damals üblich gewesen): Laurentius nämlich war ein Blomberger Stadtheiliger. An seinem Tag, dem 10. August, fand jährlich ein Markt statt. Die Laurentiuskapelle westlich der Klosterkirche wurde vor 1618 abgerissen. Mit dieser Bischofsurkunde ist ein Narrativ geschaffen, dessen einzelne Momente sich in späteren Texten immer wiederfinden. Die genaue Entfernungsangabe zum Brunnen musste auf Grund der rituellen Bedeutung des Ortes ‚amtlich' offensichtlich festgeschrieben werden.

### *Q 18: Johannes Hagen: ‚Die Hexe von Blomberg' (ca. 1468–1472)*

Johannes Hagen (1415–1476) wurde in Hattendorf bei Stadthagen geboren. Er war also ein ‚alter Schaumburger' (eine Schaumburgerin war derzeit zudem lippische Landesherrin). Nach dem Studium in Erfurt trat er 1440 in die dortige Kartause ein. Er „war der literarisch produktivste deutsche Kartäuser", so Rüthing 1996. Über die Blomberger Wallfahrt hat Hagen einen umfangreichen, kritischen Traktat verfasst. Er dürfte der bestinformierte auswärtige Kenner der Wallfahrt gewesen sein. Er wertet darin eine unglaubliche Fülle von Aussagen und Meinungen aus (häufig mit Formeln wie: „die einen sagen … / dagegen behaupten andere"). Einiges spricht dafür, dass er vor Ort war oder dass zumindest seine Freunde und Verwandte aus dem Schaumburgischen ihn mit aktuellen Informationen versorgt haben. Da er in dem Text die 1468 zu Hilfe gerufenen Augustiner-Chorherren nur ganz unspezifisch als „Ordensbrüder" (*fratres religiosi*) anspricht, welche die Absicht hätten, ein Kloster zu errichten, halte ich eine Abfassungszeit von vor 1470 durchaus für möglich.[99]

**Druck:** Lat. Text in: Klapper, Bd. 2, 1961, S. 92–113. Klapper 1960, Bd. 1, S. 99–109, bietet eine deutsche Paraphrase wichtiger Passagen.[100] Darin stehen auch hilfreiche Einschübe mit Informationen zu ähnlichen Phänomenen, leider werden Textwiedergaben und Erläuterungen nicht immer klar getrennt. Manche Abschnitte fehlen gänzlich, einige sind in der Verkürzung verfälscht. Zitierfähig ist deshalb nur sein lateinischer Text. Seine Überschrift „Die Hexe von Blomberg" ist ebenfalls irreführend.

---

99 Hagen, in: Klapper 1961, S. 93, 111.

100 Grundlegend neben Klapper: Köster 1963; Mertens 1981; Beßelmann 1998, Staubach 2000, S. 292–297. Auszug aus Hagens Text und additive Zusammenfassung seiner theologischen Kritik bei Fitzner 1989 [G 11], S. 36–41.

**Tatort/Tatzeit**: „An den Ostertagen nach der Hochmesse mit Abendmahl" (*diebus Pasche post populi communionem*); am Nachmittag: „als er (der Pfarrer) nach dem Mahl zurückkam, fand er sie (die Hostien) nicht mehr vor" (*Revertente autem presbitero post refectionem non reperit easdem*). Brunnenwurf am Ostermontag, er zieht aber auch Aussagen in Betracht, die einen späteren Einwurf behaupten oder diesen Teil der Geschichte als Schutzbehauptung der Täterin sehen.[101]

**Täterin:**. Mehr als zwanzigmal wird sie im Text einfach nur als „Frau" bezeichnet. Mehr als zehnmal ist das Grundwort *mulier / femina* durch Attribute erweitert: „berüchtigte Frau (*infamata mulier*); „verurteilte Frau" (*mulier damnata*) „eine der Wahrsagerei verdächtige und bezichtigte Frau" (*mulier suspecta et infamata super sortilegiis*); „Wahrsagerin" (*divinatricem et phitonissam*); „berüchtigt als Wahrsagerin und Hellseherin (*infamatam quasi sortilegam, divinatricem et phitonisam*). In der Beschreibung des „bleiernen Pilgerzeichens" (*signa plumbea*) wird *malefica* als Adjektiv „ruchlos" oder „verbrecherisch" verwandt: „das verfluchten Abzeichen mit der schändlichen und ruchlosen Frau (*maledictum signum femine turpis et malefice*); „die Zeichen bzw. Trugbilder mit der ruchlosen Frau" (*signa sc. figmenta cum malefica muliere*). Das Zeichen verbreite die Botschaft in alle Welt, „dass die Stadt Blomberg voller Wahrsagerinnen und abscheulicher Personen sei" (*quod opidum Blomberch habundavit phitonissis et detestandis personis*).[102]

**Mädchen und ihre Mutter.** Die Täterin bezichtigte als mit der Tat vertraut ein „sehr kleines Mädchen von 12 Jahren" (*juvenculam* [Verkleinerungsform von Mädchen (*juvenca*)] *duodecim annorum*), danach die „Mutter des Mädchens" (*matrem puelle*).

**Motiv:** „dass sie durch die Gegenwart Gottes in ihrem Haus [d. h. durch die Hostien] von ihrem Mann inniger geliebt würde (*plus amaretur a marito)* und auf dass sie mehr Glück in weltlichen Angelegenheiten habe" (*meliorem in temporalibus haberet fortunam*).[103]

**Umfangreicher Textauszug:** s. Anhang I.

**Kommentar:** Hagen ist der einzige, der sich explizit mit dem Vorwurf auseinandersetzt, sie sei eine *malefica* im Sinne von Zauberin gewesen: Falls sie die Hostien tatsächlich am Tag nach der Tat in den Brunnen geworfen habe, verneint er diesen Vorwurf aber mit Bestimmtheit. Keine wirkliche Zauberin nämlich hätte die Hostien so überhastet in den Brunnen geworfen. Sie hätte sie vielmehr während der langen Verfolgungswelle im Haus behalten und ihre Zauberkünste damit ausgeübt! Ha-

101 Hagen, in: Klapper 1961, S. 93.

102 Ebd., S. 106, 110.

103 Ebd., S. 92.

gen hält selbst diesen Termin, den Ostermontag, für plausibel. Er zögert aber, denn da man dafür allein die Selbstaussage der Täterin hätte, könnte der Brunnenwurf auch später oder garnicht erfolgt sein: Dann stünden diesen Fragen erneut im Raum. Der Vorwurf des Schadenszaubers aber fehlt in allen angeführten Aussagen.[104] Hagen schildert darüber hinaus die aggressive Fahndung durch den Blomberger Klerus und das Unwetter mit großen Hagelkörnern in Gestalt von Kreuznägeln und Dornenkronen. Er geht der Frage nach, ob ein hinreichender Tatverdacht für die Verhaftung und Folterung der Frau vorlag (s. Kapitel 2, Streitpunkt 3). Ausführlich wird diskutiert, ob die Behauptungen der Heilkraft des Brunnenwassers als Anlass für die Wallfahrt und die dort ausgeübte Anbetung des Sakramentes ein kirchenrechtliches Fundament hätten.[105] Seine Antwort ist nein: Allein die Aussage der Frau, sie habe die Hostien in den Brunnen geworfen, genüge nicht; und selbst wenn es so geschehen sei, hätten sich die Hostien mittlerweile aufgelöst und damit keine Heilkraft mehr. Nicht geklärt ist für ihn auch die Frage, ob der Blomberger Pfarrer bei der Überführung der Angeklagten das Beichtgeheimnis gebrochen hat.[106] Überregional bekannt geworden ist seine scharfe Kritik an der Abbildung der Täterin auf dem Blomberger Pilgerzeichen (s. Kapitel 2, Streitpunkte 6 und 10) und seine Forderung, das irregulär geführte Blomberger „Wunderbuch" zu vernichten [s. Q 0].[107]

## *Q 19*

Ein **Anonymus** hat zu einer 1471 datierten Predigtsammlung Marginalien mit Wallfahrtskritik verfasst. Der Codex war 1628 im Besitz der Lippstädter Jesuiten.[108]

**Manuskript**: Staatsbibliothek zu Berlin – Preußischer Kulturbesitz. Ms. Theol. Lat. Fol. 194, fol. 25r.

**Druck (Auszug)**: Landmann 1900, S. 173 Anm. 2.

**Tatort:** Brunnen, in den geweihte Hostien geworfen wurden, wo dann ein Wunder geschah.

**Täterin**: eine Frau (*mulier*).

**Besonderheit**: Überaus spöttische Wallfahrtskritik eines Mannes (wohl ein Domherr) aus dem 15. Jahrhundert, der definitiv nicht an Hostienwunder glaubt.

104 Ebd., S. 92f.
105 Ebd., S. 95f.
106 Ebd., S. 100.
107 Ebd., S. 111.
108 Vgl. Beßelmann 1998, S. 69 Anm. 57.

**Textauszug:** „In Wilsnack ward ein kleines Wunder sichtbar, dass nämlich drei Hostien rot gemacht wurden und deshalb fast die ganze Welt dort zusammenlief. In unserem Domkapitel geschieht täglich um Vieles mehr; dennoch wird darüber kaum geredet. Auf ähnliche Weise geschah in Blomberg ein unsicheres Wunder, dass nämlich eine Frau lediglich viele geweihte Hostien in den Brunnen warf; deshalb liefen viele dorthin. Wenn man schon deswegen verehrt: Oh wie sehr muss dann der Priester verehrt werden, der in den Messen so viel mehr Hostien in seinen Magen warf. Oh wie müssten sie zu ihm laufen, auf dass sie durch Beichten von den Seelen-Krankheiten geheilt würden" [das düfte auf die geistige Verwirrtheit abergläubischer Pilger zielen]. (*In Wlznake* [Wilsnack] *contigit unum parvum visibile miraculum videlicet quod tres hostie sunt rubee facte et propterea illac curritur quasi totus mundus. In nostra vero domo capituli omni die multo maiora; tamen non multum de ista famatur. Similiter in Blomberch contigit unum incertum miraculum, quod una duntaxat mulier multas in puteum proiecit hostias sacratas … et propterea multi currunt; si propterea deberet venerari, o quam venerari deberet sacerdos, qui tot proiecit in suum ventrem celebrando hostias, o quam currere deberent ad ipsum, ut sanarentur a languoribus anime per confessionem!*).

*Q 20*

**Werner Rolevinck** (1425–1502). Kartäuser in Köln. Vielgelesener Autor des 15. Jahrhunderts; er verfasste ca. 50 Schriften. In seinem ‚Westfalenlob' nennt er allerdings weder Tat noch Täterin. Er berichtet allein über die Wallfahrt und die Wunder dort, deren Bedeutung für den Glauben des Volkes er, anders als Hagen, sehr zu schätzen weiß.

**Druck**: ‚De laude antiquae Saxoniae nunc Westfaliae dictae' 1474 = Rolevinck 1953.

**Textauszug:** „Vor einigen Jahren hörte ich von einer neu aufgekommenen Wallfahrt nach Blomberg, an der viele fromme Beter teilnahmen (*ubi continue populus confluit cum multa devotione*). Einige Menschen mißbilligen aus verschiedenen Gründen diese Pilgerfahrt. Im Gegensatz dazu sind andere der Ansicht, Gott der Herr wirke doch deswegen gelegentlich Wunder, um die einfachen Leute aus dem Volke im Glauben zu stärken (*quod dominus simplici populo quandoque miracula ostendit ad corroborandum fidem*). Ist es doch belanglos, ob hier und da ein Irrtum unterläuft in Dingen, die für die Glaubenssätze der Kirche ganz unwesentlich sind. So schreibt Hieronymus in seinem Matthäuskommentar: ‚Ich möchte nicht gern einen Irrtum verurteilen, der aus Judenhaß oder Glaubenseifer entsteht' (… *secundum illud Hieronymi super Matthaeum: Non condemno errorem, qui ex odio Judaeo-*

*rum et pietate fidei procedit*). Haben doch selbst die bedeutendsten Kirchenlehrer in dieser Hinsicht geirrt. Solange also das schlichte Volk in der rechten Gesinnung den einzig wahren Gott verehrt, seinen Sohn Jesus Christus und seine Heiligen, solange es fest darauf vertraut, Gott werde ein inbrünstiges Gebet erhören, sollte man die braven Leute lieber gewähren lassen als sie hindern."[109]

**Kommentar**: Das Hieronymus-Zitat, so Staubach, nimmt Bezug auf dessen Aussage: *Non condemnamus errorem, qui de odio Iudaeorum et fidei pietate descendit.* Im Anschluss daran gibt Staubach weitere Erläuterungen zu dieser wichtigen, aber höchst irritierenden Formel, die den Glaubenseifer der Blombergpilger mit einem bisweilen offensichtlich zu akzeptierenden Judenhaß in Beziehung setzt.[110] Dieser diffamiernde Vergleich ist in der Blomberger Überlieferung einzigartig. Als beliebter Vergleich für fehlgeleiteten Glauben aber sind Juden ein seit langem eingespieltes Beipiel. Johannes Hagen etwa vergleicht sie mit den törichten Jungfrauen, die der Bräutigam [Christus] von seiner Hochzeit ausschließt [Q 18; Anhang I].[111] In seiner Darstellung des Blomberger Hostienfrevels nutzt auch Schaten [Q 47] die Juden als schlechtes Beispiel: Der katholische Hofhistoriker aus Paderborn reiht sie ein in die Gruppe der Leugner und Verächter des wahren Leibes Christi. Die Juden, Eucharistieverächter und Hostienfrevler, bekommen bei ihm dann noch aktuelle Verstärkung. Hinzugefügt wird der Blomberge Lutheraner Piderit [Q 43].

## *Q 21*

**Anonymus, Geschehnisse um das göttlichste Sakrament in der Stadt Blomberg [um 1480;** Teile davon mutmaßlich 1460/61] = Anonymus oder ‚Gesta'

**Original**: ‚Gesta circa divinissimum sacramentum in oppido de Bloemenberch' (MS Brüssel, Koninklijke Bibliotheek, IV 110, fol. 169v–174v).

**Druck**: Ediert bei Staubach 2000; S. 327–333. Übersetzung: Anhang II.

Bertram Lesser hatte den Kodex in Brüssel entdeckt, in diesen Band wurden 1490–1493 unterschiedliche ältere Texte eingebunden. Darunter auch die ‚Gesta circa divinissimum sacramentum in oppido de Bloemenberch': Der Kodex wurde „in dem zur Windesheimer Kongregation gehörenden Konvent S. Katharina in Nijme-

109 Zitiert nach dem von Staubach 2000, S. 296 Anm. 135, leicht korrigierten Rolevinck-Text; sonst nach der zweisprachigen Edition: Rolevinck 1953, S. 192f.

110 Staubach 2000, S. 296 Anm. 135. Bezug: Hieronymus, Commentarii in evangelium Matthaei, hg. von David Hurst u. Marcus Adriaen (Corpus Christianorum, Series Latina 77), Turnhout 1969, 4, Z. 319f., S. 220.

111 Hagen, in: Klapper 1961, S. 108.

gen angefertigt.“[112] Die darin enthaltene Abschrift eines Pilgers, wohl eines Augustiner-Chorherren aus den Niederlanden, dürfte Ende der 1470er Jahre entstanden sein (im Text wird die 1473 geweihte Klosterkirche als fertig und bekannt erwähnt). Teile des Textes halte ich für Abschriften aus dem verloren gegangenen Blomberger Wunderbuch von 1460 [s. Q 0]. Wenn das zutrifft, wären diese Passagen die frühesten Quellen der Geschehnisse.

**Tat:** Hostiendiebstahl in St. Martin. Verfolgungswelle s. unter „Streitpunkt 2“.

**Tatzeit**: Hostienverzehr bei der Messe am Osterfest (*festo Pasche*); Diebstahl am vierten Tag nach Ostern [*ipsa diei festo Pasche proxima feria quarta*: Mittwoch, 16. April 1460].

**Täterin**: Die Täterin wird nie beim Namen genannt. Insgesamt wird sie ca. zwanzigmal als „Frau“ (*mulier*) bezeichnet, dann auch kombiniert mit Attributen wie „frevlerische und angeklagte Frau“ (*sacrilega et rea mulier*), mehrfach mit „unglücklich“ (*infelix mulier*), „lästerlich“ (*mulier maledicta*), „sündig“ (*mulieris peccatricis*); Erzeugerin des Bösen (*mali auctrix*). „verurteilte Frau“ (*muliere dampnata*). „verbrecherische Frau (*mulier maledicta*); „Elende“ (*misera illa*); „Unglückliche und Elende“ (*infelix et misera*), die heimlich in der Kirche blieb. Einmal nur *malefica*, bei der abgebrochenen Hinrichtung. In einem Gespräch wird sie von einem Mädchen angesprochen mit: „Teuerste Nachbarin der Adelheid“ (*Carissima vicina Adelheidis*).

**Andere Beklagte**: Ein kleines Mädchen und seine Mutter werden von der Täterin bezichtigt, mehr über die Tat zu wissen. Das kleine Mädchen hieß „Adelheid“ und war die Tochter des „Wilhelm van Vesperde“ (*Aelheit Willem van Vesperde filia*), die Mutter war hoch betagt (*mater satis annosa*), vermutlich Witwe.[113]

**Motiv:** Die Täterin glaubte, „dass es ihr niemals an Nahrung und Kleidung fehlen würde, wenn sie nur Gott [also die Hostien] in einer kleinen Kiste (*Deum in cistella*) bei sich hätte. Und wenn ihr Gatte eine von ihrer Hand zubereitete Speise äße, in welche […] das geweihte Sakrament vom heiligen Altar selbst drinnen wäre, dann würde er niemals eine andere Frau mehr lieben, als sie (*nec aliam aliquam preter ipsam vel plus quam ipsam adamaret*).[114]

**Tag der Hinrichtung:** Dienstag, der 20. Mai 1460 (*tertia feria ante Ascensionem domini*).[115]

112 Lesser 2005, S. 58f., 369ff.

113 Anonymus, in: Staubach 2000, S. 329f.

114 Ebd., S. 327.

115 Ebd., S. 333.

**Kommentar:** Der Text ist Teil des damaligen Wunder-Diskurses. Er ist voller Wundergeschichten. Der gerade in jenen Jahrzehnten um 1450 explodierende Wunder- und Reliquienglaube erfasste die Windesheimer in besonderem Maße: Im Jahr 1437 bereits hatten sie auf dem Basler Konzil das Privileg erworben, uneingeschränkt Reliquien erwerben, weihen und verehren zu können.[116]

Auch ein winziges Detail weist darauf hin, dass der Anonymus aus einem vorliegenden Text über Wunder abgeschrieben hat: Der Name des Pastors, der die Ostermesse feierte, heißt in der Blomberger Überlieferung *Bernhardus de Embrike* (nach dem gleichnamige Dorf bei Hildesheim; † vor 1483 nach LRNF 1483.04.17A). In den ‚Gesta' heißt er *Bernhard de Emerick* (nach der rheinischen Stadt Emmerich).[117] Ein Indiz dafür, dass der anonyme Verfasser des Berichts vom Niederrhein/Holland stammt. Er las also den Namen des Pastors in der Blomberger Quelle schlicht im Rahmen seiner niederrheinischen Ortsnamens-Kenntnisse.

Einzigartig an diesem Bericht ist die ausführliche Schilderung der Verfolgungswelle und der Zögerlichkeit Bernhards VII.[118] Die gerichtlichen Verhöre fanden dem Text zufolge im Keller der Burg statt (s. Thelemann G 5). Er bietet darüber hinaus genaue Schilderungen des Prozesses mit verschiedenen Stufen der Folter. Es ist die einzige Quelle mit der Nennung des vollständigen Namens des kleinen Mädchens. Und nur hier findet sich der Dialog zwischen Täterin und Mädchen. Die Schilderung des fragwürdigen Verhaltens des Blomberger Pfarrers (*presbiter*), es ist wohl der anfangs genannte Bernhard van Emerick gemeint, erinnert an Hagens Einschätzung dieser problematischen Persönlichkeit.[119] Hier wird schließlich auch die längste Unwettergeschichte angeboten: mit mysteriös geformten Hagelkörnern (wie Dornenkronen, Kreuznägel).

---

116 Vgl. Acquoy 1880 Bd. 3, S. 291. Der Böddeker Prior Arnold Hüls (1432–1449) hatte, was Reliquien betrifft, offenbar einen ähnlichen Sammeleifer wie später der Blomberger Prior Lubbert Lange, vgl. Probus 2016: dessen Chronik enststand vor 1457; grundlegend zum Blomberger Wunderdiskurs Staubach 2000, S. 295ff.

117 Anonymus, in: Staubach 2000, S. 327.

118 Hüther 2012, S. 82ff.

119 Anonymus, in: Staubach 2000, S. 333.

## Täterin und Tat in den Ablassurkunden von 1471 bis 1504 [Q 22–38]

**Vorbemerkung:** Es handelt sich von 1471 bis 1479 vornehmlich um römische Ablässe (allein der Ablass von 1479.08.22 stammt vom Mindener Bischof Heinrich von Schaumburg, Bruder der Gattin Bernhards VII., Anna). Die Ablässe von 1481 bis 1504 dagegen wurden ausgestellt vom Paderborner Bischof und von seinen Weihbischöfen.

### *Q 22 und 23*

**1471.01.05** Zwei römischen Kardinals-Ablässe (Sammelindulgenzen; beide nicht in LRNF; der erste in LR 2396 [LAV NRW OWL L1 Nr. 1560]; der zweite nur in: Ebd. Nr. 1561) sind der Kapelle „Zum heiligen Leichnam" gewidmet. Sie nennen Ablasshöhen (100 Tage je Aussteller: das waren beim ersten sieben Kardinalbischöfe, -priester und -diakone, also 700 Tage; beim zweiten sechs, also 600 Tage); außerdem werden Gewinnungstage festgelegt und die von den Pilgern zu erbringenden Leistungen. Tatzeit, Täterin und Tat aber werden nicht genannt.

### *Q 24: 1475.12.21 Päpstlicher Ablassbrief (LRNF); Ort: Rom; Spender: Papst Sixtus IV.*

Ablass von 7 Jahren und 7 Karenen an die, die vom Vorabend bis zum Abend der Festtage des Heiligen Leichnams und der Geburt Mariens sowie an deren Oktaven das Kloster frommen Herzens besuchen. Bei großer Pilgerzahl darf der Prior auch zusätzliche Sekularpriester oder Kanoniker anderer Orden zu Beichtvätern (*confessores*) wählen. Diese haben dann das Recht, an den genannten Festen auch von schweren und großen Sünden zu absolvieren: *non tamen sedi apostolicae reservatis* (Z. 18).

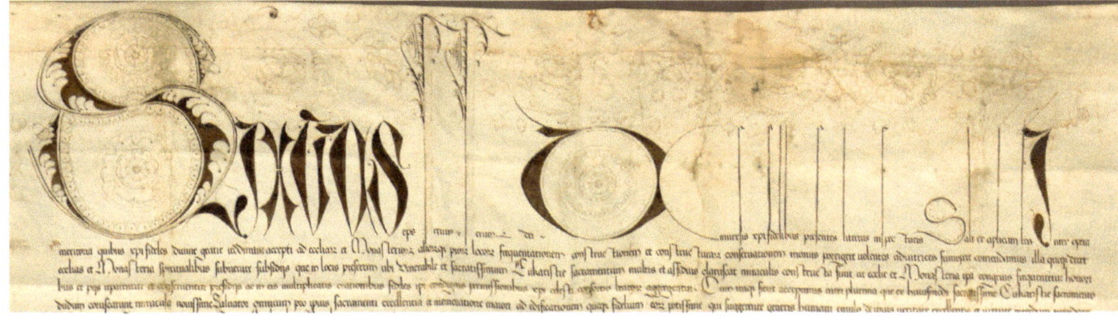

**Abb. 22:** Ablassbrief von Papst Sixtus IV. vom 21. Dezember 1475. Initiale „S" (links), nicht mit Papst-, sondern mit Rosenwappen LRNF 1475.12.21 [Q 24]. © LAV NRW OWL L 1 Nr. 1651.

**Tat:** Täterin stahl in der Blomberger Pfarrkirche aus einem Tabernakel etwa 45 geweihte Hostien. Sie warf sie dann in einen Brunnen in der Nähe ihres Hauses.

**Tatort:** Pfarrkirche in Blomberg (*in parrochiali ecclesia dicti Opidi*); Wohnstätte (*Domicilium*), nahegelegener Brunnen (*in quendam puteum domui sue propinquum*).

**Tatzeit (a):** Ohne Jahr, „neuerdings" (*novissime*); Gegen Mittag (*circa meridiem*).

**Tatzeit (b):** der Einwurf in den Brunnen geschah „einige Zeit später" (*aliquandiu*), das könnten auch Tage gewesen sein!

**Täterin**: eine „ungläubige, vom bösen Geist verführte Frau" (*quedam perfida mulier maligno ut creditur spiritu suadente.*

**Motiv:** unbestimmt. Allein: Vom bösen Geist verführt; allerding scheint auch Christus ein Interesse an der Tat gehabt zu haben, um seine Macht in Form von Wundern demonstrieren zu können [wie in Q 21].

**Textauszug** ab Z. 4–9: „Wir glauben unter vielem anderen fest daran, dass aus dem Sakrament der allerheiligsten Eucharistie seit jeher Wunder hervorgehen. So hat kürzlich der Erlöser Aller in der Stadt Blomberg, in der Diözese Paderborn, neue erstaunliche Wunder entschlossen offenbar werden lassen. Er tat das wegen der Vortrefflichkeit und zur Bekräftigung jenes Sakraments, aber vor allem zur Festigung jener, die nicht glauben können, dass das menschliche Geschlecht jener Wahrheit, Vortrefflichkeit und Tugend [der Eucharistie] würdig ist und deren Glauben deswegen bisweilen zu schwanken scheint. Dort nämlich hat eine treulose Frau, die, wie angenommen wird, vom bösen Geist überredet wurde und nach Mittag in der Pfarrkirche der besagten Stadt allein war, 45 geweihte Hostien aus dem Tabernakel oder Repositorium, in welchem sie eherenvoll verwahrt waren, gestohlen, in die Wohnstätte ihres Stadtviertels verbracht und eine Zeitlang bei sich behalten bis ihre Bosheit endlich, durch die wachsende Angst und, wie man glaubt, durch jenen Geist getrieben, dieses wunderbare und aller Anbetung würdigste Sakrament in einen Brunnen nah ihres Hause warf; so kam es, dass jener Ort, wo der Brunnen war, hell erstrahlte und Tag für Tag noch mehr erstahlt in den vielen, gleichsam unzählbaren Wundern und wo die Christgläubigen mit großer Verehrung zusammenströmen." (*Cum itaque sicut accepimus inter plurima que ex huiusmodi sacratissime Eukaristie sacramento / dudum corusca(ue)runt miracula nouissime Saluator omnium pro ipsius sacramenti excellentia et memoratione maiori ad edificationem quoque fidelium eorum potissime qui suggerente generis humani emulo de ipsius ueritate excellentia et uirtute interdum trepidare / uidebantur alia stupenda miracula in Opido Blomberg Padeburnensis diocese ostendere dignatus extiterit nam quedam perfida mulier maligno ut creditur spiritu suadente in parrochiali ecclesia dicti Opidi circa meridiem sola existens Quadragintaquinque / Hostias consecrates uel circa* *de Tabernaculo siue reseruatorio in quo honorifice reposite fuerant furtiue subtraxit et ad Domicilium sue proprie habitationis deportans aliquandiu apud se seruauit et tandem eius malitia crescente timore et dicto spiritu / ut creditur ducta hoc admirabile sacramentum et omni ueneratione dignissimum in quendam puteum domui sue propinquum proiecit unde locus ipse ubi puteus constitutus erat multis et innumerabilibus resplenduit ac in dies resplendet miraculis et / christifideles ad eundem locum magna deuotione confluent*; LAV NRW OWL L 1 Nr. 1651).

**Kommentar:** Die Fülle und Einmaligkeit der Wunder werden außergewöhnlich stark hervorgehoben; dabei wird Christus als Initiator der Wunder ausdrücklich benannt. Rätselhaft bleibt die Bemerkung, dass die Täterin die Hostien eine Zeitlang bei sich im Haus behielt. Der Austeller des Ablasses, Papst Sixtus IV. (1471–1484), war nicht nur Auftraggeber der Sixtinischen Kapelle und Initiator des Umbaus Roms zu einer Renaissancestadt, sondern theologisch auch ein höchst umstrittener Papst. Er war Verfechter der Lehre von der „Unbefleckten Empfängnis Mariens" (d. h. auch Maria sei am 8. Dezember ‚unbefleckt' gezeugt worden); der Autor des Hexenhammers stand mit dem Papst wohl in Briefkontakt.[120]

*Q 25*

**1477.05.21** (LRNF): **Sammelablass** von 15 Kardinälen mit Ablasshöhen (je 100 Tage), Gewinnungstagen und den zu erbringenden Leistungen der Pilger. Tatzeit, Täterin und Tat werden nicht genannt.

*Q 26*

**1479.08.22** (LRNF; LR 2608) **Ablass des Mindener Bischofs Heinrich von Schaumburg** mit Ablasshöhe (40 Tagen), Gewinnungstagen und den zu erbringenden Leistungen der Pilger. **Tatzeit, Täterin und Tat werden nicht genannt.**

Bischof Heinrich von Schaumburg (re. 1473–1508) war Bruder der Anna von Schaumburg, der Frau Bernhards VII.

> **[Um 1480: Chronologischer Einschub, siehe** [Q 40]:
> **Inschriftentafel an der Pfarrkirche.** Bernhard Witte [Q 39] schrieb 1517, dass er die Tafel in seiner Jugend, mutmaßlich um 1480, gesehen und abgeschrieben habe. Damals hätte er Folgendes gelesen:

120 Staubach 2000, S. 301 Anm. 152.

**Tatzeit:** Anno 1460 am Ostermittwoch (*Mercurii die*).
**Täterin:** „Verräterin der Welt" (*poditrix mundi*); „Frau und Mutter" (*mulier mater*)
**Motiv (?):** In ihrem Bekenntnis vor der Hinrichtung steckt als Motiv vielleicht der ‚Wunsch nach Heilung': „Die Kraft des Sakraments übersteigt um ein Vielfaches die Kraft jeder Arznei": (*Vis sacramenti multis extat medicina*).
**Tag der Verhaftung**: Sonntag vor Himmelfahrt (*Vocem jocundi*; 18. Mai)!
**Tag der Hinrichtung:** Dienstag vor Pfingsten (*Pneumatis profesto die martis*): 27. Mai 1460]

*Q 27*

**1481.04.01 (Ablassbrief) Ort:** Schloss Neuhaus. **Spender**: Der Paderborner Bischof Simon III. zur Lippe: mit Ablasshöhe, Gewinnungstagen und den zu erbringenden Leistungen der Pilger. Einsetzung eines **Heiltumsfestes** am Sonntag nach Fronleichnam (40 Tage Ablass pro Reliquienpartikel).

**Tat:** Hostienraub aus der Pfarrkirche und deren Versenkung in einen Brunnen (*in loco ubi per quandam maleficam venerabilis sacramentum in quadraginta quinque hostijs consecratis de parrochiali ecclesia tempore pascali furtiue subtractis in puteum proiectum est*).

**Tatzeit:** Osterzeit (*tempore pascali*).

**Täterin:** Die Hostien wurden in einen Brunnen geworfen von einer „gewissen Übeltäterin" (*per quandam maleficam*).

**Motiv:** Ungenannt.

**Regest:** LRNF; LR 2634 Anm.; LAV NRW OWL L 1 Nr. 1769.

*Q 28–30*

**[1482.05.32 s. u]: Ort:** (Blomberg / Paderborn); **Spender:** Johannes [Ymmink], Bischof von Tiflis und Weihbischof des Paderborner Bischofs Simon III. [zur Lippe] Diese Urkunde kannte auch Piderit. Im Ablassbrief von 1482 [Q 32, s. u.] waren drei ältere Ablässe dieses Weihbischofs inseriert (enthalten): 1473.09.26 (Kirchweihe); 1477.11.09 (Altarweihen, mit Beschreibung einer Reliquienprozession zum Niederntor); 1479.10.22 (weitere Kreuz- und Bildweihen): alle ohne Erwähnung von Täterin und Tatzeit, deshalb nicht chronologisch einsortiert).

**Regest:** LRNF; LR 2651; LAV NRW OWL L 1 Nr. 1769.

*Q 31*

**1482.05.23 Ablassbrief. Ort:** (Blomberg / Paderborn); **Spender:** Johannes [Ymmink], Bischof von Tiflis und Weihbischof des Paderborner Bischofs Simon III. [zur Lippe]. Diese Urkunde kannte auch Piderit. [inseriert sind Q 28–30: Ablässe für die Verehrung zahlreicher heiliger Bilder, Partikel: 40 Tage jeweils].

**Tatort:** Blomberger Pfarrkirche / Sakramentar; „Wohnstätte ihres Stadtviertels" (*domicilium sue propie habitationis* [wie Q 24]); Brunnen vor ihrem Haus.

**Tatwerkzeug:** Stab zum Wasserschöpfen" (*baculo quo hauriri aqua solebat*; Z. 5).

**Tatzeit**: 1460, zur „Mittagszeit an den Ostertagen" (*circa meridiem … in diebus pascalibus*).

**Täterin:** eine „ungläubige, die Gottesfurcht gänzlich vergessende Frau; unterstützt vom bösen Geist" (*quedam perfida mulier dei timore omnino oblita; … satis artis maligno spiritu procul dubio cooperante*); „durch jene Übeltäterin" wurden die Hostien in den Brunnen geworfen (*per quandam maleficam*).

**Motiv:** unspezifisch: vom bösen Geist verführt.

**Textauszug**: „Vor langen Jahren um das Jahr des Herrn 1460 ist eine ungläubige Frau, die Furcht Gottes vergessend (*quedam perfida mulier dei timore omnino oblita*), mittags allein (in der Kirche) zurück geblieben (*circa meridiem sola existens*); sie hat mit großer Kunstfertigkeit und zweifellos vom bösen Geist unterstützt eine Anzahl von circa 45 geweihten Hostien des wunderbaren und göttlichsten Sakraments unseres Herrn Jesu Christi, die in der Pfarrkirche des seligen Martin in der Stadt *Montisflorum*, in der Volkssprache „Blomberg" genannt, in der Diözese Paderborn, an den Ostertagen übrig geblieben sind und in einem Sakramentar hinter Gittern ehrenvoll in ein Korporale eingeschlagen verwahrt waren, mit Beistand des bösen Geistes und mit frevlerischem Mut gestohlen, zur Wohnstätte ihres Viertels getragen und in einem Kistchen eingeschlossen (… *ex sacramentario in ibi superremanentes in diebus pascalibus in corporali complicato Honorifice repositas cancellis satis artis maligno spiritu procul dubio cooperante ausu sacrilegeo furtiue subtraxit et ad domicilium sue propie habitationis clauiculo deportans apud se aliquidem in cistella reseruauit*). Und nachdem aufgrund der Tat bei ihr Not, Verzweiflung und Schrecken anwuchsen, warf sie dieses wunderbare, aller Verehrung würdige Sakrament in einen Brunnen nah an ihrem Haus und rührte mit einem Wasserschöpfstab das Wasser des Brunnens kräftig solange um, bis alle Sakramentspartikel verschwunden waren (*Et tandem inualescente malicia et crescente desperacione horrore ex demeritis condignis hoc ammirabile sacramentum omni veneratione dignissimum in puteum domui sue vicinum proiecit et baculo quo hauriri aqua so / lebat aquam* *putei totiens et tam diu circumgirauit quousque species ille sacramentales penitus esse desinerent*) (LAV NRW OWL L 1 Nr. 1769).

*Q 32*

**1485.04.17 Schloß Neuhaus.** (LRNF) Der Paderborner Bischof *Simon de Lippia* bestätigt das durch Lubbert Lange, den Prior des Augustinerklosters zum hl. Leichnam und der Jungfrau Maria in Blomberg eingeführte Mittagsläuten und den Ablass darauf. Weder Tat noch Täterin.

*Q 33*

**1487.09.14** (LRNF). Der Paderborner Bischof Simon [zur Lippe] erteilt dem Prior des Klosters Blomberg Anweisungen über den Kultus im Kloster. Weder Tat noch Täterin.

*Q 34*

**1488.12.28 Blomberg** (LRNF) Simon [von der Borch], Bischof von Reval und päpstlicher Legat erteilt einen Ablass von 100 Tagen auf bestimmte Gewinnungstage. Die Urkunde wurde in Blomberg geschrieben, sie nennt aber weder Tat noch Täterin. LAV NRW OWL L 1 Nr. 1922.

[Die Urkunde ist deshalb von Bedeutung, weil sie dem Blomberger Prior gestattete, auch während eines Interdikts (unter Kirchenbann also) mit Einwohnern, Pilgern und Konvent hinter verschlossenen Türen und ohne Glockenläuten die Messe zu feiern. Dieses Privileg des Klosters war insbenondere für lippische Ritter und Kämpfer von Bedeutung, die 1485/86 als Teilnehmer der „Hildesheimer Bierfehde“ mit dem Kirchenbann belegt worden sind. Der Revaler Bischof hatte in seiner Machtfülle als päpstlicher Legat Edelherr Bernhard VII. selbst schon am 18. Dezember vom Interdikt und allen Kirchenstrafen im Zusammenhang mit dieser Fehde freigesprochen (s. LR 2739; LAV NRW OWL L 1 Nr. 1921)].

*Q 35*

**1488.12.28A** (LRNF; Ablassbrief); **Ort:** Kloster Möllenbeck. **Spender**: Simon [von der Borch], Bischof von Reval und päpstlicher Legat. 40 Tage bei Aufstellung des Sakraments auf dem Altar. Diese Urkunde kannte auch Piderit. **Regest:** LRNF; LR 2738; LAV NRW OWL L 1 Nr. 1923.

**Tatort:** Brunnen in der Klosterkirche! (*in ecclesia venerabilis corporis Christi et beate Marie virginis in opido Blomberch quidam sit puteus …*).

**Tatzeit:** einst" (*olim*).

**Täterin:** eine „abscheuliche Frau" (*per quandam mulierem detestabilem*).

**Motiv:** ungenannt.

**Textauszug:** „Wie wir für wahr erkannt haben, gibt es in der Kirche des Ehrwürdigen Leibes Christi und der Jungfrau Maria in der Stadt Blomberg einen Brunnen, in den einst durch eine abscheuliche Frau einige geweihte Hostien geworfen oder versenkt worden sind und wo über diesem Brunnen ein Altar errichtet und geweiht wurde, auf dem zur Verehrung durch die Gläubigen in einer Monstranz das ehrwürdigste Sakrament verschleiert aufbewahrt wird. Auch geschehen an diesem göttlichen Aufbau Tag für Tag viele Wunder" (*Cum itaque sicut accepimus in ecclesia venerabilis corporis Christi et beate Marie virginis in opido Blomberch quidam sit puteus in quem olim per quandam / mulierem detestabilem nonnulle hostie consecrate proiecte seu demisse extiterunt et altare quoddam super eundem puteum constructum erectum et consecratum existat in quo in monstrancia / dignissimum eukarestie sacramentum a christifidelibus adorandum velatum conseruatur. Multaque miracula in dies inibi disposicione diuina fiunt*; LAV NRW OWL L 1 Nr. 1923).

**Kommentar:** Der päpstliche Legat und Revaler Bischof Simon von der Borch war Onkel des Dietrich von der Borch, des damaligen lippischen Drosten und Pfandinhabers der Blomberger Burg (von 1484–1493). In seiner Jugend hatte Simon an der Seite seines Bruders Arnd von der Borch als Vasall des Edelherrn Bernhard VII. gedient. In diesem Zusammenhang hat er am 8. Februar 1457 auf Kosten des Burgvogts in Blomberg übernachtet. Auch 1460 gehörte Simon zu den engsten Vertrauten Bernhards. Gut möglich, dass er beim Gerichtsverfahren gegen die Frevlerin im Gefolge seines Lehnsherrn war und Augenzeuge der Geschehnisse nach der Tat wurde. Mit Unterstützung Bernhards hatte er dann die geistliche Laufbahn eingeschlagen. Im Domkapitel von Hildesheim unter Bischof Ernst von Schaumburg, dem Bruder der lippischen Landesherrin Anna, war er zum Lesemeister aufgestiegen.[121] 1477 wurde er schließlich zum Bischof von Reval gewählt (1477–1492). Im estnischen Porkuni ließ er die Bischofsburg Borckholm errichten, eine der bedeu-

121 1457: *Item Tylemanse Gosscalkes 4 sol myn 1 d vor her Symon von der Borch to pantquitinge* (Rechnungen Amt Blomberg 1456/57 in: LAV NRW OWL L 92 Z Nr. 987, S. 13). 1460: Im Dezember 1460 reitet der Junker „nach Brakel, es langen ferner an: der Drost Johann von Haxthausen, Siegbert von Niehausen, Simon von der Borch, Ludolf Rauschenplatt, der Vogt Snurrebusch und Hans vom Hagen" (LR 3282). Simon schreibt 26.11.1463 aus Hildesheim an Bernhard VII.: der Bote meldet sich auf Burg Blomberg (Rechnungen Amt Blomberg 1462/64, in: LAV NRW OWL L 92

tendsten Festungen im Wierland. Im Mai 1488 ernannte ihn Papst Innozenz VIII. feierlich zum ‚*Legatus a latere*', einem mit päpstlicher Macht ausgestatteten Gesandten, der hochrangige Privilegien selbständig verleihen konnte. In dieser Funktion war er am 18. Dezember 1488 in Detmold und am 28. Dezember übergab er im Kloster Blomberg eine Ablass-Urkunde. Dort ist die Urkunde auch angefertigt worden. Es ist nicht unwahrscheinlich, dass Simon im Kloster oder auf der benachbarten Burg bei seinem Neffen die Weihnachtstage verbracht hatte. In der Blombergr Urkunde wird erstmals als Gewinnungstag für einen Ablass von 100 Tagen der Tag des Heiligen Vitus, der 15. Juni, festgelegt. Die Reliquien des 303 gestorbenen Märtyrers waren schon im Frühmittelalter nach Corvey überführt worden. 1355 gelangte das Haupt des heiligen Vitus (= St. Veit) nach Prag in den Veits-Dom. Noch am 4. März 1967 wurden Teile dieses Körpers in den Altar der neuen katholischen Martins-Kirche am Lehmbrink in Blomberg eingefügt.[122] – Die zweite Urkunde stellte der Bischof am selben Tag im Blomberger Mutterkloster Möllenbeck aus. Ob er bei der Gelegenheit das neu gegründete Franziskanerkloster Stadthagen besuchte und privilegierte, wissen wir nicht. Die in Blomberg hergestellte Urkunde hat eine mit langen Schäften geschmückte Anfangszeile.

An ihr und an der Möllenbecker Urkunde hängen das Revaler Bischofs-Siegel. Unten im Zwickel findet sich das Wappen der lippischen Niederadelsfamilie von der Borch: Drei schreitende Dohlen (eine unten, zwei oben.[123] Dieses Dohlen-Wappen dürfte 1488 auch auf der Flagge der Blomberger Burg, dem Amtssitz von Dietrich von der Borch, zu sehen gewesen sein. Das neulich in Tallin gefundene Blomberger Pilgerzeichen (s. o. Abb. 12, Typ B) könnte im Jahr 1489 mit Simon von der Borch oder einem seiner Begleiter nach Reval gelangt sein: Mit etwas Phantasie Stoff genug für eine kleine Geschichte.

Z Nr. 989, S. 64). In LRNF 1472.10.13 wird Simon als *Scholemester* im Hildesheimer Domkapitel bezeichnet.

122 Zum Aufenthalt des Revaler Bischofs in Blomberg 1488 vgl. Meier 2023b. Zur feierlichen Translation von Vitus-Reliquien in die neue Blomberger St. Martinskirche vgl. Reinsch 1992, S. 59.

123 LRNF Wappenanhang: „In gotischer Kirchenarchitektur stehende Muttergottes mit Kind, darunter im Zwickel unter Bishofsmütze zwei Schilde, hinten schreitende Dohlen (2 : 1). – Umschr.: S(igillum) . SIMONIS . DEI . ET . AP(osto)L(ic)E . Sedis . – . GRA(cia) . ECCL(es)IE . REVALIENSIS . EPISCOP-I. – Spitzoval 84 : 50 mm".

**Abb. 23:** Ablassbrief des Revaler Bischofs Simon von der Borch vom 28. Dezember 1488. LRNF 1488.12.28 [Q 34]. © LAV NRW OWL L 1 Nr. 1922.

**Abb. 24 a+b:** Siegel des Revaler Bischofs Simon von der Borch, Gesamtansicht und Detail, Wappen mit drei Dohlen. Urkunde vom 28. Dezember 1488, LRNF 1488.12.28 [Q 34]. © LAV NRW OWL L 1 Nr. 1922.

## *Q 36*

**1497.02.12 Ablassbrief** (LRNF): „Schloss Neuhaus. Der Paderborner Bischof Simon [zur Lippe] gestattet auf Bitten von Prior und Konvent des von dem Edelherrn und Grafen Bernhard [VII.] zur Lippe *(illustris Bernardus nobilis dominus et comes de Lippia)* zur Sühne für den Blomberger Hostienfrevel gestifteten Klosters der Augustinerchorherren *(monasterii in Blomenberch ordinis canonicorum regularium sancti Augustini)*, zwei Brüder an geistliche und weltliche Wohltäter zum Almosensammeln auszusenden. Sie sollen als Erkennungszeichen ein Stück des *Corporale*, in dem sich die 45 Hostien befanden und einen Teil des Hakens, mit dem sie im Brunnen versenkt wurden, einige Reliquien, darunter vom Kreuz des Herrn, von den Märtyrern *Cristoferus* und *Georgius*, von den 11.000 Jungfrauen und anderen Heiligen mit sich führen; sie sollen bevollmächtigt sein, alle Gläubigen von ihren Gelübden zum Heiligen Leichnam von Blomberg und zum hl. Jacobus von Jakobsberg (Hardenberch) zu absolvieren, wenn diese ihre Beisteuer zur Fertigstellung der beiden Kirchenbauten leisten. Der Bischof gestattet den Brüdern, neue Mitglieder in die von ihm gegründete *fraternitas sacramenti et beate Marie virginis in Blomenberch* aufzunehmen und gewährt allen Wohltätern des Klosters einen vierzigtägigen

Ablaß. // Siegler: Der Aussteller. // *Datum in castro nostro Nove domus ... duodecima mensis Februarii* //Ausf. – Perg., restaur. – [LAV NRW OWL L 1 Nr. 2098] – ca. 45 : 41 cm, Umbug 8 cm – lat. – im Umbug Unterschr. d. bischöfl. Kanzlers *Gotschalcus Culrave* – Rückverm. (16. Jahrhundert): *Burg(ermeister), Rath und gemeinde zum Blombergh haben dem Closter daselbst verkaufft Ihre Stette vortyden gehört Eckeren zwischen Herman Redecker und Evert Schaper* – Sg. B. Simons an grüner und roter Seidenschnur angeh. // Reg. LR 2853".

**Tat:** Eine Frau hat 45 Hostien aus der Pfarrkirche schändlich gestohlen und sie in einen Brunnen geworfen.

**Tatort:** Dort, wo heute das Kloster liegt, war der Brunnen.

**Tatwerkzeug**: Korporale und Teil des in Seide eingewickelten Stabes (*partem de vnco sericis inuoluto*), mit dem die Hostien im Brunnen verrührt wurden.[124] Diese Gegenstände sind offenbar mittlerweile Teil der Reliquiensammlung des Klosers geworden. Denn nach deren Nennung schließt der Satz: „... zusammen mit vielen anderen wahren heiligen Reliquien (*cum nonnullis alijs veris sacrosanctis reliquijs*).

**Tatzeit:** „neulich" (*nuper*) und zur „Osterzeit", d. h. Ostersonntag (*in diebus paschalibus*) geweihte Hostien.

**Täterin:** eine „verzweifelte und frevlerische Frau, welche die Furcht Gottes abgelegt hatte" (*quedam desperata ac sacrilega mulier dei timore abjecto*). Sie war eine „ungläubige Frau" (*perfida mulier*).

**Motiv:** „verzweifelt", unspezifisch.

**Textauszug** (Z. 4–11; 21–24) „Was geschah nun an jenem Ort, an dem das kürzlich errichtete Kloster [des Ordens der Augustiner-Chorherren] lag, an dem zuvor eine verzweifelte und frevlerische Frau, die Furcht Gottes vergessend, das heilige Sakrament des Herrenleibes in Form von 45 Hostien aus der Pfarrkirche der besagten Stadt Blomberg durch Diebstahl schändlich entfernte und nicht davor zurückschreckte, es in einen Brunnen zu werfen, um durch diesen Angriff auf Gottes Majestät und zum Skandal aller Gläubigen die eigene Verdammnis zu besiegeln? Um den Zorn unseres fleischgewordenen Erlösers wegen der ungeheuren verbrecherischen Auswüchse und Ungnade zu besänftigen, [hat] der rühmliche und edle Herr und Graf zur Lippe, unter dessen Befehl und weltlicher Herrschaft der Ort dieser Verbrechen liegt, daselbst durch Scharfsinn, Mühsal, Förderung und Aufwand [dafür gesorgt], dass an jenem Ort durch religiöse Männer eine gewisse an-

124 Lat. *uncus* bedeutet eigentlich „Haken / Widerhaken / Anker" bzw. „gekrümmt". Da mit dessen Hilfe eindeutig die Hostien im Brummen verrührt wurden, muss man hier von einem Wasser-Schöpfstab ausgehen.

gemessen Würde der Verehrung und der Wertschätzung der Gnade der Hostien durch göttliche Offizien beständig gewährleistet werden und das angesehene Kloster durch Freigebigkeit auch durch Förderung der Christen und mit großem Aufwand zu beginnen sei. Da aber jenes Kloster durch seine Erträge, Einnahmen und Gedeihen nun als bedürftig erkannt wird, können Prior und Konvent dasselbe nicht aus ihren Mitteln angemessen erhalten, die begonnenen Bauwerke nicht vollenden und die Belastungen nicht tragen. Deshalb befehle ich, dass Christen durch irgendeine Art Förderung der Verödung jenes Klosters entgegenwirken, sonst nämlich sei sehr zu fürchten, dass jener dort gepflegte göttliche Kult untergehe und bei den begonnenen Bauten Verzögerungen eintreten."

[Z. 21–24] „Als Zeichen der Wahrheit [sollten die zwei Almosen sammelnden Brüder mitnehmen] einen Teil des Korporale, in welches das verehrungswürdige Sakrament in 45 Stücken eingewickelt und die an Ostern zur Kommunion für die Christgläubigen geweiht worden sind, gelegt wurden; und ein Teil des in Seide gewickelten Widerhakens, mit dem die ungläubige Frau, nachdem sie den Leib Jesu Christi in der genannten Zahl der geweihten [Stücke] in den Brunnen geworfen hatte, und sie an der Oberfläche durch Wälzen und Umwälzen, durch Drehen und im Kreis und durch Zurückdrehen unglücklicherweise versenkt und so der Tiefe des Brunnes übergeben hat, bis allein Brunnen und Wasser waren. Sie führen zum Zeugnis sichtbarer Wahrheit auch einige andere wahre heilige Reliquien mit sich vom Kreuz des Herrn, von den heiligen Märtyrern Christopherus und Georgius, der 11.000 Jungfrauen und anderen Heiligen, um sie den Gläubigen zu zeigen" (*Quid licet predict / tum monasterium nouiter erectum ac eo loco quo nuper quedam desperata ac sacrilega mulier dei timore abjecto sacrosanctum dominici Corporis sacramentum in Quadragintaquinque consecratis hostijs ex parochiali ecclesia / dicti opidi Blomenberch furto sublatum detestabiliter in puteum quendam proicere non abhorruit. In dampnacionem propriam diuine maiestatis offensam Christi quoque fidelium cunctorum scandalum obstupendum. Ad super / tam horrendis criminis excessibus et offensa saluatoris nostri dei incarnati placandam iram Illustris Bernhardus nobilis dominus et Comes de Lippia In et sub cuius dicione et dominio temporali locus / est commissi delicti situs. Ibidem sagacitate opera promocione et impensis vt honor saltem aliquis condignus deuocionis et reuerencie cum hostiarum placacione per viros Religiosos diuinis officijs in ipso loco / iugiter exsoluantur monasterium insigne largicionibus etiam christifidelium suffragantibus et grauibus impensis sit inceptum. Ipsum tamen in suis fructibus redditibus et prouentibus adeo tenue fore dinoscitur vt / prior et conventus monasterij predicti ex illis decenter sustentari et obseruare fabricam inceptam complere et onera* [...] *perferre non possunt Ymmo iusi (insi) ipsis in proui-*

*sione aliqua per christifideles subue / niatur dicti monasterij desolacio ac diuini cultus in eo instituti interitus et ab inceptis edificiorum structuris cessacio verisimiliter valde sint timende.* [Z. 21–24:] *Ac / in signum veritatis partem corporalis in qua involutum venerabile Sacramentum in Quadragintaquinque partibus in diebus paschalibus pro christifidelium communione consecratis iacuit et partem de vnco sericis / inuoluto cum quo perfida mulier postquam Jhesu Christi corpus in numero prefato consecratum puteo iniectum voluendo et reuoluendo girando et regirando circum circa in fundum putei altissimo permittente vsque / ad solum putei et aque infeliciter submersit secum in testimonium veritatis euidens cum nonnullis alijs veris sacrosanctis reliquijs De Cruce domini. De sanctis Cristofero et Georgio martiribus. De / Undecim milibus virginibus et de alijs sanctis multis christifidelibus ostendendis secum habeant* ...; LAV NRW OWL L 1 Nr. 2098).

**Kommentar:** Dieser Ablass ist wegen der beim Diebstahl von 1460 verwendeten Gegenstände auch für die Beurteilung der Tat von Bedeutung. Bernhard VII. wird übrigens „Graf zur Lippe" genannt. Abschrift der Urkunde bis Z. 11 auch bei Schaten 1698, S. 485 [Q 47]; hier aber unter 1496 angeführt. Dem Bericht bei Turck über den Blomberger Hostienfrevel in § 5 [s. u. Q 46] folgt übrigens, genau wie hier, die Wallfahrt zum hl. Jacobus zum Jakobsberg (Hardenberch) bei Beverungen.

*Q 37*

**1498.07.03** (LRNF) Blomberg. Der Blomberger Prior Lubbert Lange gewährt Ablass auf das rituell korrekte Verhalten beim Mittagsläuten von St. Martin. Weder Tat noch Täterin erwähnt.

*Q 38*

**1504.08.24 Ablassbrief** (LRNF): „Paderborn. Bruder Johannes [*Velmecker de Fritzlaria*], Bischof von Edremit *(Adramitensis)*, Generalvikar des Kölner Erzbischofs und Paderborner Administrators Hermann [von Katzenelnbogen] für die Diözese Paderborn, berichtet: am Montag vor *Laetare* des Jahres 1502 [Febr. 28] seien die abtrünnigen Ruthenen und andere dem Großfürsten von Muskowien tributpflichtige Ungläubige in das Deutschordensland Livland *(Livonia)* eingefallen und hätten mit Raub und Brand und Mord im Lande des Ordensmeisters um die Nerva großen Schaden angerichtet. Sie hätten dabei die gleichfalls dem Ordensmeister unterstehende ehrwürdige Kirche in Jewe *(ecclesiam parochialem ibidem dictam Geuege)* niedergebrannt. Darin habe sich neben anderen Bildwerken ein geweihtes Kreuz befunden, das bei den Einwohnern Livlands in großen Ehren stand und von zahlreichen Pilgern aufgesucht wurde. Nachdem die Ordensritter mit Gottes und Mariens Hilfe die Ungläubigen vertrieben hatten, habe der Ritter Konrad von Exter, gebürtig aus Lippe und Sohn eines langjährigen Drosten der Edelherren, der dort 12 Jahre gekämpft hatte, das Kreuz – als einziges Stück im dreitägigen Brand der Kirche nur beschädigt – an sich genommen, in einem Kasten aufbewahrt und schließlich dem Kloster in Blomberg übergeben, wo es sich jetzt befinde. Hier habe eine schändliche Frau den Leib des Herrn in der Gestalt von 45 geweihten Hostien in einen Brunnen geworfen. Auf dem über dem Brunnen errichteten Altar habe man das Kreuz in einer silbernen, teilweise vergoldeten Monstranz ausgestellt.

Der Bischof gewährt allen Gläubigen, die davor, das Leiden und die Wunden des Herrn betrachtend, beten; allen, die dem Kruzifix bei der Prozession durch den Kreuzgang folgen; allen, die vor dem Kreuzaltar das Offizium von den fünf Wunden des Gekreuzigten beten, die Messe feiern, Weihrauch verbrennen, Kerzen aufstecken; allen, die dem Gottesdienst in der Kirche an den Festen Kreuzauffindung und Kreuzerhöhung oder freitags beiwohnen etc. etc., einen Ablaß von je 40 Tagen.

Er hat neben dem Kreuz ein Bild des Salvators und eines von der Geißelung und Dornenkrönung Christi geweiht und Reliqienpartikel in die drei Bildwerke eingefügt: in das hölzerne Kreuz 5 Partikel vom Kreuz des Herrn, 1 Partikel vom Grab Christi, 1 Partikel von der Krippe *(de presepi)*, 6 [oder 8 ?] vom Grab Mariens und 6 von anderen heiligen Reliquien; in das Salvatorbild 4 Kreuzespartikel, 1 vom Grab des Herrn, 3 von verschiedenen Reliquien; in das Bild von der Geißelung 4 Teile vom hl. Kreuz, von der Krippe 1, von anderen Reliqien 3. Auch hierfür erteilt er Ablässe.

Siegler: Der Aussteller. // *Datum et actum Paderburnis in domo dotis* 1504 *die vero vicesima quarta mensis Augusti.* // Ausf. – Perg., stark vermodert, teilw. unleserlich – [LAV NRW OWL L 1 Nr. 2192] – lat. – Sg. angeh., verdrückt. // Reg.: LR 2916 – Auszugsweiser Abdruck bei Alfr. Cohausz, Religiöse Hintergründe des Blomberger Kirchbaus von 1462. In: LM 31, 1962, S. 72."

**Tatort:** Dort, wo heute die Klosterkirche steht.

**Tatzeit:** ungenannt.

**Täterin:** „eine überaus gottlose Wahrsagerin" (*ab impijssima diuinatrice*). ‚Schändliche Frau' (in LRNF ist zu unspezifisch übersetzt).

**Textauszug.** Im Kloster „in Blomberg, wo der Leib Christi in 45 geweihten Hostien von einer ungläubigen Wahrsagerin in einen Brunnen geworfen wurde (… *in Blomberch in quo Jhesu Christi corpus in quadragintaquinque consecratis hostijs ab impijssima diuinatrice in p*[uteum?] […] *est proiectum*; LAV NRW OWL L 1 Nr. 2192, Z. 19).

## Chroniken des 16. bis 18. Jahrhunderts [Q 39–48]

### *Q 39*

**Bernhard Witte** (um 1460/65 in Lippstadt – 1534 Liesborn), trat 1490 in das Benediktinerkloster Liesborn ein. Er schrieb dort ab 1495 seine Geschichte Westfalens. Er war als junger Mann nach Blomberg gepilgert (das muss um 1480 gewesen sein); dabei schrieb er eine an der städischen Pfarrkirche hängende Tafel mit der Geschichte der Freveltat ab.

**Druck:** ‚Historia antiquae occidentalis Saxoniae' = Witte 1778 (Chronik 1517).

**Tat:** Kirchenraub, Freveltat (*sacrilegium*). Die Frau ging heimlich in die Blomberger Kirche und stahl den Leib des Herrn „in einem Schleier/Tuch gewickelt aus einem Kelch (? *é cibario excutiens in peplum*). Aus Angst vor Entdeckung warf sie den Leib des Herrn in einen Brunnen und rührte ihn mit einem Stab (*unco*) unter.

**Tatzeit:** Mittwoch nach Ostern (*post Pasche festum die Mercurii*).

**Täterin:** „Eine gewisse Frau und Einwohnerin der Stadt" (*mulier quaedam opidi inhabitatrix*); „Angeklagte" (*rea*).

**Motiv**: unbekannt: „ich weiß nicht, zu welchem profanen Zweck" (*nescio quem ad prophanum usum*).

**Tag der Hinrichtung:** Samstag vor Pfingsten (*in vigila Pentecostes*, unwahrscheinlich).

### *Q 40*

**Inschrift an der Blomberger Martinikirche.** Die in Wittes Chronik überlieferte Inschrift will der Chronist in seiner Jugend beim Blomberg-Besuch abgeschriebenen haben (also wohl um 1480):

**Tat:** Raub des „Himmelsgeschenks" (*coeleste donum*). Die Frau warf „Christus" in den Brunnen (*lacum*).

**Tatzeit:** Anno 1460 am Ostermittwoch (*Mercurii die*).

**Täterin:** „Verräterin der Welt" (*poditrix mundi*); „Frau und Mutter" (*mulier mater*). Schlimmer als Judas.

**Motiv (?):** In ihrem Bekenntnis vor der Hinrichtung steckt vielleicht der ‚Wunsch nach Heilung' als Motiv für ihren Diebstahl: „Die Kraft des Sakraments übersteigt um ein Vielfaches die Kraft jeder Arznei" (*Vis sacramenti multis extat medicina*).

**Tag der Verhaftung**: „Am 5. Sonntag nach Ostern (*capitur Vocemque iucundi*: 18. Mai)!

**Tag des Geständnisses:** Vorabend von Himmelfahrt Christi (*Ascen profesto sionis*): 21. Mai.

**Widerruf**: Am Montag (*die Lunae*) nach Himmelfahrt (26. Mai): Unwetter.

**Tag der Hinrichtung:** Dienstag vor Pfingsten (*Pneumatis profesto die martis*): 27. Mai 1460.

**Besonderheiten:** Unwetter. Der einzige Chronist, der die Täterin Mutter nennt!

**Auszüge des Gedichtes auf der Tafel:**[125]

[Z 1] „1460, am Dienstag nach Ostern, ist der von Maria geborene Sohn aus der hiesigen Kirche gestohlen worden" (*Anno milleno et quater sexaque geno / natusque Mariae furtim sublatus è templo est hicque locatus*).

[Z 6] „Unbefeuchtet von Tränen warf sie, von des Judas Reue ergriffen, den Christus in einen See und legte den Keim zur Anklage" (*Non lacrymis lota Judae ponitentiâ mota / Projecit in lacum Christum germinánsque reatum*)."

**Kommentar**: In Wittes Chroniktext stand das übliche „Brunnen (*puteum*)", auf der von ihm abgeschrieben Tafel dagegen las er: „See" (*lacum*). Hier ging es um eine poetische Inschrift. Die Frevlerin wird in dem Gedicht mit dem seine Tat bereuenden Judas verglichen (nach Matth. 27). Ihre Tränenlosigkeit sollte diesen Vorwurf offensichtlich noch verstärken. In der Betonung der Ungeheuerlichkeit der Tat ähnelt der Text der Gründungsbestätigung von 1469 [Q 17, Z. 2]. Die Inschrift hat wohl am Eingangsportal des Turms der Martinikirche gehangen (vgl. 1. Zeile; s. o. Abb. 7). Es wäre zu klären, ob Wittes Behauptung, er habe die Inschrift in seiner Jugend abgeschrieben, glaubhaft bzw. philologisch plausibel ist.

### *Q 41 und 42*

**Gerhard Kleinsorge** (* Bielefeld 1530 – † Werl 1591), stammte aus einer Lemgoer Patrizierfamilie, die katholisch blieb und nach Bielefeld auswanderte. Lizenziat beider Rechte; diente mehreren katholischen Fürsten, ab 1572 dem Gebhard Truchseß, Erzbischof und Kurfürst von Köln (1577–1583).

### *Q 41*

**Gerhard Kleinsorgen** schrieb vermutlich auch die anonym überlieferte ‚**Genealogia**' der Grafen zur Lippe aus der Zeit vor 1576. Autorschaft nach Knoch, nicht völlig gesichert.

125 Vollständiger Text und Übersetzung bei Fitzner 1989, S. 26f. (nach Cohausz 1962, S. 69; hier nach meiner Übersetzung).

**Manuskript:** ‚Genalogia Comitum De Lippia' = Kleinsorgen 1575: LAV NRW OWL D 71 Nr. 26, fol. 4r–24r; zwei weitere Abschriften überliefert in LAV NRW OWL D 71 Nr. 42 und 84.[126]

**Tat:** Heimlicher Raub von Hostien aus der Kirche, die dann in den Brunnen (Putzen) geworfen wurden.

**Tatzeit:** Ostern 1460;

**Täterin:** „ein Weib namens Adelheid" (*ein Weib Alheidt genant*).

**Motiv:** Ungenannt.

**Besonderheiten:** Erstmals der Brand des Pfarrhauses beim Unwetter erwähnt.

*Im Jar 1460 hat in der Graueschaft Lippe zum Blomberge, ein Weib Alheidt genant, etliche Conservirte Ostien, welche zu Ostern vbrig blieben, auß der Kyrchen gestolen, in Ihr Hauß getragen, vnd als Ihr darnach ein solch schrecken ankomen, dz sie nicht gewist wa sie damit bleiben solte, hat sie dieselbigen in eynen putzen geworffen, Als nun solchs zutage komen, vnd durch dz Weib bekant worden, hat Graff Bernhardt seyne Landtsassen beschrieben, vnnd mit derselbigen radt vnd furwissen, dz Weib zum tod vervrthelen, vnd sie doch widervmb in die gefengnus furen lassen, Es ist aber an stund darnach ein solch vngestume erschrecklich vnd vnerhort Vngewitter aufgestanden, daß nicht allein des Pastors Hauß abgebrandt, Sondern auch alle Leute, so gegenwertig ge-* [fol. 23r] *wesen, vnd Graff Bernhardt selbst (wiewol er großmutig vnd kune gnug gewesen) zum hohesten erschreckt worden, Darumb ist dz Weib, sobald es tag wurden, gebrandt, darnach hat sich alsbald das vngewitter gestillet, vnnd vber den Putzen, darein dz heilig Sacrament geworffen, ist ein altar gebawet, daselbst folgents ein grosser zulauff des volcks wordenn, wie ich dieß in vielen alten Chroniken gelesen, vnd des gewesenen zulauffs von alten leuten berichtet sey* (LAV NRW OWL D 71 Nr. 26, fol. 4r–24r, hier 22v/23r; Transkription von Lennert Pieper).

**Kommentar:** Hier wird die Täterin erstmals Adelheid genannt. Die Abfassungszeit der ‚Genealogia' (ca. 1575)[127] ist im Übrigen genau die Zeit, in der Johannes Piderit als neubestellter Blomberger Pastor seine frühen Werke schrieb. Da die Zuschreibung dieses Textes zu einem Autor erst durch den Detmolder Archivar Knoch um 1800 erfolgte, wäre zu erwägen, ob nicht vielleicht auch Piderit diese Genealogie geschrieben haben könnte. Kleinsorge hätte in seiner Kirchengeschichte [Q 42] dann davon abgeschrieben. Wahrscheinlicher dürfte allerdings sein: Pastor Piderit hatte gute Kontakte zum lippischen Hof und hat dort den Text Kleinsorgens, welcher in mehreren Exemplaren in Detmold präsent war, eingesehen.

126 Pieper 2019, S. 406, 228f. Grundlegend Kirschbaum 2005.

127 Vgl. Pieper 2019, S. 206.

Auch in Blomberg gab es im Übrigen eine alte, sehr wohlhabende Familie namens Kleinsorgen. Sie besaß mehrere Häuser. Das in der Burgstraße war eines der am höchsten taxierten;[128] es dürfte der spätere „Schaumburger Krug" an der heutigen Brinkstraße gewesen sein. Über die Verwandtschaft der Blomberger und Lemgoer Familien Kleinsorgen wissen wir nichts.

### *Q 42: Kleinsorgens Kirchengeschichte*

**Druck:** ‚Kirchengeschichte von Westphalen' = Kleinsorgen 1780.

**Kommentar:** Beendet hat er den Text 1583. Dieser hat eine komplizierte Überlieferungsgeschichte. In den älteren von mir herangezogenen Drucken taucht der Name Adelheid nicht auf. So zitiert Stangefol diese Passage aus Kleinsorgens Chronik wörtlich, „das Weib" aber hat in seinem Kleinsorge-Zitat keinen Namen! In der kompletten Druckfassung von 1780 ist er dann genannt: im 8. Buch, Kapitel Nr. 124, S. 281f. Beide Texte sind, was Tatzeit und Täterin angeht, fast identisch. Der Chroniktext [Q 42] zu Blomberg ist umfangreicher als der entsprechnede Text der Genealogie [Q 41]; zudem nennt er als seine Quellen noch: eine Münstersche Chronik, Werner Rolevinck und Bernhard Witte.[129]

### *Q 43*

**Johannes Piderit** (1559 – nach 1639). Lutherischer Pfarrer in Blomberg, 1584 Nachfolger seines Vaters Justus Piderit († 1584), der wiederum Sohn des Lemgoer Reformators Moritz Piderit († 1576 Lemgo) war. Mit seiner Lippischen Chronik von 1627 wurde er zum ersten lippischen Chronisten, dessen Werk den historiographischen Anforderungen der Zeit entsprach. Das Werk ist wohl in enger Abstimmung mit dem Hause Lippe entstanden.[130] Sein ‚Chronicon', das wird leicht übersehen, enthält auch die ersten Chroniken der Städte Lemgo und Blomberg. Aber vor allem: Das Werk des Blomberger Pastors ist die entscheidende Schnittstelle unserer Suche nach dem wahren Namen der 1460 als Frevlerin hingerichteten Frau. Hier werden mehre Überlieferungsstränge zusammengeführt. Darum kommt Piderit ausführlicher zu Wort.

**Druck:** ‚Chronicon comitatus Lippiae'= Piderit 1627, hier S. 592–596.

---

128 Das Haus belegte, was seine Werteinschätzung angeht, Platz 13 in der Schoßliste von 1535 mit insgesamt 198 verzeichneten Bürgern (der Besitzer zahlte einen Hausschoß von 52 Gulden; bei 130 hausschoßpflichtigen Bürgern ergibt sich: Ø Hausschoß = 30 Gulden); StadtA Bl II-IIa1.

129 Grundlegend zu beiden Texten ist die Rekonstruktion bei Kirschbaum 2005.

130 Vgl. Pieper 2019, S. 410.

Transkribierter Text bei Kümper 2015b, S. 110ff. Ein Faksimile des Textabschnitts mit einer Übertragung ins Hochdeutsche in: Fitzner 1989, S. 15–23 [G 11]. Im Faksimileabdruck bei Fitzner findet man auch die bei Kümper nicht gedruckten Randtitel; der Text der Chronik ist online abrufbar (UB LMU München und ULB Münster).

**Tat/Tatorte:** Ein Weib namens „*Alheyd*" [Piderit weist hin auf Kleinsorgen als Quelle] lässt sich am Osterabend in der Pfarrkirche S. Martini einschließen und stiehlt unter Mithilfe des Teufels etliche von der Ostermesse übrig gebliebene, geweihte Hostien. Sie bringt sie in ihr Haus, legt sie in eine Kiste. Als sie von der Fahndung hört, wirft sie die Hostien in „ihren Brunnen".

**Tatzeit Kirche:** Osterabend 1460.

**Tatzeit Brunnenwurf**: Hostien wurden einige Zeit im Haus verwahrt („eine Zeitlang") und erst dann in den Brunnen geworfen. War zugleich Tag der Verhaftung.

**Täterin Überlieferung A:** 20 x heißt die Täterin nur das bzw. ein „*Weib*"; dann dreimal „*ein Weib Alheyd genandt*"; „*das arme Weib Alheit genandt*", „*Nachbahrin Alheyt*". Sie war verheiratet, fleißig und betrieb mit ihrem Mann zusammen ein angesehenes Gewerbe. Sie hatte ein Haus und einen Brunnen.

**Täterin Überlieferung B:** Eine andere Überlieferung (*andere Relation*), so Piderit, nennt sie eine *Zauberin*, die Menschen schaden will. Das wäre seiner Meinung nach dann eine Hexe.

**Motiv Überlieferung A:** Eine reiche Nachbarin, die im gleichen Handelsgewerbe arbeitete, gab ihr folgenden Rat: Fleiß allein reiche nicht aus, um reich und glücklich zu werden, sondern man müsse dazu noch „Gott im Kasten" bei sich haben. Adelheid, die mit ihrerm Ehemann zusammen fleißig den gleichen Beruf wie die Nachbarin ausübte und dennoch arm blieb, fasste daraufhin den Entschluss, die Hostien (den Leib Christi) zu stehlen. Sie legte sie in ihrem Haus in eine Kiste und hatte damit Gott im Kasten. Danach war sie *gutes Muths, wil Fortun, Geldt, Gut und viel Wolfarth mit andern auch haben*" [Randhinweis: Aus einem Manuskript des Blomberger Klosters].

**Motiv Überlieferung B**: Piderit referiert noch *eine andere Relation von dem Kirchenraub*. Er führt sie auf die Ablassurkunde Bischof Simons von Paderborn [1481.04.01: Q 27] und die seines Weihbischofs Johannes [Ymmink: 1482.05.23: Q 32] zurück: Dort stünde, das Weib, welches die Hostien aus der Kirche geraubt habe, *sey eine Zauberin gewesen* und habe *durch die Zeubersche Künste andern Leuthen Schaden* zufügen wollen. In beiden zitierten Urkunden ist nun zwar von *quandam maleficam* die Rede, es findet sich in den beiden bedeutenden Ablassbriefen selbst aber keine Spur von Schadenszauber. Dieser mittelalterlichen Tradition misstraut Piderit im Übrigen, denn darin stehe über die Hostien *viel ungereimbtes*. Er verwirft sie ebenso wie die Annahme, die Frau sei eine Hexe gewesen.

**Das bezichtigte Mädchen**: Die Frevlerin *beklafft ein junges unschuldiges Meidlein* und bezichtigt sie der Mitschuld. Sie wird dank Gottes Hilfe als unschuldig erkannt. Hier scheint das Interpretament „Hexensekte" durch. Dieses junge Mädchen wird unserer Ermittlungsakte zufolge nur in drei Texten genannt. Im Mittelalter allein bei Johannes Hagen und in den ‚Gesta' und im 17. Jahrhundert bei Johannes Piderit. Der Name Adelheid steht nur in den ‚Gesta'. Kleinsorgen, Piderit und Turck übertragen diesen Namen auf die Täterin. Die Mutter des Mädchens nennen allein Hagen und die annonyme ‚Gesta'.

**Textauszug** [u+v nach Lautwert; / = Absatz]: *Anno 1460 hat zum Blumberg ein Weib Alheyd genand etzliche consecrirte Ostien, welche zu Paschen ubergeblieben waren, auß der Kirchen S. Martini gestohlen und in ihr Hauß getragen, im Kasten eine Zeitlang verwahret, darüber ihr ein groß schrecken und Zagen ankommen, daß sie nicht gewust, wo sie mit bleiben solte, hat sie dieselbigen in einen brunn oder pfützen geworffen. Alß nun solches zu Tage kommen und durch das Weib bekannt, ist sie zum Tode verdammet worden. Haec Gerh. Kleins.* [Randglosse: *Gerh. Kleins.* (Gerhard Kleinsorgen Q 41)].

***Relation des Kirchenraubs*** *// Ich muß aber hiebey einen weitleufftigern bericht thun, darauß man vernehmen kann, wie es in warheit ergangen sey. / Es wohneten zwo Nachbarin in der Stadt Blumberg im seligen Winckel genandt, da hernechst das closter hin erbawet, die hatten gleiche Commertz, Gewerb und Nahrung; bey der einen war mehr Fortun unnd Glück alß bei der andern. Das ist, die eine war reich, die ander arm. Wie sie nun, die Nachbarin miteinander sprach halten, saget das arme Weib* [S. 593] *Alheyt genandt, zu der Reichen: Mich verwundert sehr, daß euch das Glück und Wolfahrt also täglich wächset und werdet reich. Mir aber gehet das Glück abe, und werde von tag zu tage ärmer, da wir doch gleiche Güter, Commertz und Nahrung haben. Ich bin des gewiß, daß mein ehemann und ich in Arbeit und Nahrung zutreiben je so fleissig sein, alß ir und ewer Haußwirth; und hilffet uns unser Arbeit nichts. Von ewerer Arbeit werdet ihr das Glück nicht haben, es wird anders woher kommen. Die Nachbarin antwortet ihr freundlich unnd nachbarlich darauff: Ja liebe Freundin, die Arbeit thut es allein nicht, sondern wer einen Gott im Kasten hat, der wird wol reich, dem felt das Glück zu, und kan ihm an nichts mangeln* [Randglosse: *Blomb. / Closter / antiqu. / ma. / script.* Kloster Blomberg altes Manuskrip]. [...]

*Darmit das Weib einen Gott in Kasten bekommen möge, gehet sie auff das Pasche Fest zum Blumberg fleissig in die Pfarkirchen S. Martini, besonder aber wenn der* minister Ecclesiae *mit der Administration der Ostien umbgehet, wenn er sie consecriret unnd heiliget* [...]. *Und damit sie je konte genaw acht darauff geben, bereitet sie sich zur Meß unnd zum Gebrauch des Nachtmalß.*[131] [...]

131 Ebd., S. 593.

*Dieweilen sie nun nicht ruhen konte, gibt sie sich gegen den Abend, ehe der Küster die Kirchen verschleust, darin, und verbirget sich heimblich, daß der Küster ihrer nicht gewahr wird. / Wie nun jederman schläffet, macht sie sich auff, gebrauchte Mittel und Instrument, damit sie sich versorget hatte, der* **Teuffel** *hilfft darzu und öffnet die Sacristey oder Monstrantz und Ostien Heußlein, nimpt vorgedachte ubergebliebene Ostien darauß, gehet damit zu Hauß, leget und verwahret sie in ihren Kasten, und ist nun gutes Muths, wil Fortun, Geldt, Gut und viel Wolfarth mit andern auch haben.* [Die Tat wird am folgenden Tag entdeckt; die Strafverfolgung wird eingeleitet]. […]

*Nun hatten die Nachbarn im seligen Winckel, da das Weib wohnete, ein suspicion und Argwohn auff vorgedachtes Weib, ihre Nachbahrin Alheyt, dann sie in der That gespüret, daß es mit dem Weibe nit allerdings recht zugehe, weil der* **Teuffel** *bey Tag und Nacht grewlich in und aussem dem Hause ein geplerr, poltern, klopffen. mit Liecht unnd Fackelnbrennen angerichtet, besonders an dem Orthe da die Kiste gestanden* […].

*Wie nun das Weib von der Inquisition* [Fahndung/Verfolgung] *Kundschafft bekompt, weiß sie nicht, wo sie mit den gestohlenen Ostien bleiben solte; nimbt aber einen kurtzen Bedacht und wirfft sie in ihren Brunn oder Pfützen. Wie sie die Ostien eingeworffen hat, fliessen sie oben auff dem Wasser, und ob sie gleich viel rührens auff dem Wasser machete, so wollen sie doch nicht untergehen. Also wird das Weib auff der That ergriffen und gefenglich angenommen und in den Carcer und schwere Hafft gebracht.*[132] […]

***Eine andere Relation von dem Kirchenraub zum Blumberg*** *// Der Bischoff zu Paderborn Herr Simon zur Lipp, hat in einem geschriebenen Edict Anno 1481 den Kirchenraub also beschrieben, da er vermeldet, das Weib so die Ostien auß der Kirchen heimblich geraubet, sey eine Zauberin gewesen und habe die Ostien gebrauchen wollen, durch die Zeubersche Künste, andern Leuthen Schaden damit zu zufügen.* […] *Der Bischoff hat zwar in das Edict viel ungereimbtes von den gestohlenen und auß dem Brunnen auffgehobenen Ostien inn das Edict mit einverleibet. Dieweil es aber nicht nöthig ist hieher zu setzen, lest mans in seinen Würden so gut es auch ist verbleiben / Anno 1482 hat solch Edict von der Zauberin* Episcopus Ecclesiae Taff. confirmiret. / *Anno 1488 hat Simon* Episcopus Renaliensis *durch ein Diploma der Kirchen und Closter zum Blumberg ihre Fundation, sampt allem, wo von es verursacht worden, confirmiret.*[133]

**Kommentar:** Einzigartig ist, dass Piderit zwei Überlieferungen unterscheidet: Die erste *Relation* handelt von einer armen verführte Frevlerin. Die übernimmt er. Die *andere Relation* berichtet von einer *Zauberin*. Die führt er auf die Paderborner

132 Ebd., S. 594.
133 Ebd., S. 596.

Bischofsdiplome der 1480er Jahre zurück (s. o.). Er lehnt sie aufgrund der darin formulierten katholischen Eucharistie-Auffassung kategorisch ab. Frappierend ist nun, dass er von den mehr als 20 überlieferten Ablässen tatsächlich die einzigen ermittelt hatte, in deren lateinischen Texten der Begriff ***malefica*** vorkommt! Da diese beiden Ablassbriefe seine Argumentation vom Schadenszauber inhaltlich aber überhaupt nicht tragen, bedeutet das im Umkehrschluss: Piderit hat allein aus dem dort gebrauchten Begriff *malefica* messerscharf gefolgert, dass hier eine „Hexe" im Sinne seiner eigenen Zeit gemeint sein müsste. Und noch etwas: Ihm muss in Blomberg eine Fülle alter Urkunden und Manuskripte vorgelegen haben (an Ablässen mindestens Q 27, 31, 35 und mutmaßlich auch Q 0).

Dass die Hexenverfolgungen des 17. Jahrhunderts Hintergrund seines Weltbildes sind, zeigt auch eine weitere Besonderheit: Zwar ist auch bei seinen Vorgängern der Teufel in Gestalt des verführerischen „bösen Geistes" am Werk. Bei Piderit aber ist der Teufel selbst doch auf ungemein bedrohliche Weise präsent: Er agiert mit Lärm, Poltern, Klopfen und Flammenwerken oder als Urheber des Unwetters.

Den dabei geschilderten Brand des Pfarrhauses übernimmt Piderit von Kleinsorgen; erweitert diesen aber um die Information, dass das vom Blitz getroffene Haus so schnell abbrannte, dass niemand helfen konnte.

Auch als Quelle der Namenszuschreibung „Adelheid" gibt er Gerhard Kleinsorge an. Seine Hauptquelle, von ihm mehrfach zitiert, bleiben dennoch *die geschriebenen Antiquiteten der Münch zum Blumberg*, einmal datiert er sie direkt auf 1460 (*Antiq. man. script. Blum. caenob. 1460*).[134] Damit ist vielleicht das verlorene „Wunderbuch" gemeint: In unserer überaus quellenreichen Überlieferung bis 1627 wurde darüber hinaus nur in den ‚Gesta' und bei Piderit selbst die Bezeichnung „Nachbarin" (‚Gesta': *vicina*, auch als *vicina Adelheidis*, s. o.) gebraucht; und das gleich mehrfach.[135]

Piderit hält am mittelalterlichen Wunderglauben beharrlich fest. Zum einen kritisiert er an anderer Stelle die frühere Blomberger Wallfahrt (*Heiligenfarth*) aufs schärfste als *groß Abgötterey.* Zum anderen blickt er voll Ehrfurcht auf die vielen „Krücken und Stäbe", die die Pilger als Zeichen ihrer Wunderheilung in der Kapelle zu Wilbasen zurückgelassen hätten. Das hatten seiner Meinung nach zwar nicht die Hostien oder Maria bewirkt, aber dennoch stünden diese Zeichen dort zu Recht: Denn die Heilungswunder der an dieser Stätte opferbringenden Wallfahrer sei damals allein aufgrund ihres festen Glaubens sowie ihrer Gebete und milden Gaben

134 Ebd., S. 592 u. ö.

135 Ein paar Jahrzehnte später nennt, in Anknüpfung an Piderit, auch Turck [Q 46] die Nachbarin.

*würklich erfolgt.*[136] Der Hinweis auf die Zeichen und Opfergaben der Wilbaser Kapelle zeigt zum einen, dass sie zu seiner Zeit dort noch standen. Es sagt aber vielleicht zum anderen auch, dass sie aus der Klosterkirche, die mittlerweile zur Grablege der reformierten lippischen Grafen geworden ist, bereits entfernt worden sind.

## Q 44

Ganze Textpassagen aus Piderits ‚Chronicon' sind unter dem Titel „Hostienraub und Klostergründung zu Blomberg" eingegangen in die **Sagensammlung** von Zaunert 1927, S. 124–127.

## Q 45

**Hermann Fley gen. Stangefol** (1575–1655), katholischer Priester. Er besaß das Lizenziat der Theologie und wirkte vor allem als Historiker, 1639–1641 war er Rektor der Universität Köln.

**Druck**: ‚Annales Circuli Westphalici' = Stangefol 1640 lib. III, S. 513.

**Tatzeit:** Ostern 1460.

**Täterin:** „ein Weib" (*mulier quaedam*): er übernimmt den Namen „Adelheid" von seiner Vorlage Kleinsorgen also nicht.

**Zwei Texte zu Blomberg werden geboten**:

1. Der zitierte **deutsche Text** ist Kleinsorgens Chronik [Q 42] wörtlich entnommen, **ohne den Vornamen** des „Weibes" zu nennen. Das spricht für meine Vermutung, dass der Namen Adelheid zunächst nur in Kleinsorgens ‚Genealogia' und erst sehr viel späer in einem der Drucke seiner Chronik genannt worden ist.

2. Der zitierte **lateinische Text** zu Blomberg ist wörtlich der ‚Chronica S. Aegidii in Brunswig' [Q 1] entnommen, und zwar in der Druckfassung von Pistorius 1583.

**Textabweichung**: Nach dem Bericht vom Unwetter ergänzt Stangefol einen Satz, der offenbar den Bericht der Braunschweiger Chronik über Pest und Teuerung paraphrasiert: *Quam maxima rerum caritas, iis in locis, secuta est. Quin & passim per Saxoniam, hoc anno morbus extitit insolitus, viris admodum noxius & lethalis, mulieribus ac pueris, non item.* – Statt „*caritas, iis*" müsste hier wohl stehen „*caristiis* / Teuerungen". Das entspräche dann der Aussage der Braunschweiger Annalen, derzufolge dem Unwetter „eine unerwartete Teuerung bei Getreide" folgte (h*anc*

136 Ebd., S. 533 u. 607; Vgl. Meier 2017a, S. 88f. Zum verbreiteten und intensiven lutheranischen Wunderglauben vgl. die Arbeiten von Kühne.

**Abb. 25:** Heinrich Turck, Annalen. Manuskript, vor 1669 [Q 46]. © Erzbischöfliche Akademische Bibliothek Paderborn; HS Pa 108, Bd. 5, § 5, f. 85v–87r.

*miseriam inopinata & cara venditio frumentorum sequuta est*). Und aus dem Pestausbruch in Braunschweig zu Beginn des Jahres, der vor allem Männer dahinraffte [Q 1], wurde bei Stangefol eine außergewöhnliche Krankheit (*morbus insolitus*), die in ganz Sachsen wütete.

## Q 46

**Heinrich Turck** (1607–1669), jüngerer Zeitgenosse von Johannes Piderit, war Jesuit. Von 1644–1648 lebte er im Paderborner Jesuiten-Kolleg und begann mit der Arbeit an seinen Annalen. Er starb als Rektor des Trierer Jesuiten-Kollegs. Bis zu seinem Tod soll er an seiner unveröffentlichten Chronik gearbeitet haben. Einiges spricht dafür, dass sein Nachfolger Schaten [s. Q 47], der in Turcks Todesjahr an den Hof auf Schloss Neuhaus kam, von seinen Annalen profitiert hat. Wer welchen neuen Akzent (etwa die Kritik an Piderit [Q 43]) als erster formuliert hat, ist nicht mehr ermittelbar.

**Manuskript**: ‚Annales ab mundo condito usque ad 1650' = Turck 1644–1669, ungedruckt; Werkanalyse bei Lahrkamp 1955 [zu Blomberg 1460 dort nur kurzer Hinweis auf S. 132].

**Tatzeit Diebstahl:** Raub einer Hostie [Singular!] in der Nacht des Mittwoch nach Ostern, dem 16. April, nachdem die Täterin sich in der Kirche einschließen ließ. Sie brachte den Raub morgens in ihr Haus (*aedes*) und legte die Hostie in eine Kiste (*cistam*).

**Tatzeit Brunnenwurf und Verhaftung**: Während der Verfolgungswelle, die Edelherr Bernhard gestartet hatte, nahm die Frau eines Tages die Hostie aus der Kiste und warf sie in einen Brunnen (also eine ganze Zeit nach dem Diebstahl). Bei den Versuchen, sie zu versenken, wurde sie von Häschern (*inquisitores*) erwischt und in den Kerker gesteckt.

**Täterin**: „Eine Frau mit Namen Adelheid" (*foemina cui Adelheidis nomen).*

**Motiv A**: Einige sagten, sie sei eine Zauberin und wollte die Hostie frevlerisch missbrauchen. [frei nach Piderit Q 43: Die Frau sei *sey eine Zauberin gewesen und habe die Ostien gebrauchen wollen, durch die Zeubersche Künste andern Leuthen Schaden damit zu zufügen*].

**Motiv B**: Andere glauben, die überaus törichte Frau (*stupendissimam foeminam*) habe von ihrer Nachbarin gehört (*audisset á vicina*), dass nur der reich und glücklich werde, der Gott in einer Kiste hat (*qui deum haberet in cista*) [Ebenfalls nach Q 43].

**Motiv C**: Sie wollte mit der Verabreichung der in einen Kuchen eingebackenen Hostie die Liebe eines jungen Mannes erwerben [nach Hollen Q 3].

**Hinrichtung**: Der Widerruf vor dem Scheiterhaufen war am Montag nach Himmelfahrt (*feria secunda post Christi in caelos ascensum, quae hoc anno incidit in 7. Kalendas Junij*). Also wäre die Hinrichtung am Dienstag nach Himmelfahrt gewesen (nach Witte [Q 40]).

**Randglosse** fol. 86v [Regest] „§ 5: In Blomberg in der Grafschaft Lippe wird eine Frau bestraft, die eine Hostia aus der Kirche geraubt hat. Die Hostie erglänzt durch Wunderzeichen. [Nach] Witte, Kleinsorgen, Stangefol, Piderit und den Urkunden des Paderborner Bischofs Simon. Die Dinge, die folgten, sind erstmals nach sechs Jahren erwähnt und bestärkt worden von dem Osnabrücker Augustiner Gottschalk Hollen; erzählt wird in seinen Predigten, dass eine Frau die geweihte Hostie missbrauchen wollte; in einen Kuchen eingebacken sollte sie einen Jugendlichen dazu verführen, sie zu lieben" *(§ 5 Blombergae in / comitatu Lippiensi / foemina furata é / templo hostiam pu= / nitur. Hostia prodigijs inclarescit // Witt. Cleinsorg. / Stangef. / Pideritius, / ex litteris Simonis Episcopi / Paderbornensis //* [Ex ijs] *quae insecuta / sunt* ***primum verosimi= / lius arbitror. et / confirmatur à Godscal= / co Holen***

***Augustiniano / Osnaburgensi,*** *cuius mentio / recurret post sexen= / nium. refertis in suis / sermonibus foeminam / voluisse abuti sacra / hostia ut ea in pla= / centá excocta iuvenem* [que…?] */ in sui amorem pellice= / ret*).

**Textauszug 1** (fol. 86v): „Blomberg, auf Latein *Florimontium* [(Stadt) der Blumenberge] genannt, ist eine nicht unbedeutende Stadt in der Grafschaft Lippe. Hier ließ sich eine Frau, deren Namen Adelheid war, am Mittwoch nach Ostern, dem 16. April, nachts in die Kirche einschließen, sie raubte aus einem liturgischen Behältnis (*sacro vaso*) die allergöttlichste Hostie, die sie morgens dann unbeobachtet in ihr Haus brachte und das Mitgebrachte in einer Kiste verbarg. Einige sagen, sie sei eine Zauberin und wollte diese allerheiligste Sache frevlerisch missbrauchen. Andere glauben demgegenüber, dass die überaus törichte Frau von ihrer Nachbarin hörte, dass nur dem, der Gott in einer Kiste hat, alles Förderliche zufalle, dass nur ihm ein glückliches Gelingen seiner Sache wiederfahre." (*Blomberga, latiné Florimontium appellet, oppidum est in comitatu Lippiensi non incelebre, / Hic foemina cui Adelheidis nomen, die mercurij post pascha, decimo sexto Aprilis, noctu in / Ecclesia semet incluserat, raptamque é sacro vasa divinissimam hostiam, manè inobserva= / ta suas in aedes detulerat, delatam abdiderat in cistam. Sunt qui tradant fuisse vene= / ficam, voluisseque re sacratissima impie abuti; alij contra crediderunt, stupidissimam foe= / minam cum audisset à vicina, cui omnia prosperè succedebant, felicissimos rerum suarum / illum habiturum successus, qui deum haberet in cista, plano hoc sensu, et ut aiunt / ad litteram interpretatam decreuisse experiri …*).

[Auf diesen Rat hin habe die Frau, wie letztere weiter sagten, den Vorschlag in die Tat umgesetzt und die Hostie gestohlen. Als diese Freveltaten (*sacrilegia*) Bernhard, dem lippischen Herrn dieses Ortes (*ad Bernardum Lippiensem Dynastam loci*), zu Ohren kamen, leitete er aus Angst davor, dass die göttliche Rache (*divinam ultionem*) alle träfe, die Fahndung und die Strafverfolgung ein].

„Im Eifer der Fahndung beobachteten einige der Verfolger, dass im Haus der treulosen Frau Flammen brannten, Lichter aufblitzten und seltsame Stimmen zu hören waren. Dadurch erschreckt und aus Furcht vor Verdächtigung, nahm sie die Hostie aus der Kiste und warf sie in den Brunnen; da es schwer war, die auf dem Wasser schwimmende Hostie zu versenken, versuchte sie, diese mit Hilfe eines herumstehenden Stabes in die Tiefe zu stoßen. Die vergeblich Bemühte wird von herbeigeschickten Fahndern ergriffen, in den Kerker gesteckt, gefoltert und gesteht das Verbrechen" (*Inter vestigantium studia, observant nonulli / in impiae foeminae aedibus ardere faces, fulgere lumina, audiri insolitus voces. His et illa / terita, iamque passim suspecta, hostiam é cista exemptam projicit in puteum, mergi vero / difficilem supraque aquas natantem arrepto unco in profundum detrudere nititur. Haec frustra / conantem deprehendunt missi inquisitores, abripitur in carcerem, torquetur, fatetur scelus*).

**Randglosse** fol. 87r: „In Blomberg wurde das Kloster der regulierten Kanoniker über dem Wunderbrunnen errichtet" (*Blombergae erigitur / monasterium cano= / nicorum regularium / supra miraculosum / puteum. ijdem*).

**Textauszug 2** (fol. 87r). Nach der Hinrichtung der Täterin heißt es: „Am Brunnen aber, in den die heilige Hostie geworfen wurde, sah man seitdem häufig Lichter und Flammen; diejenigen, die das Wasser tranken, wurden von jeder Art Krankheit geheilt, darunter jene, die das verlorene Augenlicht zurückerhielten. Da deswegen eine große Menge von Menschen dort zusammenströmte, ließ Graf Bernhard im nächsten Jahr über dem Brunnen einen Altar errichten; da Verehrung und Kult von Tag zu Tag wuchsen, holte Bernhard Regularkanoniker aus Möllenbeck, um dort ein Kloster zu bauen. Begünstigt von Bischof Simon, dem Bruder Bernhards, wurde der Bau 1469 begonnen; im selben Jahr entschloss sich Bernhard, dort begraben zu werden und und zwar: *supremis tabulis cautum/cantum*?(was immer das heißt). Der Häretiker Piderit hat zwar in seiner lippischen Geschichte nicht gewagt, die allzu offenbare Sache in Schweigen zu hüllen; ich weiß aber nicht, welche vergebliche Verblendung ihn trieb, die Wahrheit dieser Erzählung zu leugnen. Dem entgegen aber steht der feste Glauben eines Bischof Simon, der das alles, wie man hört, gleichsam selbst sah, und in Urkunden beglaubigt hat; dagegen steht auch Bernhard Witte, der als Jugendlicher dort war und dort die ganze Geschichte, in einem Gedicht besungen, vorfand" (*Apud puteum vero, / in quem coniecta fuerat sacra hostia, crebra deinde visa luminaria ac faces; eius aqua / epota omnis generis morbi curati; fuerantque qui ademptam videndi facultatem receperunt. / Ob hoc ingenti ad eum locum affluente hominum multitudine, Bernardus comes annò / proximo supra ipsum aram erigendam curavit; … que augescente in dies / veneratione et celebritate, canonici regulares Monsterij Mollenbecani obtinuerunt / facultatem à Bernardo comite construendi illic caenobij. Id favente etiam Simone / Paderbornensi Episcopo Bernardi fratre anno 1469 inchoatum est, inque eodem anno (…?) / Bernardus, ut sepeliretur, supremis tabulis cautum/cantum (?) voluit. Pideritius haereticus / in historia Lippiensi non ausus rem adeo contestatam silentio involvere, nescio quas tenebras huic / narrationi in vanum offendere nititur. Stet sua potius fides Simoni Episopo rem, prout / relata est, tanquam à se visam, certòque cognitam litteris consignati; stet quoque / Bernardo Wittio, qui adolescens eo profectus totam historiam carmine*[137] *cecinit, idem / profecto*).

137 Das Wort „*carmine*" scheint auf die Tafel an der Blomberger Kirche anzuspielen, auf der Witte in seiner Jugend die Inschrift über die Freveltat gesehen und abgeschrieben hatte [Q].

[Im Anschluss an § 5, dem geschilderten Blomberger Hostienwunder, wird in § 6 die **Wallfahrt zum Jakobsberg** bei Beverungen behandelt. Dort hatte um 1460 ein Schäfer eine Jakobserscheinung. Diese und die darauffolgenden Mirakel wurden wallfahrtsauslösend. Bischof Simon III. zur Lippe gestattete 1497.02.12 [Q 36] den Blomberger Chorherren, die almosensammelnd durchs Land zogen, auch für die Kirche des hl. Jacobus vom Jakobsberg (Hardenberch) zu sammeln. Schon Witte [Q 40] erkannte die Abhängigkeit beider Wallfahrten und brachte die Wallfahrt zum Jakobsberg in Zusammenhang mit der Pilgerfahrt nach Santiago de Compostela].[138]

**Kommentar**: Der Autor wird so ausführlich behandelt, weil sein Bericht zu Blomberg zwar bekannt, aber noch nicht dargestellt, geschweige denn gewürdigt worden ist. Turck nämlich legt erstmals eine Genealogie der Quellen zur Geschichte des Frevels vor. Die Predigt von Gottschalk Hollen [Q 3] hält er für den ersten literarischen Bericht. Tat, Verhaftung, Unwetter, Brand der Wehme (*domo parochiali*) und Hinrichtung schildert er eindeutig nach Piderit [Q 43]. Alles Weitere fusst auf Witte und Kleinsorgen. Die Termine werden übernommen von Witte [Q 40], ein Motiv entlehnt er Hollen [Q 3]. Darüber hinaus zeigen Turck und Schaten [s. Q 47] strukturelle Ähnlichkeiten in ihrer konfessionellen Argumentation. Beide Jesuiten waren zu unterschiedlichen Zeiten am Hof des Paderborner Bischofs Ferdinands II. von Fürstenberg in Schloss Neuhaus tätig. Wie Schaten kritisiert Turck den Verfasser der ‚Historia Lippiensi' [Q 43] scharf, obgleich er fast alle Informationen aus der Chronik seines Gegners übernimmt. Er nennt ihn *Pideritius haereticus*. Wie Schaten wirft er ihm vor allem Ignoranz und Leugnung der am Brunnen geschehenen Wunder vor. Turck dagegen beharrt ausdrücklich auf den Erscheinungen am Brunnen (*luminaria et faces*), insbesondere auf der durch die Hostie bewirkten Heilkraft des Wassers. Dabei verweist er wie Schaten auf den legitimen Hüter der wahren Geschichte: Auf Bischof Simon III. von Paderborn und dessen Urkunden (*litteris*). Darin werde klar belegt, dass es wirkliche Wunder waren (hier ist wohl auch [Q 36] gemeint). Der Bischof sei auch deshalb ein glaubwürdiger Zeuge, weil er das alles selbst gesehen habe (*tanquam à se visam*). Auf die Inschriftentafel an der Kirche, die Witte in seiner Jugend gesehen haben will, weist er ebenfalls hin. Der konfessionelle Konflikt des 17. Jahrhuderts ist in Turcks Bericht mit Händen greifbar.

138 Vgl. Beßelmann 1998, S. 107ff.

## Q 47

**Nikolaus Schaten** (1606–1676). Jesuit und ab 1669 Historiker am Hof Bischof Ferdinands II. von Fürstenberg in Schloß Neuhaus. Seine ‚Annales' verfasste er bis 1676, sie sind posthum erschienen. In Methodik und Quellennähe genügt sein Werk in weiten Teilen modernen Standards wissenschaftlicher Forschung. Vieles spricht dafür, dass Schaten von den Annalen seines Vorgängers Turck [s. Q 46] am Hof auf Schloss Neuhaus profiert hat. Wer welche Interpretation als erster formulierte, ist nicht mehr zu ermitteln.[139]

**Druck:** ‚Annalium Paderbornensium' = Schaten 1698, S. 485f.

**Tatzeit**: Dazu steht nur etwas in dem von ihm mit abgedruckten Diplom Simons III. von 1497 [Q 32]: dort steht schlicht „neulich" (*nuper*).

**Täterin**: Eine „gottlose und frevelhafte Frau" (*impia & sacrilega mulier*) stahl das Behältnis (*pixidem*), in dem 45 geweihte Hostien verwahrt waren, sie warf sie in einen Brunnen etc.; sie wird auch Verräterin genannt (*prodita*). Die *parochialis domus* (Pfarrhaus/Wehme) brannte nieder.

**Textauszug:** „Er [*Pideritius Lutheranos praeco*] fügt hinzu, der Brunnen bzw. der Ort sei [nach der Hinrichtung der Täterin] durch zahlreiche nächtliche Gaukeleien und Schauspiele der Dämonen heimgesucht; die Lichter und Flammen, die nachts gleichsam zu Ehren dieses Ortes gesehen wurden, seien nicht von guten, sondern von bösen Geistern hervorgebracht. Ach wie viele Juden oder andere frevlerische Menschen [wie Piderit] versuchen auf solche Art, diese himmlischen Zeichen zu entweihen, durch welche die Sterblichen doch eigentlich nur ermahnt werden sollen, der Eucharistie die ihr angemessene Ehre und Verehrung zurückzugeben?" (*Addit praeterea, puteum ac locum multis nocturnis daemonum ludibriis ac spectris infestatum; tanquam lumina facesque, quae noctu istic visae ad locum honorandum, non a bonis, sed malignis Spiritibus ostensae fuerint. Sed quam multa hujusmodi suppetunt in omni historia coelestia signa, quibus mortales a Deo moniti, aut profanatae per Judeos, aut alios sacrilegos homines Eucharistiae honorem cultumque suum reddere?*).

**Kommentar:** Schaten kennt fast alle älteren Autoren (*scriptores*): Werner Rolevinck, Witte, Kleinsorgen, Stangefol und Piderit (mutmaßlich auch Turck). Den bei Kleinsorgen und Piderit genannten Vornamen der Täterin aber übernimmt er nicht, die Frau bleibt auch bei ihm namenlos. Sein ansatzweise quellenkritisches Vorgehen schätzt, genau wie wir, die zeitgenössichen Aussagen höher ein, als die der späteren Chronisten. Am heftigsten prangert er Piderit [Q 43] für seine Leugnung

139 Vgl. Schmalor 2020, bes. S. 127ff.

der Tatsache an, dass das Wasser, in das die Hostien geworfen wurden, Heilkraft besässe. Ebenso bekämpft er dessen Meinung, dass die nachts am Brunnen gesehenen Lichter und Fackeln ein Spuk der Dämonen gewesen seien, dass dort also keine guten Geister gewirkt hätten: Solche Behauptungen nämlich, so Schaten, seien ebenso Lügengeschichten (*fabulis et fallaciis*) wie jene Reden, mit denen Juden und Frevler die Ehre der Eucharistie verhöhnten. „Der lutherische Herold Piderit" aus Blomberg, wird mit dieser Kritik in die Phalanx der eucharistie-leugnenden Juden und Hostienfrevler eingereiht! Gegen die ketzerischen Verunglimpfungen führt Schaten das Diplom „seines" mittelalterlichen Bischofs Simon zur Lippe ins Feld. Der habe schließlich die Verehrung des Sakraments in Blomberg überzeugend als Verehrung wahrer Wunder nachgewiesen und beglaubigt; er gibt zum Beweis dafür ganze Passagen aus dem Ablass des Paderborner Bischofs Simons III. von 1497.02.12 korrekt wieder [Q 36 bis Z. 10]. Der Hostienfrevel wird zum konfessionellen Kampfmittel um die richtige Geschichte der Blomberger Freveltat. Juden und Lutheraner stehen für den Paderborner Hofhistoriker gegen die Wahrheit der Abendmalslehre der Katholiken und das Augenzeugnis ihres mittelalterlichen Paderborner Bischofs.

*Q 48*

**Friederich Christoph Pustkuchen** (*1727 in Blomberg, † 1775 in Heiligenkirchen). Besuchte von 1735–1745 die Blomberger Stadtschule. Reformierter Pfarrer und Historiker.

**Druck:** ‚Denkwürdigkeiten der Graffschaft Lippe' = Puhstkuchen 1769.

Nennt weder Tatzeit noch Täterin, aber Wunderbrunnen und Wallfahrt:

*Ein angegebener Wunderbrunn, welcher aus einer hineingeworfenen Hostie die Kraft der Genesung erhalten haben sollte, verursachte einen großen Zulauf und den Aufbau einer Kirche und Klosters zu Blomberg* (ebd., S. 28).

## Geschichtswerke des 19. und 20. Jahrhunderts [G 1–12]

Im Folgenden soll gezeigt werden, welche Deutung der Tat in die moderne Geschichtsschreibung eingegangen ist. Der Schwerpunkt liegt dabei auf der Literatur, die an ein breites Publikum gerichtet ist. Ausnahmen davon sind das Werk Petris, der 1843 die erste geschichtswissenschaftliche Abhandlung über das Blomberger Kloster schrieb [G 1], und die Lippischen Regesten, welche Grundlage aller späteren Veröffentlichungen wurden [G 2]. Wir beginnen mit Petri auch deshalb, weil er den einzigen, aber viel beachteten Vorschlag zum Nachnamen der Täterin machte. Damit wurde er ungewollt Stifter einer neuen Tradition, die noch im Blomberger Pustekoken-Brunnen ihren bildnerischen Ausdruck fand: Die Idee mit der Schale, auf der die Hostien hier in den Brunnen geschüttet werden, ist allein seiner Phantasie entsprungen.

In den älteren, mehrbändigen Handbüchern des 20. Jahrhunderts zur westfälischen Landesgeschichte kommt unsere Geschichte bestenfalls am Rande vor: In Nebensätzen oder in Aufzählungen von Wallfahrtsorten. In dieser Tradition stehend, geht Werner Freitag hier deutlich weiter und versucht erstmals, die Bedeutung der Blomberg-Wallfahrt für die westfälische Landesgeschichte angemessen zu würdigen.[140] Wie bei seinen Vorgängern aber fehlt auch bei ihm jeglicher Hinweis auf die Täterin und die näheren Umstände der Tat.

Fazit: In der deutschen Chronistik waren bis zum Ende des 17. Jahrhunderts der Blomberger Hostienfrevel, die Täterin und die Wallfahrt wichtige historische Ereignisse. Im aufgeklärten 18. Jahrhundert verschwanden sie aus dem Gedächtnis der Menschen. Im 20. Jahrhundert sind es dann vor allem Blomberger Pfarrer, Heimatforscher und lippische Geschichtsschreiber gewesen, die hier eine neue, lokal eng begrenzte Erinnerungskultur schufen. Auf das Amt des Pfarrers wird deshalb gesondert verwiesen. Rudolf Brockhausen, Blomberger Schulrektor von 1829–1844 und reformierter Hilfsprediger, bekam allerdings keinen eigenen Eintrag. Sein Gedicht über den Wunderbrunnen als ‚Jungbrunnen' ist reines Phantasieprodukt, gedruckt bei Bünte 1960, S. 10f. [G 8] und bei Fitzner 1989, S. 60 [G 11].

### *G 1*

**Moritz Leopold Petri** (1802–1873), Geschichte des ehemaligen Augustiner-Mönchsklosters zum hl. Leichnam in Blomberg, 1843/44. Hier: 1843 Nr. 27 Sp. 420, „Pustekoke" ebd. in der Anm.

**Tatzeit:** 1460.

**Täterin:** Petri übernimmt den Vornamen *Alheyd* aus Piderit, erweitert dann um den Nachnamensvorschlag „Pustekoke": Einer aktenkundigen Witwe namens Adelheid Pustekoke in Blomberg, so spekuliert er in einer Fußnote offen, wäre es 1460 möglicherweise gar nicht um die Hostien gegangen. Sie wollte vielleicht nur ein altes Erbstück aus Familienbesitz zurückholen, das auf Umwegen in die Hand der Kirche (bekanntlich eine ‚tote Hand') gelangt sei. Denn von einem solchen Stück nämlich, „eine kostbare amethystene Schale", sei in der Urkunde ebenfalls die Rede.

Genauer: In einer Anmerkung auf Sp. 420 erwägt er den Nachnamen „Pustekoke" mit Hinweis auf eine Lemgoer Urkunde von 1443, die er offensichtlich vorliegen

140 Freitag 2023: Etwa auf S. 194, 265f. oder 417. Im dreibändigen Handbuch zur Westfälischen Geschichte von Hermann Rothert, 1949, und den drei von Wilhelm Kohl seit 1983 herausgegebenen Bänden werden weder Freveltat noch Täterin erwähnt.

hatte. Ich zitiere zu dieser Urkunde das Regest aus den LRNF. Die kursiv gesetzen Zitate in eckigen Klammern sind von mir nachgetragen aus dem Original (LAV NRW OWL L 1 Nr. 1101).

1443.12.04 (LRNF): „Lemgo. Der Notar und Kleriker der Paderborner Diözese *Johannes Senep* beurkundet folgenden Vergleich zwischen dem Lemgoer Bürger *Hinricus de Oderdissen* **und *Alheidis*,** der Witwe des *Toniges Pustekoke* aus Blomberg, über den Nachlaß des *Ludeke Hesseker*: Hinrich überläßt nach Vorlage der inserierten, von dem Blomberger Richter *Roland Ernstinch* (unter dem 22. Sept. 1442 [auf niederdeutsch]) ausgestellten Verzichtsurkunde Tonies Pustkuchens der übergangenen Witwe, ihrem Sohn und ihrer Tochter als Abfindung 11 fl. rhein. und 1 Mark Bielef. in böhmischen Groschen *(in grossis bohemicalibus)*; einen vergoldeten Kelch und einen ebensolchen Teller [Original Z. 37: *unum calicem cum patena de amethesta*: einen Kelch mit amethystener Schale] soll der Sohn der Alheidis als Seelgerät für Ludeke erhalten, falls er zum Priester ordiniert wird, wenn nicht, soll er sie dem Gottschalk Schonenberch oder seinen drei Freunden zum gottesdienstlichen Gebrauch übergeben. Alheidis verzichtet auf weitere Forderungen aus dem Nachlaß. // Zeugen: Der Pleban in Lage sowie der Lemgoer Bürger *(opidanus) Goscalcus Schonenberch. // acta sunt hec Lemego in domo habitacionis Goscalci Schonenberch die quarta mensis Decembris)* … 1443 *die quarta mensis Decembris.//* Ausf. – Perg. – [LAV NRW OWL L 1 Nr. 1101] – lat. – Rv. (15. Jahrhundert): *Tonnies Pustekoke donation gethan dem Closter zum Blombergk. Anno 1440.* / Reg.: LR –".

Petri knüpft hier eine Mutmaßung an: Vielleicht habe diese Adelheid Pustekoke aus Blomberg ja 1460 versucht, das alte Familienerbe, das später offensichtlich an ein Kloster gefallen war, für ihren Sohn zu sichern. Allein aus diesem Grund habe sie die goldene Patene heimlich aus der Pfarrkirche gestohlen. Auf der Schale hätten dann eher zufällig 45 Hostien gelegen. Sein Fazit lautet: „Indeß sind das Alles bloß Vermuthungen."

Damit sollte er Recht behalten: Denn erstens wäre diese Witwe von 1443 im Jahr 1460 mit Sicherheit nicht das verführerische junge Mädchen auf dem Pilgerzeichen gewesen (dem Vorbild der Brunnenskulptur auf dem Marktplatz). Zweitens: Die Einordnung unter den Klosterbestand wurde bei der Neuverzeichnung der Urkunden zurückgenommen. Das Revers aus dem 15. Jahrhundert behauptete schließlich: *Tonnies Pustekoke donation gethan dem Closter zum Blombergk. Anno 1440.* Dieser Tönnies war 1443 schon verstorben und in den 1440er Jahren gab es das Blomberger Kloster noch gar nicht (vermutlich war St. Marien in Lemgo gemeint). Es müsste Zwischenstufen der Schenkung gegeben haben. Das Wichtigste aber ist: In den zahlreichen Quellen des 15. Jahrhunderts ging es nie um einen Kelch, eine vergoldete Patene oder gar einen Amethyst-Teller. Immer ist allein vom Raub von Hostien die Rede, die in ein Leinentuch eingewickelt waren.

## G2

**LR III** (1866): 1460.00.00: Nr. 2240 (nicht in LRNF!): Das **Regest** übernimmt die Daten von Witte, den Namen von Piderit und die Charakteristik der Frau aus der Bestätigungsurkunde von 1469.08.17. Es heißt: „Eine Frau namens Adelheid …" stahl 45 Hostien am Mittwoch nach Ostern (16. April); Hinrichtung Tag vor Pfingsten (31. Mai); an Chroniken genannt werden: Rolevink, Witten, Th. [Dietrich?] Lilien, Forts. v. Erdmann's Osnabr. Chr., S. 9, Piderit. – Im Regest der Gründungsbestätigung v. 1469 [Q 17] wird davon gesprochen, dass 1460 „ein Weib in Blomberg von teuflischer List und menschlicher Schlechtigkeit sich habe bewegen lassen, aus der Pfarrkirche eine Capsel mit 45 Hostien zu rauben" (**LR III** Nr. 2365; in LRNF 1469.08.17 steht nur: „schändliche Frau", sie bleibt namenlos [s. Q 12]).

## G3

**August Drewes** (1841–1903), Geschichte der Kirchen, Pfarren, geistlichen Stiftungen und Geistlichen des Lippischen Landes, 1881, S. 242f. Dreves war Pastor zu Hohenhausen in Lippe.

**Tatzeit:** 1460.

**Täterin:** „Frau Namens Alheyd".

Umfangreiche Piderit-Zitate. Wallfahrtsschilderung, Geschichte der Klostergründung bis zur Auflösung; Priorenliste (S. 243–247).

## G4

**Wilhelm Butterweck** (1874–1943), Die Geschichte der Lippischen Landeskirche, 1926, S. 16–19. Butterweck war in den Jahren 1905–1907 Pastor in Blomberg.

**Tatzeit: 1460** „kurz nach Ostern".

**Täterin**: „eine Frau Alheyd (Adelheid)". Ohne Hinweise.

## G5

**Ernst Thelemann** (1869–1947), Chronik der Stadt Blomberg, 1944/1969, S. 160ff. Er zitiert sehr umfangreich aus Piderit. Thelemann war ev. reformierter Pastor in Blomberg und lippischer Superintendent.

**Tatzeit:** 1460 nach dem Osterfest, am Mittwoch, den 10. April 1460 [richtig: 16. April].

**Täterin:** „die Frau Alheid"; „sie war keine Hexe, sie war auch nicht der Zauberei verdächtigt"! Er hält auch die Mutmaßung Petris für wahrscheinlich, wonach sie „Adelheidis, Witwe des Tönje Pustkoke", geheißen hätte.

**Besonderheit**: „Als man vor Jahren in dem unteren großen Raum des in der Chronik so benannten Wehrturms Änderungsbauten vornahm, fand man an(?) der Nordseite das Bildnis des hl. Michael" (ebd., S. 160). Damit meinte er den östlichen Keller des steinernen Saalbaus (Palas). Nach [Q. 22] war das der Verhörraum.

## G 6

**Hans Kiewning** (1864–1939), Lippische Geschichte, 1942, S. 111. „Eine Frau hatte geweihte Hostien entwendet und sie aus Angst vor der Entdeckung in einen Brunnen geworfen. Man hatte die Missetäterin verbrannt." Dann sagt er einiges über Kapelle (1462), Wallfahrt und Kloster (1468).

**Tatzeit:** Keine Jahresangabe! nur „eines Tages".

**Täterin:** „Frau", „Missetäterin".

## G 7

**August Bünte** (1885–1966), Die Stadt Blomberg, 1953, S. 7.

**Tatzeit**: 1460.

**Täterin:** „Alheyd Pustekoke"; auch er hält die Geschichte von der Amethyst Schale für wahr. Ohne Quellenhinweise.

**Hinrichtung:** Tag vor Pfingsten; er kannte offensichtlich Witte [Q 39].

## G 8

**August Bünte**, Blomberg, 1960, S. 10f.

**Tatzeit: 1460.**

**Täterin:** „Alheyd Pustekoke". Sie wurde beim Umrühren der Hostien im Brunnen ertappt [so Q 43]. Er redet von einer „Sage".

**Hinrichtung:** Tag vor Pfingsten; s. o.

## G 9

**Erich Kittel** (1902–1974), Heimatchronik des Kreises Lippe, 1978, S. 112ff.

**Tatzeit: 1460.**

**Täterin:** „ein vom Bösen verblendetes Weib". Den Vornamen „Adelheid" schreibt er allein Piderit zu, er übernimmt den Namen für seine umfangreiche Schilderung nicht; er kennt darüber hinaus das Lied des Tabernes, Rolevincks Chronik, Johannes Hagen und einige Ablassurkunden.

*G 10*

**Heinz-Walter Rolf** (1929–2005), Blomberg, 1981, S. 45–50. Alle 10 Strophen des Liedes von Tabernes sind abgedruckt (mit Übersetzung), die Wallfahrt und Klostergründung werden ausführlich beschrieben. Abbildung des 1. Pilgerzeichens.

**Tatzeit:** 1460 „nach der Ostermesse".

**Täterin**: „eine junge Frau namens Adelheid"; nach einer „örtlichen Überlieferung" (sic! eher wohl nach Cohausz und Bünte) sollte sie „Alheyd Pustekoke geheißen haben".

**Motiv:** Tat geschah „vermutlich in der Absicht, den Leib des Herrn als Heilmittel gegen allerlei häusliches Ungemach verwenden zu können. Oder hatte es Alheyd gar nicht auf die Hostien abgesehen, sondern auf die kostbare Schale, in der diese bewahrt wurden?" (S. 45).

*G 11*

**Klaus Fitzner**, Die Brunnenwallfahrt nach Blomberg, 1989. Der Autor war von 1970 bis 1998 lutherischer Pfarrer in Blomberg; er schrieb auch ein Bühnenstück über den Hostienfrevel. Das Heft ist eine bunte Sammlung von Dokumenten und Bildern. Darin ein Faksimile des Piderit-Textes mit einer Übertragung ins Hochdeutsche, S. 14–23.; Weitere der hier zit. Quellen in Auszügen: wie Tabernes, Rolevinck, Hagen, Witte, Brokhausen; Abb. von Klostersiegel, Pilgerzeichen, Urkunden.

**Tatzeit** und andere Tagesdaten (S. 27) nach Witte [Q 40]: Hostiendiebstahl Mittwoch nach Ostern (16. April 1460); Verhaftung Sonntag vor Himmelfahrt (18. Mai), Hinrichtung am Dienstag vor Pfingsten (27. Mai).

**Täterin**: Führt viele Deutungsmöglichkeiten an, ohne sich festzulegen.

*G 12*

**Eberhard Reinsch** (1926–1993), St. Martin in Blomberg, 1992. Der Autor war 1971–1983 Vorsitzender des katholischen Pfarrgemeinderates in Blomberg.

**Tatzeit:** Zwischen Ostern und Pfingsten.

**Täterin:** „eine Frau Alheyd Pustekoke". Reinsch, S. 11–15. Ein Tatmotiv wird nicht genannt, die Wallfahrt und der Klosterbau werden geschildert.

# 5. Drei mittelalterliche Quellen

## Johannes Hagen: Die Hexe von Blomberg [Q 18 Auszug]

Lateinischer Text in: Klapper, Bd. 2, 1961, S. 92–113. In Klapper 1960, Bd. 1, S. 99–109 deutsche Paraphrase einiger Passagen. Die partielle Übertragung ist insgesamt sehr hilfreich; allerdings sind Textwiedergaben und Erläuterungen nicht klar getrennt, einiges wird falsch dargestellt und oft übermäßig verkürzt. Auch Klappers Überschrift „Die Hexe von Blomberg" ist irreführend und steht so nicht im Original. Überblick über die Themen auch bei Fitzner 1989 [G 11], S. 36–41.

Diese Übertragung ins Deutsche beschränkt sich auf die für uns wichtigsten Abschnitte des Traktats. Volker Wengelnick legte im Umfeld des genannten Seminars von 2008 einen ersten „Roh-Entwurf" einer Übersetzung des Traktats als Diskussionsgrundlage vor (21 S.), Franziska Hüter half bei der Weiterbearbeitung einzelner Abschnitte; eine editionsreife Fassung des Textes steht noch aus. Zum Einstieg in diesen historisch und theologisch herausragenden Text dürfte der folgende Auszug dennoch hilfreich sein. Wie bei Klapper gilt auch hier: Zitierfähig ist allein der lateinische Text. Johannes Hagen berief sich oft und ausführlich auf die Bibel, die Kirchenväter, das Copus Juris Civilis (CICiv) und das Corpus Canonici (CICan; hier häufig auf das ‚Decretum Gratiani').

[**Tathergang bis zur Brunnenszene**: S. 92f. (Deutsch und Latein)] Es begab sich am Osterfest im Jahre 1460 in der Stadt Blomberg in der Diözese Paderborn, dass nach der Feier des Abendmahls für das Volk (*diebus Pasche post populi communionem*) ungefähr 45 Hostien, eingerollt in das Korporale, vom Priester in ein vergittertes Kapellchen eingeschlossen wurden. Als der Priester nach der Mahlzeit zurückkam, fand er diese nicht mehr vor. Dadurch zutiefst verstört haben er mit vielen anderen zahlreiche Nachforschungen mit Befragungen und mit Androhung von Kirchenstrafen betrieben (*censuris ecclesiasticis*), bis schließlich eine Frau, die in Verdacht der Wahrsagerei stand (*mulier suspecta et infamata super sortilegiis*), gefangen, in den Kerker geführt und unter verschiedenen Foltermethoden befragt wurde (*penisque variis examinata*). Diese Frau nannte schließlich ein Mädchen von zwölf Jahren, weil „ich von diesem etwas über das Geschehnis gehört habe." Das Mädchen wurde gefangen und Untersuchungen mit vielen Beschwernissen unterworfen, aber für unschuldig befunden. Danach nannte die Frau die Mutter dieses Mädchens, aber auch die Mutter wurde für unschuldig befunden. Aus diesem Grund wurden die Foltern gegen die besagte berüchtigte Frau in der Vermutung, sie sei eine Wahrsagerin, Zauberin und Hellseherin, verschärft. Sie gestand schließlich, dass sie die erwähnten Hostien mit dem Ziel gestohlen habe, um durch die Gegenwart Gottes in ihrem Haus von ihrem Mann inniger geliebt zu werden und auf dass sie mehr Glück in weltlichen Angelegenheiten habe. Nachdem sie aber die Nacht in ungeheurem Schrecken verbracht hatte, ging sie am frühen Morgen aus dem Haus und warf die Hostien in den nahegelegenen Brunnen; sie stieß und rührte die Hostien mit einem Stock, damit kein Teilchen der Hostien dem Blick der Menschen erscheine. Das Korporale aber nahm sie insgeheim wieder mit. So lautete ihr Geständnis unter der Folter (*Contigit anno 1460 in opido Blomberch Paderbornensis diocesis diebus Pasche post populi communionem relictas hostias XLV vel citra inclusas per presbiterum in capella cancellata corporalique involutas. Revertente autem prebitero post refectionem non reperit easdem. Ideo turbatus aliique multi cum eo factis posthoc multis inquisicionibus cum comminacionibus et censuris ecclesiasticis tandem quedam mulier suspecta et infamata super sortilegiis capta est et ducta in carcerem penisque variis examinata. Que tandem juvenculam duodecim annorum nominavit dicens, quia ‚ab ea aliqua super his gestis audivi', Comprehensa puella et multis afflictionibus examinata reperta est innocens. Post hoc nominavit matrem prefate puelle, que similiter reperta est innocens. Ideo pene plus sunt aucte contra prefatam et infamatam quasi sortilegam, divinatricem et phitonissam. Que tandem confessa fuit, quod abstulit prefatas hostias ad illum finem, ut habendo deum in domo sua plus amaretur a marito ac meliorem in temporalibus haberet fortunam. Sed nocte perterrita exivit summo mane easdemque hostias in puteum non longe distantem proiecit ac baculo volvendo concussit, ne visui hominum aliquid ex his appareret, sed corporale secreto reportavit. Hec fuit confessio eius in penis*).

**[Prozess, Unwetter und Hinrichtung:]** Nachdem sie überführt und die Todesstrafe gegen sie verhängt worden war, legte sie dem Priester die Beichte ab (*fecit presbitero confessionem*). Auf den Richtplatz geführt, rief sie vor der Volksmenge und vor dem Priester aus: „Der allmächtige Gott möge diese Strafen und die Unschuld meines beweinenswerten Todes als Vergebung aller meiner Sünden annehmen! Unschuldig nämlich bin ich der Taten, derer ich angeklagt werde." Aufgrund dieser Worte wurde sie wieder ins Gefängnis zurückgebracht; die zum Spektakel gekommenen Leute kehrten in ihre Häuser zurück. Unmittelbar danach erhoben sich, obwohl der Himmel vorher klar war, Donnerschläge und Stürme, es fielen Hagelkörner vom Himmel, von denen einige die Form von Nägeln hatten, einige wie

Dornenkronen aussahen (*aliqui habuerunt formam clavorum, aliqui quasi corone de spinis*). Die Ackerfrüchte wurden vernichtet; das Unwetter dauerte drei Stunden. Am darauf folgenden Tag sprach der oben genannte Priester und Beichtvater der Beschuldigten zum dortigen Herrscher und Richter: „Oh mein Herr und Junker, diese verurteilte Frau muss sterben. Sie darf nicht länger leben. Das Urteil nämlich ist jetzt zu vollziehen, zögert nicht weiter!" (‚*O domine domicelle mi, moriatur ipsa mulier dampnata, ne ultra vivat. Judicio enim jam opus est, nec morandum amplius*'). Und die Frau, der man vom Unwetter erzählt hatte, sagte im Kerker: //93// „Weh mir, denn wegen mir ist ja dieses Unwetter geschehen!" Aufgrund dessen wurde sie abermals aus dem Gefängnis geführt und schließlich verbrannt.

[**Kapellenbau und erste Ablässe**, S. 93]: Nach diesen Ereignissen wurde über dem besagten Brunnen eine Kapelle errichtet und Papst Pius II. gestattete (*concessit*), dass dort eine Hostie auf einem Altar in einer Monstranz auf geziemende Art aufgestellt und bewahrt wird (*... concidenter ponatur et conservatur*) [1462.06.15: Q 6]. Papst Paul II. gewährte allen, die diese Kapelle an den Festen der Kirchweihe oder zum Fest der Geburt der seligen Jungfrau Maria besuchen, einen für alle Zeiten geltenden Ablass von sieben Jahren sowie sieben Quadragenen [Ablass 1465.06.26: Q 8].[141] Außerdem hat er gestattet, dass der Leib des Herrn auf dem Altar der Kapelle in einer würdigen Kapsel ehrenvoll aufgestellt und aufbewahrt wird, damit die Einwohner der Stadt, bevor sie zur Arbeit gehen, diesen zur Ehre Gottes anbeten und anschauen können. Ebenso gewährten elf Kardinäle [10 Kardinäle: Ablass Juni 1462: Q 5], und zwar jeder einzeln von ihnen, allen Menschen hundert Tage Ablass, welche die Kapelle an den Festen Fronleichnam, an Himmelfahrt und Geburt der seligen Jungfrau Maria, an den Festen ihrer [der Kapelle] Patrone und Weihe besuchen, und all jenen, die der Kapelle ihre helfende Hand reichten (*manus adiutrices*).[142] Ebenso hat der Bischof von Hildesheim [nicht überliefert] den Besuchern der Kapelle für jedes mit bereitwilligem Herzen gesprochene Vaterunser und Ave Maria vierzig Tage Ablass gewährt, ebenso denen, die ihre helfenden Hände zum Bau, den Kerzen, dem Schmuck oder anderen für die Kapelle notwendigen Dingen reichen. Ebenso und in gleicher Form der Bischof von Missinum. Ebenso und in

141 Vgl. die ähnliche Auflistung von Ablässen und Gewinnungstagen ebd., S. 108f.

142 Mit der Wendung von den „helfenden Händen", die in kaum einem Ablass fehlt, sollte sichergestellt werden, dass einen Ablass auch der ärmste Mensch erwerben konnte, wenn er denn bereit war, mit seiner Arbeitskraft der Kirche zu dienen (Dienstleistung statt Geld oder Geschenk).

gleicher Form der Bischof von Sura [Q 11, 12] (*Item episcopus Misnensis totidem in eadem forma. Item episcopus Cironensis totidem in eadem forma*).[143]

[**Wallfahrt** (S. 93):] Daher kommt es zu einem großen Volksauflauf an diesem Ort: es werden dort Gelübde abgelegt und eingelöst; die einen bringen zu diesem Zweck Figuren und Gebilde aus Wachs, andere welche aus Holz, wieder andere welche aus Eisen. Diese Figuren und Gebilde werden dort öffentlich aufgehängt, so dass das Volk sie betrachten kann, so als seien sie Beweise wahrer Wunder (*Et fit magnus populi concursus ad eundem locum fiuntque vota et solvuntur et adducunt alii formas et figuras de cera, alii de lignis, alii de ferramentis, que ibidem suspenduntur publice ad populi conspectum quasi in testimonium verorum miraculorum*). Was auch immer die Opfernden über die Wiederherstellung ihrer Gesundheit oder irgendeiner anderen Angelegenheit berichten, wird, als sei es ein ganz und gar glaubhaftes Wunder, aufgeschrieben und dem Volk sogleich mitsamt der Ablässe von der Kanzel verkündet (*inscribuntur et de ambone cum indulgenciis populo publicantur*). Es werden dort bleierne Abzeichen (*signa plumbea*) verkauft, auf denen die Frau mit dem Korporale vor dem Brunnen stehend abgebildet ist; diese Abzeichen werden durch Pilger in alle Welt getragen. Von den Spenden wurde eine Kapelle errichtet. Und weil die Spenden immer größer werden, beabsichtigen gewisse Ordensleute (*quidam religiosi*), durch Ehrfurcht veranlasst, dort ein Kloster ihres Ordens zu errichten: Damit an der Stelle, wo dem verehrenswerten Sakrament Frevel geschehen war, dieses umso andächtiger und heiliger verehrt werde usw.

[**Kritische Untersuchung**, S. 93ff]: Bezüglich dieser erwähnten Sachverhalte sind sehr viele Punkte zu untersuchen (*Cica predicata plurima queruntur)* [...]:

Zuerst wird untersucht (*primo queritur*), ob man der Behauptung der genannten Frau glauben darf, sie habe die Hostien in den Brunnen geworfen. Einige meinen: Nein. Und zwar aus folgenden Gründen:

143 Hagen, in: Klapper 1961, S. 93; Klapper 1960, S. 101, paraphrasiert irreführend: „Ablässe gleicher Art haben auch die Bischöfe von Meißen und Paderborn und der Paderborner Weihbischof (episcopus sironensis) gewährt." Der *episcopus Misnensis* dürfte der Paderborner Weihbischof *Johannes Missenensis*, Titularbischof von *Missinum*, sein; er war zugleich Weihbischof von Hildesheim! Zusammen mit dem zuvor gen. Bischof von Hildesheim, derzeit der Schwager Bernhards VII. zur Lippe Ernst I. von Schaumburg, wären das also insgesamt vier Bischöfe. Der lat. Text spricht aber nur vom Bischof von Hildesheim, dem von Missinum und dem von Sura: Also von dreien. Der letzte, der *episcopus Cironensis*, war wohl der Augustinereremit Johannes Schulte, Titularbischof von Syronensis-Sura, ebenfalls Paderborner Weihbischof (vgl. Brandt/Hengst 2000, S. 169).

**1.** Weil, falls sie wie behauptet eine Zauberin war und die Hostien zum Zwecke des Zauberns geraubt hat (*quia, cum fuerit ut dicitur malefica et ad sua maleficia exercenda rapuerit hostias*), es eher glaubwürdig ist, dass sie die Hostien tatsächlich zum Zaubern verwendet hat, als dass sie sie sofort in den Brunnen warf: sie hatte ja vor ihrer Verhaftung mehrere Tage Zeit, an denen sie ihre Zauber hätte ausführen können (*quia plures habuit dies, antequam caperetur, quibus sua maleficia potuit perfecisse*).

**2.** Weil kein Anzeichen der Hostien jemals im Brunnenwasser (*fons*) erschienen ist, obwohl doch derartige sichtbare Zeichen sowie Überreste der Hostien und der gleichen normalerweise häufig gefunden werden.

**3.** Weil die in Wasser aufgelösten Hostien nicht länger den Leib Christi in sich tragen, der nur so lange in der Gestalt der geweihten Hostien gegenwärtig ist, // S. 94 // als ihre Form und ihre Eigenschaften (*species et propria accidencia*) erhalten bleiben, also Geschmack und Geruch und dergleichen [es folgt eine Dogmengeschichte der Hostienlehre von Thomas von Aquin bis zum Baseler Konzil].

**4.** Weil die Zeugenaussage einer Person soviel wert ist wie diejenige keiner Person, denn jedes Wort bekommt Wirksamkeit aus zwei oder drei Mündern (Deut. XIX; Joh. VIII).[144] Das trifft ganz besonders in dieser heiklen Angelegenheit zu, bei der es keine andere Zeugenaussage gibt, als die Worte dieser berüchtigten Frau (*infamate mulieris*). Das scheint deshalb so bedeutsam, weil kein Regen noch eine Auswirkung des Unwetters, das damals die Erde ringsumher erfasst hat, auf dem besagten Brunnen zu finden war. Und deshalb erweisen die Menschen wie manche meinen, Jesum Christus unserem Herrn als dem in diesem Brunnen Verborgenen die Ehre. Hierzu kann gesagt werden, dass – gemäß dem oben Gesagten – dort keine Reste der Hostien aufgetaucht sind, sondern dass, wann immer die Gestalt der Hostie und ihre unwesentlichen Eigenschaften sich auflösten, dort der Leib Christi nicht mehr vorhanden ist. Deshalb wurden die Gelehrten, die den Volksauflauf (*concursum populi*) in Wilsnack erfolglos abwehren wollten, gezwungen, dort eine geweihte Hostie auszulegen, damit dort nicht Götzendienst durch die Anbetung der erwähnten und ebendort verdorbenen Hostien begangen würde. Und deshalb war dort (in Blomberg) unser Herr Jesus Christus auch nicht mehr im Sakrament, nachdem die Formen der Hostie und ihre Eigenschaften sich aufgelöst hatten (*Unde nec dominus*

144 Deuteronomium (5. Buch Mose) 19, Vers 15: *Non stabit testis unus contra aliquem, quidquid illud peccati, et facinoris fuerit: sed in ore duorum aut trium testium stabit omne verbum* (Vulgata). Es soll kein einzelner Zeuge wider jemand auftreten über irgendeine Missetat oder Sünde […], sondern in dem Mund zweier oder dreier Zeugen soll die Sache bestehen (Luther). Johannes 8, Vers 17: *Et in lege vestra scriptum est, quia duorum hominum testimonium verum est* (Vulgata). Auch steh in eurem Gesetz geschrieben, dass zweier Menschen Zeugnis wahr sei (Luther).

*Christus fuit ibi in sacramento consumptis specibus et propriis accidentibus hostie*). Daher erwies das Unwetter auch nicht Ehre gegenüber Jesus Christus, denn er war nicht dort. Ja vielmehr sehen wir, dass trotz der Gegenwart Christi in den Kirchen Blitze weit häufiger in Kirchtürme und Kirchen als in andere Orte einschlagen, um diese zu zerstören.

**5.** Weil „dessen Herz leichtfertig ist, wer allzu leicht glaubt", wie der Weise schreibt. Daher ist aus einer gewissen Leichtfertigkeit mehr als aus Ernsthaftigkeit und geistiger Reife, so meinen manche, der besagte Glaube hinsichtlich der ins Brunnenwasser getauchten Hostien entstanden, obwohl gerade jetzt doch keine anderen Beweise gefunden wurden und bei einem so gewichtigem Vorfall Zeugenaussagen und schwerwiegende Beweise zwingend erforderlich sind.

**6.** Manche behaupten, dass die Frau gestanden hat, dass sie die Hostien in den Brunnen geworfen hat, anstatt [wahrheitsgemäß] zuzugeben, dass sie diese für ihre Zauberei benutzte; auf dass sie nicht schwerer bestraft werde.

**7.** Weil diese Frau in ihren Aussagen mannigfaltig und schwankend war. Mal bezichtigte sie fälschlich Unschuldige, mal bestritt sie die Tat, mal gestand sie, dann wieder bestritt sie und dann wieder gestand sie. // S. 95 // Wann immer daher die Zeugenaussagen so widersprüchlich sind, darf gemäß den Rechten (*secundum jura*) eine Aussage solcher Menschen nicht für Wahrheit gehalten werden. Und da ja herausgefunden wurde, dass sie gegen die Tochter einer anderen Frau und gegen diese andere Frau selber Falschaussagen getätigt hat, hätte sie deswegen gemäß Deut. XIX wie eine Verleumderin bestraft werden müssen.[145] Aufgrund des gerade Gesagten ziehen manche den Schluss, dass das Fundament dieser Wallfahrt, weil unsicher und verdächtig, als gleichsam nichtig zu verwerfen sei. Das Urteil in dieser Angelegenheit überlasse ich anderen. Ich rate aber dazu, dass sie nur auf Grund gültiger Beweise urteilen mögen (*Tamen hortor, ut non diffiniant nisi ex testimoniis efficacibus*).

[**Offene Fragen,** S. 95f. 10 Punkte zur Verehrung von Hostien und Brunnen folgen]: *(… querunt aliqui).*

[S. 100f.] **11.** Ist besagter Priester, der zu dem Richter und Herren des Ortes sprach, dass die Frau getötet werde, irregulär geworden und kann er einen Dispens bekommen (*dispensari*)? – Dazu ist zu sagen: Wenn der Richter aufgrund dessen Worte zur Verbrennung der Frau schreitet, dann wird der Priester irregulär und ist wie ein mutwilliger Mörder zu beurteilen, weil er ja aus freiem Willen deren Tod angestrebt hat, vgl. Miror et c. *Si quis viduam, cum similibus* 5[a] dist. (Decreti Secunda pars,

145 Deuteronomium (5. Buch Mose), 19, Vers 18f.

Causa XVII Quaestio VIII Cap. XXII).[146] Bei solchen Angelegenheiten gewährt der Papst für gewöhnlich keinen Dispens, worauf auch die Gelehrten hinweisen. Deshalb nimmt der Papst ja auch bei gewährten religiösen Privilegien bezüglich der Absolution und des Dispens' diesen Fall des absichtlichen Mordes und der Bigamie etc. allgemein aus. Wenn aber gegen die Frau aufgrund der Worte des Priesters nichts unternommen wurde, dann wird er nicht irregulär, weil die Irregularität eine Tat verlangt, schreiben Johannes Andreae, Johannes Monachi und andere übereinstimmend. Wenn daher auch Priester, andere Kleriker oder Geistliche, wie es häufig geschieht, zusammensitzen und reden, dass dieser oder jener getötet werde, und darin übereinstimmen, werden sie dennoch nicht irregulär, wenn nichts auf ihre Worte hin geschieht, wenngleich sie möglicherweise vor Gott durch das unerlaubte Ersehnen des Todes eines anderen Menschen sündigen. Wenn sie jedoch zu Recht den Tod der Bösen zu Ehre Gottes fordern, in dieser Sache jedoch nichts getan wird, können sie ohne Sünde sein und ebenso auch ohne Irregularität, wobei letztere jedoch häufig ohne Sünde erworben wird, wie z. B. bei einem Mann, der eine Witwe zur Frau nimmt oder der gerechtfertigterweise einen Menschen tötet.

**12.** Hat der Priester nachdem er die Beichte der Frau gehört hatte das Beichtgeheimnis verletzt, als er [nach der abgebrochenen Hinrichtung] sagte, sie sei des Todes würdig? – Es ist zu antworten: er hat dadurch ja nicht gesagt, was er in der Beichte gehört hat, und ist daher nicht ohne weiteres wie ein Verräter der Beichte zu beurteilen, sondern muss – wenn er des Verrats der Beichte verdächtigt wird – von Richtern befragt werden, woher er das weiß, was er gesagt hat. Wenn er nicht zeigen kann, dass er seine Angaben woanders her weiß, nimmt man vorläufig an, er habe seine Angaben aus der Beichte erfahren. Aber wurde etwa jene Beschuldigte aufgrund der Aussagen des Priesters zum Tode verurteilt, weil sie die Hostien in den Brunnen geworfen hat? [Antwort: Zeile fehlt im MS] // S. 101 // … weil allein auf die Worte des Priesters hin die Beschuldigte nicht zum Tode verurteilt werden darf. Denn selbst wenn er sagen sollte, sie gesehen zu haben, reicht diese Zeugenaussage nicht aus, weil mindestens zwei Zeugen benötigt werden, um jemand anderen zu verurteilen (Deut. XIX et Johannes 3)[147]: jede Aussage erhält ihren Wert nur durch zwei oder drei Münder. Daher werden gemäß dem Gesetz bei einer Beschuldigung äußerst deutliche Beweise, Zeugen, so klar wie das Licht der Sonne, gefordert.

146 Decretum Gratiani Teil 2, Causa 17, Questio 8, cap. 22 nicht gefunden. Wäre heute Canon 1041. 4: ‚Der ist „irregulär" für den Empfang der Weihen, wer vorsätzlich einen Menschen getötet oder eine vollendete Abtreibung vorgenommen hat, sowie alle, die positiv daran mitgewirkt haben'.

147 Deuteronomium 19, Vers 15 s. o. Anm. 144; wie dort ist hier wohl ebenfalls Johannes 8,17 gemeint.

**13.** [S. 101] Darf jemand gefoltert werden, um eine Tat zu gestehen? Zu antworten ist gemäß den Legisten im Gesetz über die Folter, im Codex über die Befragungen: Folter wird eine Befragung zur Ermittlung und Sichtbarmachung der verborgenen Wahrheit genannt; so handhaben es auch die weltlichen Richter.[148] Aber darf deswegen unterschiedslos gefoltert werden? Antwort: es ist ebenso durch die Legisten festgelegt, dass dies nicht der Fall ist; außer wenn die Beweise schon recht deutlich sind, weil es vielleicht einen Zeugen oder dringenden Verdacht gibt, weil jemand gedroht hat, einen anderen zu töten und dieser dann tatsächlich tot aufgefunden wurde, oder weil vielleicht jemand bei einem kurz zuvor ermordeten Menschen aufgefunden wird. Nicht allein Gerüchte oder ein leichter Verdacht reichen zur Folter aus (*Non autem sola fama sufficit aut levis suspicio ad torquendum*).

14. Darf jemand allein durch das Schuldbekenntnis unter der Folter verurteilt werden? [das wird veneint: Aufzählung der zusätzlich notwendigen Erfordernisse für eine Verurteilung (Beispiele aus Nürnberg) wie weitere Zeugen, Wiederholung des Bekenntnisses aus freien Stücken etc.]. **Fazit**: Häufig geschehen an anderen Orten viele ähnliche Dinge. Daher wäre es im Zweifelsfalle besser, dass den Angeklagten die Tat vergeben werde, wo man nicht genügend Beweise hat, als dass Unschuldige ohne rechtmäßige und einsichtige Beweise verurteilt würden: denn sie stehen doch weiter unter Gottes Gerechtigkeit. So hat im vorliegenden Fall [in Blomberg] der Herr und Richter des Landes (*domicellus et judex terre*) völlig zur Recht befohlen, die Frau zurück ins Gefängnis zu bringen, weil die zum Tod Verurteilte die Tat leugnete.

[5 Punkte folgen, u. a. zur Ursache des Unwetters (15.) oder zur Verwendung der Spenden].

**19.** [S. 103f.]. Ist es erlaubt, dass Wundergeschehnisse aus dem Munde der Pilger an besagtem Ort (*in prefato loco*) aufgeschrieben werden? // S. 104 // Offenbar ja, gemäß des Beispiels bei Augustinus, XXII „De civitate dei“, und in Gregors „Dialogorum librorum“ sowie „Regularum sanctarum“,[149] welche die von anderen gehörten vergleichbaren Wunder aufgeschrieben haben, um andere Menschen davon in Kenntnis zu setzen: genauso wie auch heute in der Kirche gelesen und gepredigt wird (*sicut adhuc legitur et predicatur in Ecclesia* [Kirche als Institution]).

148 Codex Justinianus 41.

149 Der „Gottesstaat“ des Aurelius Augustinus († 430) ist Grundlage christlicher Theologie des Mittelalters, das gilt auch für die Werke von Papst Gregor dem Großen († 604); hier wird hingewisen auf dessen ‚Vier Bücher Dialoge‘ [*Dialogi de vita et miraculis patrum italicorum*], einer verbreiteten Sammlung von Wundergeschichten, und auf dessen ‚Regula pastoralis‘, einer Anleitung für Seelsorger.

Zu antworten ist: Die genannten heiligen und äußerst gelehrten Männer haben durch die Gnade des Heiligen Geistes dergleichen Wunder als wahre Zeichen erkannt und sie sorgfältig durch die Anrufung göttlicher Hilfe untersucht. Daher glaubt man, dass der Heilige Geist jenen beistand, damit sie nicht getäuscht würden, sondern vielmehr erkennen, was wahr ist. Aber es geschieht heute leicht an einem solchen Ort (*prefato loco*) und einigen anderen, an dem einfache Menschen und Laien (*ydiote*) sind, dass gläubige Menschen, durch leichtfertige Personen oder das abergläubische Volk verleitet, an solche Zeichen glauben, sie aufschreiben und publizieren und auf diese Weise vielerlei Lügen mit Tatsachen vermischen. So habe ich von einem sehr verehrenswerten Mann gehört, der in der Kapelle war und die öffentliche Verkündigung eines Wunders miterlebt hat, und zwar der Auferweckung eines Toten. Dies alles erwies sich nach einer Untersuchung aber als gänzlich falsch. Man fand heraus, dass Lügen solcher Art an diesem Ort häufig öffentlich verkündet und aufgeschrieben wurden (*Unde audivi a quodam valde venerabili viro, qui presens in Capella audivit publicare de quodam miraculo, scilicet mortuo suscitato, sed inquisicione facta reperit falsum manifestissime. Et multociens huiusmodi mendacia sunt reperta in eodem loco publicari et scribi*).[150]

Gott aber braucht die Lügen der Menschen nicht, wie wir im Buche Hiob lesen: „Weh jenen, die als falsche Zeugen Gottes gefunden wurden!“ Etwas anders I Cor. 15 (15)[151] und Gregor. Die Lüge ist eine äußerst schwere Sünde, wenn sie im christlichen Glauben begangen wird, sagt Augustinus im Buch über die Lüge und der Psalmendichter: „Alle, die lügen, sollen zugrunde gehen.“[152] Gemeint sind damit verderbliche Lügen: besonders aber ein [Wunder-]Glauben wie hier, weil ja das Wunder den Glauben, dessen Bestätigung es sein soll, fundamental betrifft. Wann immer etwas falsch und erfunden ist, erweist sich auch das, was damit bewiesen wird, als falsch. Daher müssen die an besagtem Ort Handelnden dafür Sorge tragen, dass nicht durch ihre Hilfe, ihren Rat oder auf andere Weisen Unsicheres einvernehm-

---

150 In der Paraphrase des Textes bei Klapper 1960, S. 105, wird diese Erweckungs-Geschichte auf eine Rede des Johannes Kapistran in Erfurt 1452 zurückgeführt; diese Rede und die darin erzählten Wundergeschichten aber sind erst Thema im nächsten Abschnitt. Ich gehe fest davon aus, dass die Geschichte der Wiederauferstehung und der Vorwurf der Verbreitung von Lügengeschichten sich eindeutig auf Blomberg beziehen.

151 1 Kor. 15, Vers 14 und 15 markieren den Kern der Paulinischen Theolgie: „14. Ist aber Christus nicht auferstanden, so ist unsere Predigt vergeblich, so ist auch unser Glaube vergeblich. 15. Wir würden aber auch erfunden werden als falsche Zeugen Gottes, dass wir wider Gott gezeugt hätten, er hätte Christum auferweckt, den er nicht auferweckt hätte, wenn doch die Toten nicht auferstehen“.

152 Vermutlich Psalm 119,2 (Vulgata): *Domine, libera animam meam a labiis iniquis et a lingua dolosa.* Nach Luther Ps. 120,2: HERR, errette meine Seele von den Lügenmäulern, von den falschen Zungen.

lich beschlossen werde; sie sollen vielmehr mit allen Mitteln besagte Missstände an diesem Ort aufheben, damit auf diese Weise der christliche Glaube und der Glaube an die Sakramente nicht Schaden nimmt: Auf dass nicht der Glaube der einfachen Menschen und auch der Glaube derer wankt, die es besser wissen könnten: Auf das nicht jene Wunder (*miracula*), durch die einst der Glaube gefestigt worden ist, als genauso falsche (*falsa*) Wunder erscheinen, wie die, die gegenwärtig auf gleiche Weise niedergeschrieben werden [Es folgt die Geschichte des gen. Franziskanerpredigers in Erfurt 1452].

*[Teil II des Traktats, S. 108ff]*

…

**5.** Man sollte besser schweigen bezüglich der Veröffentlichung von Wundern, da ja nicht alle wundersamen Dinge Wunder sind. Allzu häufig vollführt der Teufel wundersame Dinge, die den Taten der Magier in Ägypten vor dem Pharao gegen Moses ähneln. Häufig auch wird ein Mensch durch natürliche Kraft geheilt, häufig auch wird ein Mensch (wie Hiob) mit göttlicher Erlaubnis vom Teufel mit Krankheit geschlagen, häufig zieht sich der Teufel später, nachdem er den Menschen gequält hat, zurück, so dass der Mensch wieder gesund wird, wie es im Passionale in vielen Fällen geschildert wird, aber das alles sind doch keine Wunder. Es ist gemäß Thomas [von Aquino] und anderer vielmehr das Wunder im Kern eine Hervorbringung Gottes, sei es in der Materie oder ohne sie (*in materia sive absque ea*) zur Festigung des Glaubens, oder zur Kanonisierung irgendeines Heiligen oder zum Heil der Gläubigen. Daher muss bei der Untersuchung von Wundern sorgfältig darauf geachtet werden, dass keine Täuschung geschieht, denn dieses // S. 110 // betrifft die Fragen des Glaubens und obliegt dem Papst (*summum pontificem*); 24 q. I: Quociens (Decreti Secunda Pars, Causa XXIV Quaestio I Cap. XII);[153] deshalb sind auch die Zeugen äußerst sorgfältig als einzelne, das heißt jeder für sich, bezüglich der Wunder zu befragen. Dann müssen dem Papst diese Beweisstücke vorgelegt werden, damit er sie mit seinen Beratern untersucht, in Augenschein nimmt und entscheidet, ob es wahre oder falsche Wunder sind (*si vera sint miracula aut falsa*); das alles wird durch folgende Textpassagen erhellt: vgl. *Venerabili, et ibi notata de testibus* (Decr.

153 Überschrift des Kapitels 12 im 2. Teil des Decretum Gratiani ist: *Ad Romanam referatur ecclesiam, quotiens ratio fidei ventilatur*; in zentralen Glaubensachen also habe man sich stets an Rom zu wenden!

Greg. Lib. II Tit. XX Cap. LII).[154] [...] An diesem Ort jedoch schreiben sie sorglos Ereignisse auf und verkünden diese als Wunder, welche auch immer von Herbeireisenden oder Pilgern erzählt werden und das ohne jede Nachforschung; dieses muss unmissverständlich getadelt werden; denn sie wissen nicht, ob das Gesagte erdichtet oder wahr ist [Anspielung auf das Wunderbuch]. Häufig stellt sich heraus, dass falsches erzählt wird. Häufig sind die Geschichten, auch wenn sie wahr sind, keine Wunder und nicht zur Stärkung des Glaubens, sondern zu dessen Schwächung geeignet. Es wird nämlich dadurch der Glaube geschwächt, wann immer Menschen verleitet werden, zu glauben, dass der Leib Christi in der geweihten Hostie in Blomberg wirkmächtiger sei als in anderen Kirchen oder ihren Heimatorten, von denen sie als Pilger aufbrechen, wobei dieses Verhalten ganz verachtenswert ist. Und sie werden auch häufig verleitet zu glauben, dass in dem geschlossenen Brunnen (*fonte clauso*) etwas Heiliges sei, weil dort Hostien hineingeworfen worden sind, die dort aber nicht mehr auffindbar sind. Und wenn sie noch auffindbar wären, wäre deswegen dennoch nichts Heiliges mehr in dem Brunnenwasser, weil die Gestalt der Hostien schon lange zerstört worden wäre, und zwar so, dass nirgendwo mehr ein Überbleibsel von ihnen gefunden werden kann. Und damit ist offenbar, dass diese Hostien nicht als wahrhaftige Wunder bezeichnet werden dürfen, die der Stärkung des Glaubens dienen, schon gar nicht dürfen sie als Grund für die Kanonisation eines Menschen herhalten, weil dieses dort nicht nötig ist (*requiritur*), stattdessen wird die Schandtat der Zauberin (*maleficium phitonisse mulieris*) dort verkündet. Und auf diese Weise wird gewissermaßen jener Landstrich in anderen Gegenden in Verruf gebracht, wann immer Zeichen solcher Art in diese gebracht werden.

**6.** (S. 110) Es möge bestimmt werden, dass kein Abzeichen an Pilger verkauft werde. Es wird darauf auch jene abscheuliche Darstellung gezeigt, auf der die bösartige Frau zu sehen ist, die mit dem Korporale über dem Brunnen steht und die Hostien dort hineinschüttet, wofür keinerlei Beweis je erbracht wurde (*Videntur ibi eciam detestande iste figure, ubi formatur mulier malefica cum corporali stans super fontem effundens hostias, de quo nulla fuit unquam probacio*). Selbst wenn es wahr wäre, wäre diese Darstellung immer noch verabscheuungswürdig, weil es Brauch ist, an heiligen Orten würdige und heilige Darstellungen auszuteilen; Etwa die Darstellung unseres Erlösers Jesus Christus oder dessen äußerst gesegneter Mutter, Darstellun-

154 In diesem Kapitel des ‚Decretalium D. Gregorii papae IX. Compilatio' [Die Dekretalen des Papstes Gregor IX: zit. auch als ‚Liber Extra'; Gesetzeskraft seit 1234] geht es u. a. um die Notwendigkeit verlässlicher Zeugen bei einer kirchenrechtlich gebotenen Kanonisation von Wundern: *Diligenter et sigillatim examinadi sunt testes. Supple: etiamsi agitur de vita et miraculis alicuis canonizandi.* Zentral für die Kritik an Blomberger Praktiken!

gen der Apostel Petrus und Paulus, des heiligen Nikolaus oder anderer Heiliger. Stattdessen wird hier diese abscheuliche Darstellung der Übeltäterin mitsamt ihren Schandtaten ausgeteilt und von den Pilgern in entlegene Gegenden getragen, damit man selbst dort weiß, dass es in Blomberg vor Wahrsagerinnen und verachtenswerten Personen geradezu wimmelt. Daher ist zu raten, dass sie in Zukunft keine Darstellungen dieser Art mehr an Pilger für Geld oder umsonst austeilen (*Et si verum esset, adhuc detestabilis esset ista figuracio, cum consuetum sit in locis sanctis dari figuras honestas et sanctas, scilicet formam Salvatoris Christi aut beatissime Matris eius, apostolorum Petri et Pauli, s. Nicolai aut aliorum sanctorum. Sed hic abhominabilis forma datur et portatur malefice cum suis maleficiis a peregrinis in partes remotas, ut etciam sic sciatur, quod opidum Blomberch habundavit pitonissis et detestandis personis. Ideo consulitur, ut de cetero nullis dent peregrinis pro precio aut gratis huiusmodi figuraciones*).

Es soll außerdem den Leuten in der Stadt verboten werden, dass sie irgendwelchen Leuten den ganzen erwähnten Sachverhalt erzählen, da er nicht sicher erwiesen ist. Wenn die ganze Geschichte auch wahr wäre, müsste sie dennoch wie etwas Verabscheuungswürdiges vergessen werden. Und wenn sie besagte Vorgehensweisen nicht beachten sollten, also mit den besagten üblen Handlungen und mit der Verkündung von unrechtmäßigen Ablässen, Abzeichen, Wundern und anderen Dingen nicht aufhören, dann müssen sie das Urteil Gottes über ihren Landstrich und ihre Gegend sehr fürchten: ein Urteil, zustande gekommen wegen des unerlaubten Brauches und wegen der Abirrungen im Glauben und bei den Sakramenten; Abirrungen, die Gott häufig, wie sichtbar ist, in vielen Ländern äußerst schwer im diesseitigen Leben bestraft; und nach dem diesseitigem Leben müssen sie sich vor der ewigen Verdammnis fürchten, wenn sie besagte Missstände nicht abstellen. // S. 111 // [...].

Die Geistlichen an diesem Ort sollen die Figuren aus Wachs oder dergleichen einsammeln und sie in Kerzen oder andere heilige Dinge verwandeln; sie sollen die anderen Abzeichen, die aus Eisen, gut verstecken, weil sie ohne regelkonforme Untersuchung und Billigung der Wundergeschehnisse aufgestellt worden sind. Ebenso soll mit dem Mirakelbuch (*liber miraculorum*) verfahren werden, von dem mit Sicherheit bewiesen werden kann, dass dort viele falsche Dinge stehen. Daher ist das ganze Buch falsch, wie ebenso Augustinus in „de Sacra Scriptura“ sagt, weil es wie eine aneinander gekettete Reihe von Behauptungen ist, für deren Falschheit die Falschheit einer einzigen Behauptung reicht. Daher muss dieses Buch der Erfindungen und Lügen, freilich ohne große Aufregung und ohne Aufsehen im Volk, im Geheimen ganz und gar zerstört werden und darf nicht weiter verbreitet werden. Und wann immer sie zweifeln und keine vollständigen Informationen oder Beweise der Wundergeschehnisse in Bezug auf die innerer Stimmigkeit (*ratione factorum in se*), in Bezug auf den Zweck (*ratione finis*) oder weiterer Umstände (*aliis circumstanciis*) haben, wie sie sie nur vereinzelt haben können, dann können sie diese (Informationen und Beweise) nur selten oder gar nicht auf rechtmäßige Art untersuchen, es sei denn, sie sind äußerst gelehrte und zuverlässige Männer. Daher darf solches nicht weiter veröffentlicht werden [...].

[**Abschließende Schlussfolgerung,** S. 112f.:] (*Finalis conclusio predictorum*) Es wird in Christi Namen der Rat erteilt, dass an besagtem Ort keine Zeichen, also keine Darstellungen mit der Übeltäterin (*signa scilicet figmenta cum malefica muliere*) ausgeteilt werden sollen; weiter, dass auswärtigen Leuten Ablässe nicht allgemein verkündet werden sollten (*puplicentur*); denn Ablässe werden nur unter gewissen Bedingungen und an Voraussetzung gebunden verliehen; dann sollen dort in Blomberg auch keine Wunder verkündet werden: es hat sich nachweislich nämlich häufig gezeigt, dass dabei ein Irrtum unterlaufen ist und die dort verkündeten Wunder falsch sind (*et miracula ibidem falsa sunt publicata*). Daher soll eine rechtmäßige Untersuchung stattfinden; deren Ergebnisse dem Papst mit den zugehörigen Beweisen (*cum suis probationibus*) geschickt werden sollen [s. o. S. 142: Decr. Greg. Lib. II. Tit. XX Cap. II].

Wenn nicht in sicherer Weisheit (*certa sapiencia*) gegründet, genügt zuversichtliche Anstrengung und guter Eifer in den Augen einfacher Leute und im Streben nach Gott (*zelum dei*) nicht; auf dass der Richter nicht verurteilt, „die durch die Verfolgung Christi und seiner Anhänger den Eiffer nach Gott zu haben scheinen, nicht aber durch Wissen" (*qui in pesequendo Christum et suos zelum visi sint habere dei, sed non secundum scientiam*); solches Zeugnis nämlich hält der Apostel Paulus (Rom. 10, 2) jenen [den Juden] entgegen.[155] Es sei daher zuvörderst im Auge des einfachen Mannes der Eifer nach Gott, damit die Seele Gott allein (*specialiter*) in seiner Heiligkeit, Wahrheit und Liebe anstrebt, damit das Werk gut, geordnet und den Vorschriften Gottes in den Heiligen Schriften gemäß sei (*regulatum ad regulas dei in Sacris Scripturis*): auf dass der Eifer in Verstand, Milde und Wahrheit gründe. Das eine ohne das andere genügt weder für ein verdienstvolles Werk noch reicht es zum Seelenheil aus. Die törichten Jungfrauen (*fatue virgines*) erwarben Verdienst durch ihr Kommen, aber göttlichen Eifer besaßen sie nicht (*non zelum*

155 Paulus hält hier den Juden vor, dass sie unstrittig Gottes-Eifer besässen, Christus aber nicht erkannten: Röm. 10,2: *sed testimonium enim perhibeo illis quod aemulationem Dei habent sed non secundum scientiam*; Luther: Denn ich gebe ihnen das Zeugnis, dass sie Eifern um Gott, aber mit Unverstand. – Hagen verschärft den Sinn der Aussage, indem er aus den Juden hier schon die Verfolger Christi und der Christen macht.

*dei in intentione*). Daher wurden sie vom Reich Gottes ausgeschlossen.[156] Bei den Juden sieht man, dass sie Eifer nach Gott besitzen, aber ohne Wahrheit (*sine veritate*). Daher konnten sie Gott nicht gefallen. Aber wenn die vorgeschlagenen Dinge gemacht werden sollten; d. h. wenn man dort mit der Verkündung // S. 113 // von Wunderzeichen und der Proklamation von Ablässen aufhört; wenn an jenem Ort die Zeichen, die man aufs menschliche Haupt setzt, nicht mehr ausgeteilt werden, wenn die Menschen dieses Landes mit dem Herrn des Landes und seiner Güter und all seinen Gefolgsleuten (*cum liberis suis*) von diesen Dingen ablassen: Dann hören nach und nach auch jene Volksaufläufe auf. Wann und woimmer ich diesen Rat gab, beruhigten sich die Pilgerströme schnell (*eciam cessabunt tunc successive concursus populi, sicut expertus sum in multis locis, quia sic dedi sepe consilium, et cito quiescebat concursus*). Auf diese Weise aber wird fortan in reinem Gewissen gewandelt werden. Es wird nicht mehr entweiht, sondern gemäß dem Gesagten wird gebaut werden an der heiligen Reinheit zur Ehre Gottes. Amen. Ende (*Ita autem ambuletur in his consciencia pura, non maculetur, sec pocius edificetur sancta puritate iuxta predicta ad gloriam dei. Amen. Explicit*).

## Anonymus: Geschehnisse um das göttlichste Sakrament in der Stadt Blomberg [Q 21]

MS Brüssel, Koninklijke Bibliotheek, IV 110, fol. 169v–174v; Näheres s. [Q 21]. Edition bei: Staubach 2000, S. 327–333 (ist am Original überprüft worden). Bertram Lesser 2005, S. 58f., 369f., hatte zuvor in Brüssel den Kodex entdeckt, in welchen in den Jahren 1490–1493 unterschiedliche ältere Texte eingebunden wurden, darunter: Die ‚*Gesta circa divinissimum sacramentum in oppido de Bloemenberch*'. Der Kodex wurde „in dem zur Windesheimer Kongregation gehörenden Konvent S. Katharina in Nijmegen angefertigt."

Der lateinische Text ist meines Erachtens eine Abschrift der ersten Seiten des verschwundenen Blomberger Wunderbuchs [Q 0]. Der formalisierte Beginn (*In nomine domini* etc. 1460) und das Ende des Textes mit der Formel „im Jahr wie anfangs genannt" (*anno ut supra*) sprechen eindeutig für ein Eintrage-Buch, in das laufend

156 Das Gleichnis von den klugen und törichten Jungfrauen (Matth. 25,1–13) war im Mittelalter allgegenwärtig: In Predigten, Bildern und auch an Tympana und Triptichen. Die törichten waren jene Jungfrauen, die beim Warten auf den Bräutigam [Christus] versäumt hatten, Öl für ihre Lampen zu kaufen. Sie durften deshalb nicht hinein in den Hochzeitssaal und wurden ausgesperrt.

neue sachrelevante Daten notiert wurden (in dem Fall die im Jahr 1460 am heiligen Brunnen bewirkten Wunder). Stimmt diese Zuschreibung, dann wären große Teile des Textes das älteste Zeugnis der Freveltat überhaupt. Die Abschrift eines Pilgers, wohl eines Augustiner-Chorherren aus den Niederlanden, dürfte noch in die Jahre vor 1480 fallen (im Text wird die Klosterkirche als fertig und bekannt erwähnt). Dass er aus den Niederlanden stammte, wo der Kodex dann ja auch gefunden wurde, und dass er Teile eines Blomberger Textes dabei abgeschrieben hat, bekräftigt ein kleiner Abschreibfehler (Q 21). Den Namen des Blomberger Pfarrers „Bernhard van Embrike“ († vor 1483: LRNF 1483.04.17A), genannt nach seinem Herkunftsort (einem Dorf bei Hildesheim), las er als „Bernhard van Emerick“ (Emmerich): das ist eine bekannte Stadt am Rhein, die ihm vertraut war!

Bei meiner Übertragung habe ich lange Schachtelsätze in kurze Sätze aufgelöst und den Text behutsam modernisiert. An schwierigen oder terminologisch wichtigen Stellen wird deshalb der lateinische Originaltext ebenfalls geboten (in runden Klammern). Erläuterungen stehen in eckigen Klammern. Franziska Hüther danke ich für Rat und Hilfe.

**Text:** Geschehnisse um das göttlichste Sakrament in der Stadt Blomberg.
Im Namen des Herrn Jesu Christ, unseres Erlösers, Amen. Allen, die seinen Ruhm und seine Ehre erstreben, sei als gewiss offenbart: dass im Jahre 1460 seit seiner Geburt

- als Pius II. im Namen des Herrn der Heiligen Römischen Kirche vorstand
- als Friederich III., allzeit Mehrer des Reiches, in kaiserlicher Majestät regierte
- als Dieterich, Erzbischof der heiligen Kölner Kirche, die Gerechtsame der Paderborner Kirche glücklich verwaltete
- als die Edelherren Bernhard und Simon die Herrschaft (*Baronie*) Lippe innehatten
- als in ihrer Stadt, in der Diözese Paderborn, die auf Latein *Mons florum* heißt und in der Volkssprache *Blomberg* (*Bloemenberge*) genannt wird, die Befugnisse und Rechte des Hirtenamtes der Pfarrei durch den ehrenwerten und vornehmen Herrn Bernhard van Emerick ausgeübt wurden [folgendes geschah]:

Nachdem Pastor Bernhard bereits am Sonntag der Sexagesima [*8. Sonntag vor Ostern*; in dem Jahr der 16. Februar 1460] sein Amt als Seelsorger in Blomberg angetreten hatte und er an seinem neuen Wirkungsort nun das Osterfest planen sollte, waren ihm die Größe des dortigen Volkes und die Zahl seiner Schafe noch nicht vertraut. Und nachdem er über die mutmaßliche Zahl der Teilnehmer an der göttlichsten Kommunion am Osterfest (*festo Pasche*) nachdachte, stellte er nach Art der rechtgläubigen Väter die seiner Schätzung nach benötige Anzahl der auf dem Altar zu weihenden Hostien bereit.

[Die Ostermesse wurde am 13. April ordnungsgemäß zelebriert]. Nachdem alle an der Kommunion teilgenommen und am heiligen Altar jeder selbst das Sakrament der Eucharistie empfangen hatte und die so Gespeisten freudig nach Hause gegangen waren, stellte man fest, dass von den zum Altar geweihten Hostien noch etwa 55 (!) übrig waren – das war durch göttliche Erlaubnis (*permissione divina*) geschehen, deren Entscheidungen gerecht aber unerforschlich sind. Als der Pfarrer das sah, nahm er diese Hostien ehrfurchtsvoll an sich und wickelte sie so geschickt wie möglich in das gefaltete, leinene Korporale, auf welchem sie zuvor geweiht worden waren. Nachdem er alles in das verborgene und vergitterte Kästchen in der Wand [Sakramentsnische] der Pfarrkirche eingeschlossen hatte, segnete er es und ging davon.

Es geschah, gleichsam von Gott erlaubt (*a deo ut pemissum*), dass in jener Stadt Blomberg damals eine Frau (*mulier*) lebte, die das Schicksal in Bezug auf irdische Güter oder Besitz nicht gerade gesegnet hatte. Diese nun dachte in ängstlichem Argwohn hin und her, wie es um die Beziehung mit ihrem Ehemann (*de mariti sui concordia*) stand. Wie erst später offenbar wurde, verfiel sie deshalb, durch eine andere Alte (*vetula*) oder vielleicht durch ein Trugbild vom bösen Geist getäuscht (*maligno spiritu persuasa*), dem Irrglauben, dass es ihr niemals an Nahrung und Kleidung fehlen würde, wenn sie nur Gott in einer kleinen Kiste (*Deum in cistella*) beständig bei sich hätte [gemeint ist eine Hostie im Kasten]. Und wenn ihr Gatte eine von ihrer Hand zubereitete Speise äße, in welche eine zur Konsekration vorgesehenen Hostie oder besser noch das geweihte Sakrament vom heiligen Altar selbst drinnen wäre, dann würde er niemals eine andere Frau mehr lieben, als sie (*nec aliam aliquam preter ipsam vel plus quam ipsam adamaret*).

In dieser Situation [als die nicht benötigten Hostien weggeschlossen waren] und weil das menschliche Trachten stets zum Bösen neigt, //S. 328// ergab sich am vierten Tag nach Ostern [*ipsa diei festo Pasche proxima feria quarta*: Mittwoch, 16. April] eine günstige Gelegenheit. Die Kirche nämlich war nachmittags leer und die Frau sah, dass niemand dort war, der sie sehen und an ihrem Vorhaben hindern konnte. Sie ging direkt zur Öffnungsklappe [der vergitterten Wandnische] und trat an das zur sicheren Aufbewahrung dort angebrachte Schloss. Sie machte, von welchem Geist auch immer geleitet, durch die Verknüpfung von Stäbchen und Haarnadel einen kleinen Haken. Den führte sie in das Wandkästchen ein. Sie bekam das Korporale mit allen geweihten und eingeschlossenen [Hostien] zu fassen; sie faltete es geschickt und heftete den Haken in die vordere Ecke – was zu sagen allein schon

Frevel ist. Dann zog sie alles durch eine schmale Gitteröffnung hinaus. Verglichen mit allem, was man je gesehen und gehört hatte, war das wahrlich ein Wunder. Oh wunderbares und der Bewunderung höchstwürdiges Geschehen (*mira res et admiratione dignissima*).

Im Glauben, dass das Tuch nicht mehr als drei oder höchstens vier Hostien enthielt, fand die unglückselige Frau (*infelix mulier*) darin nun weit mehr als erhofft und erwünscht. Zunächst aber trug sie (*ipsa mulier*) das gefaltete und noch nicht geöffnete Korporale hastig von der Sakristei über den steinernen Fußboden der ganzen Kirche, dann unter dem Turm hindurch bis zur Eingangspforte des Gotteshauses: Sie wusste auch jetzt noch nicht, welchen Raub sie eigentlich bei sich führte.

Erst vor der Kirchentür begann sie, das Tuch zu öffnen und nachzusehen, wie viele Stücke darin wären. Als sie nun sah, dass darin sehr viel mehr Stücke als erwartet waren, verfiel sie seelisch und körperlich in schlimmste Verwirrtheit und rannte davon. Was aber trieb sie fort und wo ging sie hin? Das Diebesgut trug sie, dem Diebesgut wollte sie zugleich entfliehen, aber sie vermochte es nicht. Wohin nun entfloh sie? Nicht weit von der Kirche entfernt, nördlich davon in dem Viertel, das auf Latein *Felix angulus*, in der Volkssprache der selige (*salige*) Winkel genannt wird – also dort wo sich jetzt die Kirche bzw. das Gotteshaus (*basilica*) der Regulierten Chorherren befindet. Sie betrat dort verstohlen ihr nah gelegenes Häuschen. Sie zitterte die ganze Nacht über und war wie betäubt (*stupefacta contremuit*). Es war ihr, als ob alle Steine und alles Gebälk um sie herum von ihrem Verbrechen wüssten und es laut herausschrien: Es war gleichsam, als ob alle diese Steine und Hölzer sie mit schamlosen Blicken anklagten.

Nachdem sie so die ganze Nacht hindurch in ihrem Häuschen oder Hüttchen (*domuncula seu casella*) in Furcht und Zittern ausgeharrt hatte, stand sie schon zur Morgenröte auf. Sie öffnete die Tür und ging zu einem Brunnen, der von ihrem Haus zwei Doppelschritte entfernt lag; sie öffnete das Korporale und warf die gestohlenen, vom Pfarrer zu viel geschätzten fünfundvierzig geweihten Hostien hinein. Weil das Brunnenwasser nicht tief genug war [um die Hostien dem Blick zu entziehen], ergriff sie einen Wasserschöpfstab. Sie rührte und schlug damit das Wasser um und um, runter und rauf. Nichts von dem Versenkten sollte mehr auftauchen, auf immer sollte es den Blicken der Menschen verborgen bleiben. Danach ging sie, soweit das unter diesen Umständen überhaupt möglich war, erleichtert nach Hause.

Aber es gibt nichts Verborgenes, das nicht offenbar wird, und nichts Heimliches bleibt auf Dauer dem Wissen entzogen [Matth. 10,26; Luc. 12,2]: So wurde, nachdem man mit allem Eifer gesucht hatte, bald offenbar, dass das Korporale mit den Hostien //**S. 329**// nicht am gewohnten vergitterten Ort (*clausura cancellorum*) lag und verschwunden war. Als diese Nachricht (*fama*) sich verbreitete, sorgten die Pfarrer und Kleriker in jener Stadt, ihrer Umgebung und in den Dörfern rundum dafür, dass öffentlich bekannt werde, was heimlich geschehen war und dass ans Tageslicht käme (*in commune veniret*), wer der Urheber eines so großen Verbrechens sei. Sie agitierten mit Predigten und Ermahnungen, mit Exkommunikations-Drohungen oder der Androhung von Kirchenstrafen. Sie versuchten es aber auch mit feierlichen Fürbitten, die sie schroff oder freundlich, öffentlich oder hinter verschlossenen Türen vorbrachten. Aber all die dabei vergossenen Tränen und Seufzer hielten diese Pfarrer und Kleriker nicht lange davon ab, massiv gegen Losdeuterinnen (*divinas sortilegas*) und Wahrsagerinnen (*Phitonissas*) vorzugehen. Denn seit langem schon bestand der Verdacht, dass einige in der Stadt wohnten. Aber nach kurzer Zeit tauchte plötzlich das Korporale wieder auf, es war auf den höchsten Altar der Pfarrkirche zurückgebracht worden. Vermutlich wurde es frühmorgens dort hingeworfen, wo man es schließlich fand. Niemand aber wusste, wer es zurückbrachte und von woher es kam.

Wegen dieses Geschehnisses wurde der Verdacht (*suspicio*) erneut stärker, dass sich der Tatverdächtige, im Innern seines Herzens völlig erschüttert, noch in der Stadt Blomberg aufhielte. Vor allen anderen schienen jetzt acht Frauen in Frage zu kommen, denen man auf Grund von Gerüchten (*populari fama*) die Ausübung der oben genannten verbrecherischen Praktiken [also Losewerfen und Wahrsagen] vorwarf. Aber da der edle Baron und Landesherr Bernhard zur Lippe wenig sicher war, ob die zurecht Angeklagte darunter war, wollte er das Verfahren erstmal aussetzen (*Sed cum adhuc nobilis baro Bernardus de Lippia dominus terre minus de reo certificatus esset, parumper dissimulandum esse iudicavit*). Aber siehe: Seine Frau, die edle Anna, Tochter des Grafen Otto von Schaumburg, sprach: „Oh je mein Herr, was versäumt ihr da? Warum zögert ihr, ein Urteil zu sprechen in der Sache Gottes (*causa Dei*) und des heiligen Leichnams unseres Herrn Jesu Christ?“ So oder ähnlich wurde er von seiner Frau immer wieder ermahnt, die Untersuchung der Sache nicht weiter hinauszuzögern, nur weil er, wie die Tugend es seiner Meinung nach verlangte, keine Unschuldigen verletzen wollte. Schließlich sprach seine Gattin Anna, heftig schluchzend und unter Tränen: „Oh je und oh weh mein Herr, handelt männlich (bzw. mutig: *viriliter agite*), öffnet Gott euer Herz [vgl. Ps. 26,14]. Fangt an! Durch Gottes Hilfe seid ihr geschützt und der Erfolg ist Euch sicher. Es ist nämlich die Sache des Herrn (*causa Domini*), nicht unsere oder eine menschliche. Wenn Ihr hier nicht männlich handelt, habt ihr nicht unverdient den Urteilsspruch Gottes zu fürchten.“

So eröffnete ihr Mann das Verfahren in guter Hoffnung und vertraute sich dem Herrn an. Und nach der Ergreifung der acht Frauen war durch Gottes Geschenk auch jene unter ihnen, die Urheberin und Täterin dieses Bösen war. Sechs wurden wegen ihrer Taten [Wahrsagen] auf immer aus der Stadt verbannt. Die siebte aber wurde in Wasser untergetaucht (*aquis dimergitur*) [Wasserprobe]. Die achte dann, von der unsere Geschichte handelt, wurde in Fesseln gelegt und mit Hilfe angemessener Untersuchungsmethoden befragt; sie gestand ihre Tat aber nicht, ja selbst nach Bitten und Folter verharrte sie weiter; sie erklärte sich unschuldig an diesem Verbrechen, sie sei daran völlig unbeteiligt. Und nachdem sie lange so verharrte, sagt sie zu ihren Wächtern und den Prozessbeobachtern [dem Umstand: *se observantibus*]: „Es möge Adelheid, Wilhelm van Vesperden Tochter (*Willem van Vesperde filia*), gerufen und verhört werden. Die nämlich könne wissen, wer den Frevel beging, denn sie hat mir einiges darüber erzählt." Es waren tatsächlich in jener Stadt eine Mutter und eine Tochter: die Mutter hochbetagt (*satis annosa*), die Tochter aber etwa Zwölf. Mutter und Tochter führte man in die Burg, die Tochter allein aber wurde im Kerker eingeschlossen, um sie am Stock (*cippo*) zu martern und durch Befragungen zu verhören. Obwohl sie an den Gelenken und Sehnen der Hände und Füße genug der schrecklichen Untersuchung [Tortur] erfuhr, wurden bei dem kleinen Mädchen *(puellula)* überhaupt keine Beweise der Schuld oder irgendeiner Freveltat gefunden.

Als man die Untersuchung unterbrach, ließen die Vollstrecker kurz ab und wunderten sich sehr, dass einem so kleinen Mädchen (*tantilla iuvencula*) durch solch grausame Folter und Qualen keine Angst zu machen war. Sie blieb vielmehr beständig furchtlos und nichts, was der Qual wert war, hat sie verraten: Und weil ihr Herz fest dem Herrn vertraute, welcher die auf ihn Hoffenden //**S. 330**// nie verlässt [Jud. 13,17], und im Vertrauen auf die weisen und rechtserfahrenen Anwälte (*advocatis dicretis et iustitiam ministrare consuetis*) außerhalb des Kerkers (*extra carcerem*) sowie die ehrbaren Beisitzer und Zeugen der Anhörung (*auscultanibus et audientibus*) an den Torflügeln der Burg und des Kerkers, wandte sich jene Kleine (*puellula*) an die [angeklagte] Frau, um den Grund und die Ursache ihrer Qualen zu erfahren: „O weh teuerste Nachbarin der Adelheid (*Carissima vicina Adelheidis*), warum beschuldigst du mich gar Elende, Zarte und überaus Kleine (*me misellam, teneram et pusillam*) dieser bösen Tat (*huius mali*), wo du doch meine Unschuld kennst. O weh mir und nochmals weh mir." Und die unglückselige, des Verbrechens Angeklagte sagte zu dieser: „Schweig, schändliche Kleine. Sei still, du kleine Buhlerin (*Tace turpecula. Sile meretricula*). Warum bekennst du nicht? Bekenne schnell. So werden wir nicht länger gefoltert und sind bald von den Foltern frei. Auf andere Weise entkommen wir weiterer Folter nicht." Das kleine Mädchen antwortete sofort: „Auf keine Weise, auf keine Weise! Ich bin unschuldig und wenn ich bekenne, werde ich wegen dieser bösen Tat sterben, obwohl der Frevel nicht durch mich begangen wurde. Wehe, was fügt ihr mir solche Pein zu, wo ich doch nie versucht habe, Euch durch Wort oder Tat zu schädigen?"

Nachdem das Mädchen solche Beharrlichkeit und Überzeugungskraft gezeigt hatte, wandte der Foltermeister (*tortor*) jetzt schärfere Methoden an, um die Wahrheit in dieser Sache herauszufinden. Und siehe: Wiederum vollführte sein Diener (*minister*) die vorgeschriebenen Foltern und drohte mit Brutalerem: Es wurden der Kleinen die Arme kräftig mit Stricken gefesselt und verdreht, indem sie erst zum Rücken hin- und dann grausam zur Brust zurückgebogen wurden; zusätzlich noch zu den überdehnten und zugleich schrecklich verdrehten Armen wurden die Muskeln und Gelenke des ganzen kleinen Körpers (*corpusculi*) kräftig zusammengeschnürt.

Nachdem das Mädchen trotz all dieser Dinge weiterhin in Duldsamkeit verharrte, fühlte sie sich doch wahrhaftig ohne jede Schuld, fragte die vermaledeite, des Verbrechens angeklagte Frau jammernd beim Henker an, wie sie der Anklage denn jetzt noch entgehen könnte. Aber auf solch freche Art konnte sie keine Verwirrung in Sachen des Herrenleichnams stiften. Denn das durfte nicht unbestraft durchgehen. So sagte die frevelhafte angeklagte Frau (*sacrilega et rea mulier*) nun zum Henker: ‚Entlasst die Tochter und holt die Mutter. Jene nämlich verneinte in meiner Gegenwart nicht, genau das zu wissen, was ihr von mir fragt." Auf solche Weise wurde das Mädchen erlöst von vielfältiger Folter und durfte gehen. Das alles geschah als Geschenk Gottes, der heilt und die Niedergeschlagenen aufrichtet [Psalm 144,14] und die Unschuldigen und Gerechten liebt: Denn kaum war sie erlöst von ihrer so harten und für ein so ungemein junges Mädchen (*tantille etatis puelle*) schier unerträglichen Qual, wurde jenem Mädchen die vollkommenste Gesundheit und Unversehrtheit aller Gelenke an Händen und Füssen, an den Armen und Schultern zurückgegeben: So als sei sie nie durch Tortur, Marter und Pein verletzt worden.

Als die Mutter kam, nichts vom Verbrechen wissend, und die aus der Qual entlassene Tochter durch Diener an einen Ort nahe der Küche der Burg geführt wurde, begegnete ihr die Mutter, die gerade von Dienern zur Burg hingebracht worden ist; diese fragte die Tochter: „Meine allerliebste Tochter, mein Leben, mein Trost und Stütze meines Alters [Tob. 10,4], was ist dir zugestoßen und wie geht es dir?" Die Tochter antwortete ihr, weil sie unschuldig war, unschuldig: „Geht, meine Mutter, schreitet voran und geht hin, woher ich komme; ihr werdet selbst bald schon erfahren, was ich nicht erzählen darf und was mir zugestoßen ist." Und die Mutter wiederum zur Tochter: „Weh uns, meine teuerste Tochter, warum erleiden wir dies und warum werden wir Unschuldigen einer solchen Schandtat bezichtigt? Oh Schmerz und Weh." Wegen der bevorstehenden Befragung wurden Mutter und Tochter getrennt nach verschiedenen Orten geführt, die Tochter wegen der an ihr erwiesenen Gottesgeschenke (*propter dona Dei*) zu einem Ort der Erholung (*locus recreacionis*), die Mutter aber zum Ort der Folter, um die ganze Wahrheit zu erfahren (*propter veritatem plenarie experiendam*).

Was aber geschah nun? Hört nun das Erbarmen und das Urteil Gottes. Das Erbarmen Gottes über die unschuldige Mutter, aber auch das Urteil Gottes über die angeklagte und gottlose Frau. Auf welche Weise geschah das nun? Höret zu und begreift und bewundert die Beständigkeit der unschuldigen Frau. //**S. 331**// Nachdem die Frau in den Kerker zu der des Verbrechens Angeklagten geführt und noch bevor sie dort selbst mit Fesseln und Pein der Marter unterzogen wurde, griff jene Angeklagte sie aggressiv von Angesicht zu Angesicht an: Das tat sie mit zahlreichen, wechselnden und unglaublichen Beschimpfungen, mit so starken Schmähungen und schier Unerträglichem, dass nun alle Zeugen und Zuhörer außerhalb der Kerkertür aus diesem Grund – aber auch wegen der Dinge, die vorher auf wunderbare Weise mit der Tochter geschehen waren und bekannt wurden – von ihrer Unschuld überzeugt waren. Sie beschlossen, dass die Mutter des Mädchens, weil sie unschuldig schien und weil Gott der Herr der kleinen Tochter das Geschenk seiner Gnade erwiesen hatte, auf keine Weise mehr bestraft werden sollte, sondern unversehrt bliebe.

Und durch solchen Glauben gestärkt, schickten sie Mutter und Tochter unverzüglich zurück in ihr Haus. Am Abend wurden ihnen zum Trost vom Tische des Herrn Baron Wein und erlesene Speisen in Fülle gebracht. Und schon in der Frühe des nächsten Morgens arbeitete jenes kleine Mädchen auf Geheiß ihrer Mutter wieder auf gewohnte Weise für den Tagesbedarf. Das geschah allein durch Gottes Gabe (dono Dei), der die Seinen weder im Stich noch am Ende zurück lässt. Sie schnitt Holz und verrichtete gesund wie vorher die ihrem Alter angemessenen Arbeiten. Das geschah, damit von allen gelobt würde der allmächtige Gott, der glorreiche Jesus Christus, für seine Heiltaten und die Wunder seiner Majestät.

Nachdem alle diese Dinge geschehen waren, wurde die immer noch im Kerker einsitzende gottlose und vermaledeite Frau noch strengeren und härteren Verhören unterworfen, um die Wahrheit zu erfahren. Das geschah, indem man wechselte zwischen [der Verlesung der] geprüften Bekenntnisse, völliger Entspannung [einer Befragungspause] und [der Verlesung der] manifesten Leugnungen des Verbrechens; ihre Antwort durfte jedes Mal nur sein: „ja und nein und nicht so“ (*ita et non et non ita*). Nach der gerichtlichen Befragung (*iudicale scrutinium*) durch so viele, durch so besonnene Männer und sachkundige Beisitzer hatte die Geständige schließlich keine Möglichkeit mehr, weiterhin zu leugnen. Nach drei Tagen oder etwas länger wurde sie herausgeführt, dem Urteil unterworfen und angeklagt auf Grundlage des von ihr selbst [in der Beichte] beeideten und erklärten Sündenbekenntnisses (*testimoniis confessionis sue deductis et ostensis*). Sie bekannte sich schließlich des besagten Verbrechens für schuldig und wird durch den abschließenden Richtspruch verurteilt, den Feuertod zu sterben (*finali sentencia iudicio ignis morti subicienda condempnatur*).

Als nun die Übeltäterin (*malefica*) wie üblich auf einem Wagen zum Richtplatz geführt wurde [19. Mai] und der Priester, der dabei war und von dem, wie man glaubte, die Beichte abgenommen würde, gerufen war, erhob sich die Frau plötzlich und sagte: „Der allmächtige Gott möge diese Strafen und die Unschuld meines beweinenswerten Todes annehmen als Vergebung aller meiner Sünden. Unschuldig aber bin ich der Dinge, derer ich hier angeklagt bin." Als er dies hört, war der edle Baron und Landesherr nicht allein bewegt, sondern überaus bestürzt. Sofort ruft er seine dort anwesenden Ratgeber zusammen und sagt: „Habt ihr gehört, was diese gesagt hat? Was bleibt zu tun? Kommt nicht etwa die Gerechtigkeit des allmächtigen Gottes über mich und wütet? Soll ich, wenn sie unschuldig und die Todesstrafe nicht rechtens ist, eine geringe Strafe veranlassen?" Daraufhin sagte ein Bürgermeister einer Nachbarstadt namens Lemgo [damals ein Johann Cathemann], der unter den Anwesenden offenbar als der sachkundigste galt (*magis expertus*): „Sie hat genug bekannt. Wie es nämlich in unserer Stadt festgelegt wurde, kann sie jetzt auf keine Weise mehr dem Tode entgehen. Das ist dringlich, so dass man nötigenfalls zu diesem Wagen noch Holz im Werte von zehn rheinischen Gulden hinzukaufen müsste." Aber der Baron sagte schließlich zu allen: „Wohlan meine Getreuesten, sie möge bis morgen in der Frühe am Leben bleiben; nichts an dieser Verzögerung ist zu verdammen. Wenn es dann immer noch so sein wird, geschehe ihr dann das, was wir jetzt zu tun gehabt hätten." Und es geschah so, wie der Baron befohlen hatte.

Gleichsam unschuldig (*quasi innocens*) wird die Frau in die Burg zurückgeführt. Nun war sie nicht mehr dem Urteil der Menschen überlassen, sondern nur noch dem Urteil Gottes. Aber auf welche Weise sollte das geschehen? Die Tageszeit damals und die Stunde nämlich waren schön und sehr klar, der Himmel war nirgends durch Wölkchen oder regenverheißenden Windhauch getrübt. Was nun geschah, möge der geschätzte Leser jetzt hören. //**S. 332**// Denn nachdem die verurteilte Frau auf Geheiß des Barons zur Burg zurückgebracht war. Nachdem alle anderen zum Spektakel Versammelten weggegangen, aber noch nicht ganz oder kaum nach Haus zurückgekehrt waren: Siehe da verkehrte der Herr des Himmelreichs den klaren Himmel und den leuchtenden Luftraum in ihr Gegenteil (*ecce Dominus celi celum clarum et auram lucidam concitavit in contrarium*). Ich bitte, hört alle, was der Herr wegen der Missetat dieser Frau machte, insbesondere aber, was er machte, um seine Entrüstung zu zeigen.

In dem Moment, als die Unglückselige in die Stadt [zurück] geführt wurde, kam unerwartet starker Wind auf und es brach ein schreckliches Unwetter (*tempestas horribilis*) aus, das alle in Furcht versetzte: Von vier Handwerkern an der Mauer der Burg (*in muro castri*), die dort Reparaturen vornahmen, stürzten zwei vor Schreck von den höheren Mauerabschnitten in den tieferen Graben; die übrigen beiden blieben, durch Gottes einzigartiges Geschenk (*Dei dono singulari*), in den Laubkronen und in verflochtenem Gestrüpp aus Baumzweigen in großer Höhe hängen; und jeder der Beteiligten dachte mehr daran, bei Verstand zu bleiben, als seinen Körper zu retten. Auch die Vögel des Himmels wurden auf unvorstellbare Weise durch das Aufeinanderknallen (*concursibus*) von Windwirbeln, Blitzen und Hagelkörnern erschüttert und erschreckt: als wollten sie durch ihr wundersamen Krächzen in nie gehörtem und ganz ungewöhnlichem Geschrei erhaben verkünden, dass der jüngste Tag des Gerichts (*novissimum diem iudicii*) über alle schon jetzt angebrochen wäre. Manche Tiere auf den Feldern und in den Sümpfen, meistens Hasen und Füchse, liefen so verstört durch die Gegend, dass man sie, durch das außergewöhnliche Unwetter zu Tode erschreckt, an vielen Stellen leblos auffand. Auf Bergen und Anhöhen wurden nicht wenigen Bäumen und Sträuchern die Wurzeln nach oben gewendet, anderen wurden die Äste und Zweige so zerbrochen, zerrieben und zerstückelt, dass niemand an ihnen mehr Hinweise auf ihr einstiges Aussehen finden konnte.

Es geschah so viel Donnern und Blitzen besonders in der Stadt Blomberg und ihrer Umgebung, dass jeder, auch jeder auf der Burg, an nichts anderes denken konnte, als an seinen unweigerlich drohenden Tod oder an den Ort seines grausigen Grabes. Sogar die Herrin der Burg mit ihren Dienerinnen und Kammerfrauen, die im gewohnten Speisesaal zu Tisch beim Essen saßen, wurden so erschreckt und geängstigt, dass sie gleichsam kopflos vom Fleisch- und Festschmaus abließen, verwirrt umher rannten, sich in der Nähe des Altares der Burg zu Boden warfen oder sich hier und dort in Ecken versteckt legten: so als ob sie ihr Leben aushauchten. Nicht weniger waren die tapferen Dienstmänner (*ministeriales*) und die Dienerschaft an jener Tafel vom Geschehen betroffen: Denn als man die Fenster der Burg wegen der stürmischen Winde, der Regenschauer, der Wirbel, der Blitze und Donner schließen wollte, zersprangen die Fenster durch einen gewaltigen Windstoß und ihre zertrümmerten Splitter flogen ihnen, bevor sie ausweichen konnten, um die Köpfe. Auf gleiche Weise sind starke Latten und Eichenstämme (*fortes asseres et solee quercine* [*quarcine*?]) zerbrochen und zerstoßen worden.

Doch obschon Hagelsteine alles überzogen und innerhalb der Stadt und auf den Feldern ringsum alle Ernte und Früchte vernichtet hatten und obwohl von keinem Samen oder keiner Frucht im Umkreis von fünf Meilen die geringste Spur mehr blieb, so gelangte trotz alle dem weder Hagel noch Regen in den von keiner Traufe bedeckten Brunnen, in welchem der Frevel geschah und Gott einer solchen Blasphemie ausgesetzt worden ist: War doch der Brunnen wegen der Verehrung des heiligen Sakramentes zunächst nur mit einem Schleier überspannt und so vor Beschädigung und Angriff nur mäßig geschützt worden. Durch das Unwetter wurde offenbar, wie Gott und Jesus Christus und alle ihm dienenden Geschöpfe den mystischen Leib darin dennoch bewahrten [denn der Schleier war unversehrt]. Anderswo aber fielen an vielen Orten massenhaft Hagelsteine vom Himmel zur Erde herab, gestaltet als kunstvolle Abbilder von drei zusammenhängenden Nägeln oder nach Art eines menschlichen Hauptes, umflochten von Dornenkronen. //**S. 333**// Und an vielen Orten hatten diese Hagelsteine die Länge und das Maß eines Palmzweigs oder einer männlichen Hand. Und dieselbe Stadt Blomberg schien von den umliegenden Feldern aus gesehen und von weitem betrachtet als ganz und gar in Flammen und Blitze getaucht. Es schien am Ende, nachdem der flammende Scheiterhaufen sich verzehrt hatte, in Finsternis versunken zu sein. Und dieses Gottesurteil (*iudicium Dei*) dauerte ungefähr drei Stunden.

Am darauf folgenden Tage, das heißt am dritten Wochentag vor Himmelfahrt des Herrn (*tercia feria ante Ascensionem Domini*) [am Dienstag, den 20. Mai], ging der Priester, den man auch tags zuvor der verurteilten Frau die Beichte hat anhören sehen, zum Baron und Landesherrn auf die Burg und sagte mit nicht kleinem Mut, in körperlicher Angst und Furcht: „Oh mein edler Herr Junker ich flehe Euch an, dass diese verurteilte Frau sterbe, dass Ihr sie nicht weiter auf Erden leben lasst, weil sie des Todes würdig ist [Ex. 22,18: Die Zauberinnen sollst du nicht leben lassen]. Eine Verurteilung ist notwendig und gerecht, nicht aber eine Verzögerung aus Mitleid und Frömmigkeit." Nachdem sie über das schreckliche Gottesurteil [die Wetterkatastrophe] informiert worden war, reagierte auch die Frau im Kerker auf die ihr vorgeworfenen Untaten: „Weh mir, weil ich angeklagt bin und ich diese größte Schuld, die Gegenstand der gegenwärtigen peinlichen Befragung ist (*presens inquisitio*), begangen habe. Wegen mir nämlich ist dieses fürchterliche Unwetter entstanden."

Daraufhin wurde die unglückselige Frau auf Befehl des Barons unverzüglich wiederum an jenen Ort der Hinrichtung gebracht. Und als sie den überaus großen, aus Hölzern aufgeschichteten Scheiterhaufen sah, auf dem sie das Feuer zu spüren bekommen sollte und in dessen Mitte sie nun fest an einen Pfahl gebunden wurde, schrie sie laut klagend auf. Sie bat den anwesenden Priester, dass ihr über den Wortlaut des Bekenntnisses und vom wahren Glauben gepredigt würde. Als das jener Geistliche hörte, der auch tags zuvor dabei war, antwortete der und rief aus: „Schweig! Nimm auf dich die grausamen Martern, unglückselige Sünderin. Du nämlich bist nicht würdig, die Geheimnisse (*misteria*) des heiligen Glaubens oder göttliche Wohltaten zu empfangen, weil du, grausamer noch als der Verräter Judas, mit unserem Gott umgingest und ihn mutwillig verraten hast." Darauf aber fuhr der Baron, von Mitleid über das Seelenheil der sündigen Frau bewegt, den Priester schroff an: „So nicht mein Herr! So nicht mein Herr! Denn weil sie gefordert hat, dass ihr der Wortlaut des Bekenntnisses und des katholischen Glaubens verkündet und gepredigt wird, ist es nicht statthaft, ihr das abzuschlagen." Nachdem dieses von dem hochedlen Baron mit allem Nachdruck gefordert worden ist, sagte jener Priester die Formel des Bekenntnisses und des Glaubens auf: anhebend und fortfahrend, wie es Sitte in den Kirchen der Prediger in jenen Landesteilen ist, bis zum Ende in einem fort, damit sie alles wiederholen und sagen konnte: „Ich bekenne dies und alle meine mir und Gott bekannten Sünden." Überaus schmerzvoll unterwarf sich jene freiwillig und sagte:

„Diese meine Sünde bekenne ich Gott im Himmel, allen Heiligen und euch allen hier Anwesenden, weil ich Gott so viel Frevel und Gotteslästerung und Schändliches angetan habe, dass niemand anderer außer mir schuldig ist. Das heilige Sakrament habe ich in der Kirche aus dem Verschluss genommen und in den Brunnen geworfen. Nach dem Hineinwurf ins Wasser habe ich so weit ich konnte versucht, es mit dem Stab zu verrühren, zu zerstoßen und herumzuwenden bis es versenkt war (*post fusionem aquas baculo conturbans et conpellens et circumcirca prout potui concutiens in fundum ducere temptavi*)." Dieses nach der Prozessordnung nötige Bekenntnis verkündete sie öffentlich vor allen: und zwar beteuernd, gefasst, mit klarer Stimme, aber mit schmerz- und reuevollem Herzen, auf dass man sie fortan für fromm halte. Am Ende sagte sie: „Ich bekenne diese und alle meine Sünden mit schmerzendem Herzen, gleichermaßen über alle und jede einzelne." Darauf wurde das mit Hölzern unten, oben und rundherum zubereitete Feuer angezündet; das Feuer verzehrte jene Frau, die ihre Sünden bekannt hatte, zusammen mit dem Pfahl, an den sie gebunden war. Asche wandelte sich zu Asche (*ipsam mulierem sic peccata sua confessam cum stipite, cui colligata fuerat, conclusam in cineres et favillas redigendo*), ihre Seele aber wurde zum göttlichen Urteil geführt, das sie verdient. Aus dem Körper wich der Geist.

Im Jahre des Herrn wie oben (*Anno quo supra*).

## Stiftungsurkunde für das „Kloster zum Heiligen Leichnam und Unserer Lieben Frau in Blomberg" [1468.11.11: Q 15]

**Pergamenturkunde:** LAV NRW OWL L 1 Nr. 1493 (mittelniederdeutsch; online verfügbar). Abschrift im Stadtarchiv Blomberg, Altes Archiv II-IIa4: Kopiar, S. 113–121); Regest: LRNF 1468.11.11; LR 2355.

Im Vorfeld der feierlichen Übergabe dieser Pergamenturkunde am 11. November 1468, dem Tag des Blomberger Stadtpatrons St. Martin, gab es umfangreiche Verhandlungen zwischen dem Blomberger Klerus, vertreten durch Berthold Glede, und dem Möllenbecker Prior Hermann. Die wichtigste fand am 20. August 1468 im Lemgoer Rathaus statt [Q 13].[157] Daneben trafen die Möllenbecker auch mit dem Blomberger Stadtrat Vereinbarungen über den benötigten Grunderwerb auf dem Areal des geplanten Klosters [Q 14]. Bürgermeister der 1460er Jahre waren Cord Smed, Ludeke Corvey und Tilmann Gottschalk. Als Stadtrichter amtierte Rolf Schutte.

Zum besseren Verständnis werden die verschachtelten, an lateinischen Urkunden orientierten Satzformen vereinfacht und Kernsätze fett gedruckt. Die Zeilen der Pergamenturkunde sind gekennzeichnet: /x/ = Zeile. Die Privilegien wurden aus dem absatzlosen Fließ-Text der Urkunde herausgelöst und mittels Spiegelstrichen in 14 Artikel unterteilt. Darin wird die funktionale, politische und kultische Einbindung von Stadt und Bürgerschaft evident. Die Stadt verzichtet zu Gunsten des Klosters auf Rechte am Gemeingut und besiegelt die Urkunde mit dem Großen Stadtsiegel. Damit wird die Bürgerschaft zur Mitstifterin des Klosters; zugleich genießen die Chorherren von Beginn an alle Privilegien und Freiheiten eines Blomberger Bürgers, ohne dessen Pflichten und Lasten schultern zu müssen. Urkundentext:

„**Im Bestreben, den Dienst des allmächtigen Gottes zu bessern und zu mehren**; zu Lob und Ehre seiner lieben gebenedeiten Mutter Maria und aller himmlischen Heerscharen (*allem hemmeleschen herre*); zu Trost, Ablass und Frömmigkeit für

157 LRNF 1468.08.20. In der dem Regest zugrundeliegenden, stark vermoderten Detmolder Urkunde sind die Einzelheiten dieser Verhandlungen nicht mehr lesbar. Wir wissen davon allein aus der Abschrift im StadtA Bl II-IIa4: Kopiar, S. 187–194. An diesen Lemgoer Verhandlungen waren, auch das ist nur in der Abschrift überliefert, hochrangige Vertreter aus ganz Westfalen und Köln beteiligt. Zeugenliste: Bernhard VII. zur Lippe; die Knappen Arndt von der Borch und Jordan Torn; die Lemgoer Bürgermeister Johann Kothmann und Rudolf Kruse; die Ratgeber und Priester aus der Diözese Paderborn Johann de Monte vom Kloster Abdinghof, Bernhard Guardian, der Lemgoer Franziskanerobservant Johann von Dülmen, der Böddeker Mönch Johann Valbert, Johann Cuntzen, Manegold Bervemann. Johann Prekenmoller, Winand Pistor, Hermann Schellen, Conrad Schmiß (Smise, Blomberger Kleriker) und der Kölner Laie Thenmone de Hagen.

**Abb. 26:** Großes Stadtsiegel der Stadt Blomberg an der Gründungsurkunde des Klosters vom 11. November 1468. © LAV NRW OWL L 1 Nr. 1493. Umschrift: SIGILLVW + BVRGENSIVW + DE + WONTE + FLORVW [V = U / W = M] (Siegel der Bürger vom Berg der Blumen).

Uns und allen guten Menschen (*troist afflait vnde Innycheit vnsir vnde aller guder menschen*); in ewiger und treuer Bitte um Gnade und ewiges Gedächtnis, insbesondere an jedem Tag in der Frühmesse vor dem Altar des Heiligen Leichnams, auch bei den gemeinen Seelenmessen und den jährlichen Gedenken nach den Gewohnheiten ihres Ordens für Uns, für Anna unsere erwählte Hausfrau, und unserer beider Eltern, Vorfahren, Erben, Anerben und Nachkommen; auch für das gesamte Land, seine Leute, Räte, Untertanen /4/ und alle Christenseelen, um die wir uns in tiefem Angedenken alle Zeit sorgen, **haben wir Bernhard, Edelherr zur Lippe** für uns, unsere Erben und Nachkommen, auf Rat und unter Mitwirkung des in Gottvater und dem Herrn ehrwürdigen Bischofs Herrn Simon von Paderborn, unseres lieben Bruders, und vieler anderer unserer Herren und Freunde, geistlich wie weltlich, sowie schließlich **mit Wissen und einmütiger Vollmacht unseres geschworenen Rates und /6/ der Bürgermeister, der Räte, neu und alt, und der Gemeinheit zum Blomberg** (*mit wetten vnde eyndrechtliker vulbort vnses Swornen Raides vnde Borgermestere, Reeden nygge vnde olt, vnde meynheit tom Blomenberge*) **eine Kapelle zum Heiligen Leichnam in Blomberg begonnen**, gegründet und gestiftet, gelegen im seligen Winkel, **die wir** mit allen künftigen Opfern, die gute Menschen dort darbringen werden, **dem ehrbaren Prior und Konvent zu Möllenbeck geschenkt**, **anbefohlen und mit Vollmacht übergeben haben, welche die Kapelle** mit Hilfe der eingehenden Opfer **zu einem Kloster ausbauen** /8/ **und es besetzen sollen mit ausgewiesen fähigen Männern**, die dort Tag und Nacht den Gottesdienst fördern und abhalten nach bestem Vermögen, nach Rat und Vorschrift ihres obersten Klosters zu Windesheim im Stift Utrecht und ihres dortigen /9/ Generalkapitels, und zwar so wie Gott es begehrt und wie es ihre Frömmigkeit zu tun gebietet (*so sek geboret ere Innycheyt to donde*).

Nachdem dem allmächtigen Gott große Unehre und Schmach (*groit vnere vnde smaheit*) an dieser Stätte geschehen ist, haben wir [also Bernhard, sein Rat und die Blomberger] die vorgenannten Chorherren mit einer notdürftigen Stätte (*notturfftichen Stede*) versorgt /10/ und versehen, von der aus sie nach ihren Erfordernissen das genannte Kloster errichten mögen, und zwar eines für 24 Personen und, ob gebeten oder ungebeten, keinesfalls für mehr als diese Anzahl; zudem haben wir die Klosterkirche und die bereits errichteten Gebäude und alles, was dort noch gebaut wird, sowie die (künftig dort lebenden) Personen, welche gemeinsam mit den Räten der Stadt und der Meinheit zum Blomberg (*mit sampt der Reede vnde meynheit tom Blomberge*) zu ewigen Tagen in Frieden und ohne jedwede Bedrohung oder Übergriffe oder Beschwernis oder Drangsal leben wollen, in nachstehender Weise beschenkt, begnadet, befreit und privilegiert.

Wir schenken, begnaden, freien und privilegieren das Alles ohne Abschlag mit Kraft dieses Briefes:

- Zum ersten sollen sie befreit (*gefriget*) und unbelastet sein jeden /13/ Dienstes, wie immer man diesen nennen oder fordern will, außer vom Gottesdienst in ihrem Kloster.
- Wir und unsere Mitbezeichneten werden ihnen und ihren Nachkommen auch weder Schatzung abverlangen oder von ihnen erbitten, noch ihnen /14/ andere Beschwernis oder Übergriffe bereiten. Solches zu tun, werden wir auch unseren Amtleuten oder Untertanen garantiert nicht gestatten: sei es bei Zins, Wortzins, Zoll, Malzabgabe (*an tynße wortynse, tollerj, moltererj*): egal, welchen Namen man der Sache auch gibt, und alles /15/ ohne Arglist! (*ane geverde*).
- Wir und die von Blomberg (*Wij vnde vnde de van deme Blomenberge*) sollen und wollen sie auch befreien (*frig vorlaten*) von allen Stadt-Diensten und aller Stadtlast, wie immer man die auch nennen mag: sei es Wache, Bauarbeiten, Palisaden setzen, Knicken (von Hecken und Landwehren); im Graben; mit Pferd und Wagen oder um /16/ Söldner zu halten (*dat sij, waken, burwerken; In stakende, knytkende; In grauen, In wagen perde edir soldener to holdene*); und seien es andere Beschwernisse, Schatzungen, Zwangsmaßnahmen der Stadt und der Einwohner zum Blomberg wie Vorschoß, Schoß, Zoll oder jedwede Art von Zins.
- Und sie sollen und mögen ohne allen Schaden /17/ gemeinsam nutzen allerlei Freiheit der Stadt Blomberg an Wasser, Weide, Holz und Feld, an zugeteilten Steinen, an Lehm nach ihrem Bedürfnis, solange es Gemeingut ist (*mede in das gemeyne bruken allerleye frigheit der Stait Blomenberghe in water, weyde, In holte in velde, in sande steyne, in leymen nach orer notturfft dar dat gemeyne ys*).
- Weiterhin sollen sie unbehindert mitnutzen alle Wege, Stege /18/ und Straßen; sie haben freien Eingang, Ausgang, Gehen, Stehen, Kaufen und Verkaufen in der Stadt und außerhalb, so wie sie es nötig haben zu ihrem Leben: also an Kleidung, Essen, Trinken und zu ihren Feuerungen (*virringen*) und /19/ Bauholz (*tymmerern*), soweit es nötig ist, ohne jemandes Einspruch;

- Deswegen und wegen der Stadt Last und Pflicht ist vereinbart, dass die Herren zum Heiligen Leichnam und ihre Nachfolger denen von Blomberg jährlich am Tag des heiligen Martin (*vppe Sinte Martyns hilgen daich*) acht Mark Bielefelder Währung geben, und zwar so lange, bis sie das mit hundert Mark ausgelöst haben.
- Wenn die Chor-Herren Vieh /21/ halten, soll ihnen vereinbarungsgemäß eine Stätte bei ihrem Kloster, sofern sie die denn bekommen können, gefreit werden für zwei Personen, die darauf und darin wohnen; und, wenn es nötig ist, auch ein Knecht und eine Magd, die sich kümmern um zehn Milchkühe, eine Stiege /22/ Schweine,[158] ein halbes Hundert Schafe oder Ähnliches; damit mögen sie Milchwirtschaft und Zubereitung betreiben; dieses Vieh soll vor dem Hirten der Stadt gehen und deswegen sollen sie nach Gebühr und Anzahl den Hirten bezahlen, /23/ genauso wie das ein Bürger oder Einwohner der Stadt tut.
- Auch wurde ihnen erlaubt und wurden sie gefreit, ein Nothäuschen [Abort, Lokus] zu zimmern, mit Zugang von ihrem Dormitorium bis über die Stadtmauer (*eyn noithuseken to tymerende mit eneme togange van oreme dormiter went ouer de Stades muren*); und auch ein oder zwei Gärten um ihr Gemüse /24/ anzubauen; und eine Hufe Holz zu kaufen oder zu haben für ihr Feuerholz und zum Brennen.
- Aber Weiteres sollen sie und ihre Nachfolger in keiner Weise kaufen, leihen, sich anmaßen oder sich geben lassen: namentlich Güter, Häuser, Höfe und Erbschaften vor und in Blomberg gelegen, die zur /25/ Stadtlast verpflichtet sind; in welchem Maße und in welcher Weise das auch immer geschehen mag.
- Dagegen mögen sie an anderen Stätten und Dörfern unseres Landes Erbe und Güter kaufen und dafür /26/ zweitausend rheinische Gulden in Rente und Jahrgeld anlegen: aber nicht mehr, als dem Erhalt und Bedürfnis des Klosters und der dort lebenden Personen gemäß ist. Geschieht das doch, müssen wir und unsere Mitunterzeichner das in jedem Falle bewilligen, wenn /27/ sie unsere Untersassen mit solchem Geld belegen; wer oder von wem ihnen das auch gestattet wurde: Ausgenommen davon sind die Güter vor dem Blomberg oder Güter der Einwohner dortselbst (*buten deme Blomenberge vnde der Inwonner gude dar sulues vtbescheden*). Da wir ihnen ansonsten mit gutem Willen alles gegönnt, erlaubt und /28/ gegeben haben, damit die Leute des Klosters im Dienst und im Glauben an Gott verbleiben (*in deme denste vnde Innycheit godes bliuen*), sich halten und beständiger werden sollen, wollen wir sie treulich beschirmen, ehren und fördern so gut wir vermögen. /29/

158 Stiege: Zählmaß für 20 Stück.

- Sie sollen auch in keiner Weise verpflichtet sein, ihnen unangenehme Personen (*one vnbequeme personen*) aufzunehmen.
- Auch haben wir erwirkt und dafür gesorgt, dass die vorbeschriebenen Herren [Augustiner] und Personen und ihre Nachkommen, ihre Kirche und ihr Kloster von Opfergaben und allem Kirchspielrecht für sich und ihre Nachkommen auf ewig unabhängig sind vom Kirchspielkirchherrn[159] und seinen Nachfolgern und deshalb werden der vorgenannte Kirchspielkirchherr (*kerspelkerckhere*) und seine Nachfolger wohl versorgt /31/ und ausgestattet mit einer solchen jährlichen Erbrente (*erffrenthe*), wie man sie für eine Summe von 400 rheinischen Gulden bekommen mag.[160]
- Weder die genannten Personen und Bewohner des Klosters wie ihre Obersten, ihr Orden /32/ oder jemand in ihrem Namen, noch ihre Nachfolger, dürfen weitere Gnaden, Privilegien und Freiheiten oder sonst irgendwas über diese (von uns verliehenen) Freiheiten hinaus erwerben, fordern oder bekommen: weder von einem Papst oder Kaiser noch von /33/ jemand Anderem: es sei denn mit Wissen und Vollmacht von uns, dem vorgenannten Bernhard, Edelherrn zur Lippe, unserer Erben und Nachkommen.
- Hiervon ausgenommen, von unserer Macht unbehelligt /34/ und nicht angetastet, sind alle die vorher erteilten Privilegien, die vor dieser Schenkung von unseren Vorfahren und uns verliehen worden sind. Alles ohne Arglist und Betrug.

Damit alle vorgenannten Artikel samt und sonders in guter Treue, fest /35/ und unverbrüchlich gehalten werden und nichts dagegen unternommen wird, haben wir, vorgenannter Bernhard, Edelherr zur Lippe, für uns, alle unsere Erben, Vorfahren und Nachkommen zu Urkunde und zu ewiger Beständigkeit unser /36/ Siegel wohlbedacht an diesen Brief hängen lassen.

Und wir, Bürgermeister und Rat, neu und alt, und die ganze Gemeinheit von Blomberg bekennen, dass wir alle vorgenannten, uns betreffenden Artikel /37/ für uns und unsere Nachkommen bewilligt und mit Vollmacht versehen haben (*Vnde Wij, Borgermestere vnde Rait, Nigge vnde olt, vnde gantze gemeynheit tom Blomenberge bekennen want wij ok alle articule vorgerort vns andreppende vor vns vnde alle vnse nakomere gewillet vnde gefulbordet hebbet*). Zu weiterer Kenntnis und Zeugnis haben

159 Blomberger Kirchspielherr war zu der Zeit Berthold Glede.

160 Exakt diese Summe ist schon im August im Lemgoer Rathaus herausgehandelt worden (StadtA Bl II-IIa4: Kopiar, S. 187–194. Ein Gremium aus Vertretern beider Parteien und des Edelherrn sollte den Eingang der jährlichen Zahlung der Zinserträge (bei 5 Prozent 20 Gulden) an den Blomberger Klerus überprüfen.

wir auch unser Stadtsiegel direkt neben das erwähnte Siegel unseres vorgenannten gnädigen, lieben Junkers Bernhard /38/ wohlbedacht an diesen Brief gehängt.

Und ich Hermann, Prior von Möllenbeck, bekenne und bezeuge als derzeit oberster Vorsteher des genannten neuen Klosters zum Heiligen Leichnam in Blomberg (*also nu tor tijt eyn ouerste vorweser des nygen clausters tom hilgen lichame bynnen deme Blomenberge*) /39/ hiermit für mich, alle mir nachfolgenden Prioren und die Mitglieder des gemeinen Konvents daselbst Zum Heiligen Leichnam, dass alle Stücke, Punkte und Artikel, die in diesem Brief stehen und uns betreffen /40/ löblich, ewig und ohne Abstriche wahrlich stets, fest und ungebrochen eingehalten werden und wir nichts dagegen tun. Und um das zu bekennen und zu einem Zeugnis der Wahrheit habe ich Hermann, der vorgenannte Prior /41/, für mich und alle meine nachfolgenden Prioren und die gemeinen Konvents-Mitglieder, die in ewigen Tagen zum vorgenannten Heiligen Leichnam kommen werden, das Siegel des Heiligen Leichnams [Abb. 13a] für alle neben die Siegel /42/ meines vorgenannten gnädigen lieben Junkers und derer von Blomberg festlich an diesen Brief gehängt, der gegeben ist nach der Geburt Christi, unseres Herrn, als man schrieb das tausend /43/ vierhundertundachtundsechzigste Jahr. Am Tag St. Martins, des heiligen Bischofs (*An Sinte Martins daige, des hilgen Bisschops*)".

[Rechts in der Plica steht der Namen des Urkundenschreibers]:[161]

*Joh(ann)es Korveyg secretari(us)*

[Drei Siegel sind angehängt

1) an roter und grüner Seidenschnur das Siegel Bernhards VII. zur Lippe mit Gegensiegel;
2) an geflochtener grüner Seidenschnur das neue Große Siegel der Stadt Blomberg;
3) an geflochtener roter Seidenschnur das Siegel der Kapelle z. Hl. Leichnam in Blomberg [Abb. in: LRNF Tafel 11, Nr. 5; Grundlage des späteren Klostersiegels ebd.].

---

161 Plica (lat. „Falte") oder Umbug heißt bei Pergamenturkunden der unten umgeschlagene, gefaltete Rand. An dieser Verstärkung wurden die Siegel befestigt. Auf der nicht sichtbaren Innenseite der Faltung finden sich häufig Kanzleivermerke: Hier steht unser Schreibernamen. LRNF 1469.06.20 nennt diesen Johannes Corvey einen *familiaris* der Edelherren zur Lippe. LRNF 1469.08.28 tituliert: „herrschaftlicher Schreiber"; LRNF 1470.05.08 bezeichnet ihn als Kleriker der Paderborner Diözese. Sein gleichnamiger Vater gehörte dem Blomberger Magistrat der 1450er Jahre an; sein Bruder Ludeke Corvey war 1463–1498 Blomberger Bürgermeister; er und seine Familie übersiedelten um 1500 nach Lemgo.

# 6. Abkürzungen, Quellen und Literatur

Vorbemerkung: Die alten Lippischen Regesten und alle zitierten Chroniken (mit Ausnahme der Genealogia des Kleinsorgen) sind online. Der größte Teil der aus dem Landesarchiv Detmold (LAV NRW OWL) zitierten Quellen bis 1512 steht ebd. unter „L 1“ im Netz.

## 6.1 Abkürzungen

**LAV NRW OWL** = Landesarchiv Nordrhein-Westfalen, Abteilung Ostwestfalen-Lippe in Detmold; **LM** = Lippische Mitteilungen aus Geschichte und Landeskunde; **LR** = Otto Preuß / August Falkmann (Bearb.), Lippische Regesten, 4 Bde., Lemgo/Detmold 1860–1868 [in Bd. 1, S. 3–24: Liste aller alten Chroniken und Quellenwerke]; **LRNF** = Hans-Peter Wehlt (Bearb.): Lippische Regesten. Neue Folge. Loseblattsammlung, 7 Lieferungen, Lemgo/Detmold 1989–2005; **LWL-DLBW** = Landschaftsverband Westfalen-Lippe – Denkmalpflege, Landschafts- und Baukultur in Westfalen; **StadtA Bl** = Stadtarchiv Blomberg, Altes Archiv.

**Q + laufende Nummer** = Kürzel für die Verweise des 2. Kapitels auf die Nummer der chronologisch sortierten Quellen im Kapitel 4. Hier ist die Überlieferung bis Ende des 18. Jahrhunderts zusammengestellt (Urkunden, Ablässe, Chroniken sowie je ein Trakat, ein Lied und ein umfangreicher Bericht).

**G + laufende Nummer**: Verweis in Kapitel 2 auf Werke der moderne Geschichtsschreibung des 19. und 20 Jahrhunderts, die am Ende von Kapitel 4. aufgelistet sind.

## 6.2 Gedruckte Quellen und Literatur

Acquoy, Johannes Gerhardus Rijk: Het klooster te Windesheim en sijn invloed, 3 Bde., Utrecht 1875–1880.

Ahrendt-Schulte, Ingrid: Zauberinnen in der Stadt Horn (1554–1603). Magische Kultur und Hexenverfolgung in der Frühen Neuzeit, Frankfurt 1997.

Ahrendt-Schulte, Ingrid: Hexenprozesse als Gegenstand historischer Familienforschung. Der Fall Ilse Winter in Donop 1589, in: Wilbertz/Schwerhoff/Scheffler 1994, S. 199–210, hier S. 203. Dieser spannende Beitrag stützt sich auf die Prozessakten in LAV NRW OWL L 86 H 5 und L 86 W 12; ein Vergleich mit den Prozessprotokollen von 1589 und 1590, in: StadtA Blomberg II-Ia2: Stadtbuch II, S. 559–566, wäre wünschenswert.

Altevolmer, Burkhard: Blomberg. Eine Sakramentswallfahrt, in: Signori 2003, S. 139–150.

Anonymus: Gesta circa divinissimum sacramentum in oppido de Bloemenberch (Geschehnisse um das göttlichste Sakrament in der Stadt Blomberg). MS Brüssel, Koninklijke Bibliotheek, IV 110, fol. 169v–174v. Edition in: Staubach 2000, S. 327–333 [‚Gesta'].

Barmeyer, Heide / Niebuhr, Hermann / Zelle, Michael (Hg.): Lippische Geschichte, 2 Bde. (Sonderveröffentlichungen des Naturwissenschaftlichen und Historischen Vereins für das Land Lippe 90), Petersberg 2019.

Beßelmann, Karl-Ferdinand: Stätten des Heils. Westfälische Wallfahrtsorte des Mittelalters (Schriftenreihe zur religiösen Kultur 6), Münster 1998.

Blauert, Andreas: Frühe Hexenverfolgungen. Ketzer-, Zauberei- und Hexenprozesse des 15. Jahrhunderts (Rothenburger Gespräche zur Strafrechtsgeschichte 7), Hamburg 1989, 2. Aufl. Rothenburg 2020.

Blauert, Andreas: Die Anfänge der europäischen Hexenverfolgungen, Frankfurt 1990.

Brandt, Hans Jürgen / Hengst, Karl: Geschichte des Erzbistums Paderborn. Erster Band: Das Bistum Paderborn im Mittelalter (Veröffentlichungen zur Geschichte der Mitteldeutschen Kirchenprovinz 12), Paderborn 2002.

Bünte, August: Die Stadt Blomberg. Geschichte und Wirtschaft in Vergangenheit und Gegenwart, Blomberg 1953.

Bünte, August: Blomberg. Eine geschichtliche Plauderei, Blomberg 1960.

Butterweck, Wilhelm: Die Geschichte der Lippischen Landeskirche, Schötmar 1926.

Chronica S. Aegidii in Brunswig [Annalen mit Eintragungen bis 1474], in: Pistorius 1583, S. 751 und Pistorius/Struve 1, 1726.

Cohausz, Alfred: Religiöse Hintergründe des Blomberger Kirchbaus von 1462, in: LM 31, 1962, S. 59–80 [1962a].

Cohausz, Alfred: Vier ehemalige Sakramentswallfahrten: Gottesbüren, Hillentrup, Blomberg und Büren, in: Westfälische Zeitschrift 112, 1962, S. 275–304 [1962b].

Dennert, Friedrich: Geschichte des Brockens und der Brockenreisen, Braunschweig 1954.
Dillinger, Johannes: Hexen und Magie. Eine historische Einführung, Frankfurt/New York 2007, 2. Aufl. 2018.
Drewes, August: Geschichte der Kirchen, Pfarren, geistlichen Stiftungen und Geistlichen des Lippischen Landes, Lemgo 1881.

Eckermann, Willigis: Gottschalk Hollen OESA († 1481). Leben, Werke und Sakramentenlehre (Cassiciacum 22), Würzburg 1967.

Fitzner, Klaus: Die Brunnenwallfahrt nach Blomberg. Der Hostiendiebstahl von 1460 und seine Folgen, Blomberg 1989.
Freitag, Werner: Westfalen. Geschichte eines Landes, seiner Städte und Regionen in Mittelalter und Früher Neuzeit, Münster 2023.

Glaser, Rüdiger: Klimageschichte Mitteleuropas. 1000 Jahre Wetter, Klima, Katastrophen, Darmstadt 2001.

Hagen, Johannes: Die Hexe von Blomberg [um 1470], Ed. lat. Textes in: Klapper 1961, S. 92–113 (MS: Handschrift I des Domarchivs Erfurt, fol. 193r–205v).
Hüther, Franziska: Der Blomberger Hostienfrevel. Versuch einer Rekonstruktion, BA-Arbeit Universität Bielefeld 2010.
Hüther, Franziska: Gottvertrauen und Barmherzigkeit. Zur Frömmigkeit Bernhards VII., in: LM 81, 2012, S. 79–99.
Huismann, Frank: Die Zerstörung der Stadt Blomberg in der Soester Fehde, in: Kümper 2015, S. 17–42.

Jacobs, Eduard: Brockenfragen, in: Zeitschrift des Harz-Vereins für Geschichte und Altertumskunde 11, 1878, S. 433–475.
Jobst, Udo: Das Franziskanerkloster in Stadthagen. Zwischen Spätmittelalter und Renaissance (1486–1559) (Schaumburger Beiträge 2), Bielefeld 2014.

Kaufhold, Peter: Das Wienhäuser Liederbuch, Wienhausen 2002.
Kerkhörde, Johann: Chronicon [...] ab anno 1406 usque ad annum domini 1466; Chronik von 1405–1465, in: J. Franck / J. Hansen (Hg.): Die Chroniken der deutschen Städte vom 14. bis ins 16. Jahrhundert, Bd. 20: Dortmund/Neuß, Göttingen 1887, S. 25–146.

Kiewning, Hans: Lippische Geschichte, hg. und bis zum Tod Bernhards VIII. vervollständigt von Adolf Gregorius (Sonderveröffentlichungen des Naturwissenschaftlichen Vereins für das Land Lippe 7), Detmold 1942.

Kirschbaum, Bernd: Gerhard Kleinsorgen (1530–1591). Ein Geschichtsschreiber im Westfalen der Frühen Neuzeit, Eigenverlag 2005.

Kittel, Erich: Heimatchronik des Kreises Lippe (Sonderveröffentlichungen des Naturwissenschaftlichen und Historischen Vereins für das Land Lippe 28), Köln 1957, 2. Aufl. 1978.

Klapper, Joseph: Der Erfurter Kartäuser Johannes Hagen. Ein Reformtheologe des 15. Jahrhunderts, 2 Bde. (Erfurter Theologische Studien 1 u. 2), Leipzig 1960–1961.

Kleinsorgen, Gerhard: Genealogia Generorosorum [sic] Comitum De Lippia das ist StamBuch der Graffen vnd Edlen Herrn zur Lippe‘ [vor 1576]: LAV NRW OWL D 71 Nr. 26, fol. 4r–24r; zwei weitere Abschriften überliefert in LAV NRW OWL D 71 Nr. 42 und 84; siehe Pieper 2019, S. 406, 228f. [zit. 1575].

Kleinsorgen, Gerhard von: Kirchengeschichte von Westphalen und angränzenden Oertern, Münster 1780 (online ULB Münster).

Köster, Kurt: Eine neuerschlossene Quelle zur Geschichte der Blomberger Wallfahrt und ihrer Pilgerzeichen, in: LM 32, 1963, S. 5–15.

Kühne, Hartmut: Heiltumsweisungen: Reliquien – Ablass – Herrschaft, in: Jahrbuch für Volkskunde NF 27, 2004, S. 42–62.

Kühne, Hartmut: Der Beginn der theologischen Deutungen von Heilwasser im deutschen Luthertum, in: Heidrun Alzheimer (Hg.): Bilder – Sachen – Mentalitäten: Arbeitsfelder historischer Kulturwissenschaften. Wolfgang Brückner zum 80. Geburtstag, Regensburg 2010, S. 39–153 [vgl. besonders das Kapitel zum „Wundergeläuf nach Pyrmont“].

Kümper, Hiram (Hg.): Miscellanea Blombergense. Quellen und Beiträge zur Stadtgeschichte des Mittelalters und der Frühen Neuzeit (Sonderveröffentlichungen des Naturwissenschaftlichen und Historischen Vereins für das Land Lippe 87), Bielefeld 2015 [2015a].

Kümper, Hiram: „Die Blume wechset, aber im Augenblick fellet sie dahin …“, in: Kümper 2015, S. 110–119: Auszüge aus Piderit [2015b].

Lahrkamp, Helmut: Die Annalen des Jesuiten Turck, in: Westfälische Zeitschrift 105, 1955, S. 105–148.

Landmann, Florenz: Das Predigtwesen in Westfalen in der letzten Zeit des Mittelalters. Ein Beitrag zur Kirchen- und Kulturgeschichte (Vorreformationsgeschichtli-

che Forschungen 1), Münster 1900 (https://archive.org/details/daspredigtwesen01landgoog/page/n201/mode/2up).
Lesser, Bertram: Johannes Busch: Chronist der Devotio moderna. Werkstruktur, Überlieferung, Rezeption, Frankfurt 2005.
Linde, Roland: Bernhard VII. zur Lippe (1428–1511). Ein biografischer Versuch, in: LM 81, 2012, S. 27–57.
Linde, Roland: Wallfahrt in Lippe: Hillentrup, in: Schafmeister 2017, S. 28–33.

Meier, Ulrich: Vom Mythos der Republik. Formen und Funktionen spätmittelalterlicher Rathausikonographie in Deutschland und Italien, in: Andrea Löther u. a. (Hg.): Mundus in imagine. Bildersprache und Lebenswelten im Mittelalter. Festgabe für Klaus Schreiner, München 1996, S. 345–387.
Meier, Ulrich: Fast ein Heiliger. Bernhard II. zur Lippe, in: Signori 2003, S. 79–110.
Meier, Ulrich: Wunderglauben und Hexenwahn. Gedanken zur Neubewertung des Blomberger Hostienfrevels, in: Heimatland Lippe 101, 2008, S. 178.
Meier, Ulrich: Unter Brüdern. Simon III. zur Lippe und Bernhard VII., in: LM 81, 2012, S. 122–139.
Meier, Ulrich: Wallfahrt, Wunder, Arbeit. Die ambivalente Lebenswelt der Blomberger Augustinerchorherren, in: Werner Freitag / Wilfried Reininghaus (Hg.): Die Reformation in Westfalen, Bd. 1: „Langes" 15. Jahrhundert. Übergänge und Zäsuren (Veröffentlichungen der Historischen Kommission für Westfalen N. F. 35), Münster 2017, S. 51–89. [2017 a].
Meier, Ulrich: Lippische Wallfahrtsorte: Wilbasen und Blomberg, in: Schafmeister 2017, S. 13–27. [2017 b].
Meier, Ulrich: Lippische Kirchengeschichte im Mittelalter. Pfarreien, Konvente und fromme Gemeinschaften, in: Barmeyer 2019, Bd. 2, S. 164–184, 403–409.
Meier, Ulrich: Abriss der Stadtgeschichte von Blomberg I: Mittelalter und Renaissance, in: Meier/Stiewe 2022, S. 2–33, 54–62 [2022a].
Meier, Ulrich: Blomberg, in: Harm von Seggern (Hg.): Residenzstädte im Alten Reich (1300–1800). Ein Handbuch, Abteilung 1: Analytisches Verzeichnis der Residenzstädte, Teil 2: Nordwesten, Ostfildern 2022, S. 98–104 [2022b].
Meier, Ulrich: Schloss Blomberg. Zur Baugeschichte von Burg und Stadtbefestigung, in: Burgenforschung 5, 2023, S. 271–314 [2023a].
Meier, Ulrich: Alltag am Lippischen Hof. Blomberg im Herbst des Mittelalters, MS 2023 [2023b].
Meier, Ulrich / Stiewe, Heinrich: Blomberg (Historischer Atlas westfälischer Städte 15), Münster 2022.

Mertens, Dieter: Johannes Hagen, in: Die deutsche Literatur des Mittelalters. Verfasserlexikon, Bd. 3, Berlin/New York 2. Aufl. 1981, S. 388–398.

Neumann, Friederike / Riedel, Peter: Darf's ein bisschen mehr sein? Das Ablassangebot der Kirchen in Herford, Schildesche und Bielefeld im 13. und 14. Jahrhundert, in: Ravensberger Blätter 2020, Heft 1, S. 10–22.

Petri, Moritz Leopold: Geschichte des ehemaligen Augustiner-Mönchsklosters zum hl. Leichnam in Blomberg, in: Vaterländische Blätter: Lippisches Magazin 1. 1843: Nr. 27 (Sp. 417–422), 30 (Sp. 465–470), 31 (Sp. 483–486), 32 (Sp. 498–503), 1944: Nr. 49 (Sp. 769–780) (http://s2w.hbz-nrw.de/llb/periodical/structure/1708711).

Piderit, Johannes: Chronicon comitatus Lippiae, Das ist: Ejgentliche und Außführliche Beschreibunge Aller Antiquiteten vnd Historien der Vhralten Graffschafft Lipp. Rinteln 1627 (online UB LMU München und ULB Münster).

Pieper, Lennart: Einheit im Konflikt. Dynastiebildung in den Grafenhäusern Lippe und Waldeck in Spätmittelalter und Früher Neuzeit (Norm und Struktur 49), Wien/Köln/Weimar 2019.

Pieper, Roland: Die Kirchen- und Klosterbaukunst der Augustiner-Chorherren im Vergleich: Boedekken, Dalheim, Ewig, Blomberg, Frenswegen und Albergen, in: Mitteilungen des Vereins für Geschichte an der Universität-GH Paderborn 13, 2000, S. 105–123.

Pilgerspuren. Wege in den Himmel – Von Lüneburg an das Ende der Welt, hg. von den Museen in Stade und Lüneburg, Petersberg 2020, S. 456–461 (Blomberger Pilgerzeichen-Abbildungen).

Pistorius, Johannes der Jüngere (Hg.): Historias vel Annales posteris reliqvervnt, Tomus I. Chronicon excerptum de diversis chronicis … & sic Chronica compendiosa vocitetur. Ex bibliotheca Joannis Pistorij Nidani D., Frankfurt 1583; ab S. 705: Illustrivm veterum scriptorivm, qui rervm a Germanis per mvltas aetates gestarvm; darin die ‚Chronica S. Aegidii' (hier unter ‚Compilatio Chronologica'), S. 751.

Pistorius, Johannes / Struve, Burkhard Gotthelf (Hg.): Rerum Germanicarum scriptores aliquot insignes, Regensburg 1726 [erweiterte Neuauflage].

Pleister, Wolfgang: Vom Mythos des Rechts, in: Wolfgang Pleister / Wolfgang Schild (Hg.): Recht und Gerechtigkeit im Spiegel der europäischen Kunst, Köln 1988, S. 8–43.

Priewe, Katharina: Die Klosterkirche zu Blomberg als Stiftergrablege Bernhards VII. zur Lippe. Memoria und Herrschaftsrepräsentation am Übergang vom 15. zum 16. Jahrhundert, in: LM 81, 2012, S. 101–121 [2012a].

Priewe, Katharina: Klosterkirche Blomberg [Fronttitel]. Die ehemalige Klosterkirche „Zum Heiligen Leichnam“ in Blomberg (heute ev.-ref. Kirche) (Lippische Kulturlandschaften 21), Detmold 2012 [2012b].

Prinz, Joseph: Vom mittelalterlichen Ablaßwesen in Westfalen. Ein Beitrag zur Geschichte der Volksfrömmigkeit, in: Westfälische Forschungen 23 (1971), S. 107–171.

Probus, Johannes: Cronica monasterii beati Meynulphi in Bodeken. Aufzeichnungen aus dem Kloster Böddeken 1409 bis 1457, hg. von Heinrich Rüthing (Veröffentlichungen der Historischen Kommission für Westfalen N. F. 36), Bielefeld 2016.

Puhstkuchen, Friedrich Christoph: Beyträge zu den Denkwürdigkeiten der Graffschaft Lippe überhaupt und in der Absicht auf die Religions- und Kirchen-Begebenheiten insonderheit, Lemgo 1769.

Reinsch, Eberhard: St. Martin Blomberg. Kirche und katholische Gemeinde, Blomberg 1992.

Rolevinck, Werner (1425–1502): De laude antiquae Saxoniae nunc Westphaliae dictae, hg. und übersetzt von Hermann Bücker, Münster 1953.

Rolf, Heinz-Walter: Blomberg. Geschichte – Bürger – Bauwerke, Blomberg 1981.

Rügge, Nicolas: Hermann Cothmann. Annäherung an die historische Person des „Hexenbürgermeisters“ von Lemgo, in: Wilbertz/Scheffler 2000, S. 216–246.

Rügge, Nicolas: Die Hexenverfolgung in der Stadt Osnabrück (Osnabrücker Geschichtsquellen und Forschungen 56), Osnabrück 2015.

Rügge, Nicolas: Die Hexenverfolgung in Lippe, in: Barmeyer/Niebuhr/Zelle 2019, Bd. 2, S. 225–237.

Rüthing. Heinrich: Artikel Johannes Hagen, in: Lexikon für Theologie und Kirche, Bd. 5, Freiburg u. a. 1996, S. 914.

Rummel, Walter / Voltmer, Rita: Hexen und Hexenverfolgung in der Frühen Neuzeit, Darmstadt 2008, 2. Aufl. 2012.

Schafmeister, Julia (Hg.): Machtwort! Reformation in Lippe, Detmold 2017.

Schaten, Nikolaus: Annalium Paderbornensium Pars II: Ab anno Christi 1228. Usq'[ue] ad annum 1499. Complectens Inprimis Fusiorem Episcoporvm Paderbornensium, Deinde Succinctiorem Historiam Reliquorum Per Westfaliam Antistitum, Tum Res Gestas Aliorum In Eadem Hac Regione Clarorum Virorum, Postremo Pontificum, Imperatorum, Principum &c. Gesta, maxime ea, quae Westfaliam contingunt, Münster 1698.

Schild, Wolfgang: Alte Lemgoer Kriminalgerichtsbarkeit, in: Peter Johanek / Herbert Stöwer (Hg.): 800 Jahre Lemgo. Aspekte der Stadtgeschichte (Beiträge zur Geschichte der Stadt Lemgo 2), Lemgo 1990, S. 141–170.

Schmalor, Hermann-Josef: Nikolaus Schaten – Jesuit und Historiker am Hofe Ferdinands von Fürstenberg, in: Andreas Neuwöhner / Lars Wolfram (Hg.): Leben am Hof zu Neuhaus. Biografische Skizzen zur Hofkultur einer fürstbischöflichen Residenz (Studien und Quellen zur Westfälischen Geschichte 88), Paderborn 2020, S. 121–139.

Schnyder, André: Malleus maleficarum von Heinrich Institoris (alias Kramer) unter Mithilfe Jakob Sprengers aufgrund der dämonologischen Tradition zusammengestellt. Wiedergabe des Erstdrucks von 1487, Göppingen 1993.

Schormann, Gerhard: Hexenprozesse in Deutschland, Göttingen 1981.

Schwerhoff, Gerd: Die Inquisition. Ketzerverfolgung in Mittelalter und Neuzeit, München 2004.

Seibold, Alexander: Sammelindulgenzen. Ablaßurkunden des Spätmittelalters und der Frühneuzeit (Archiv für Diplomatik 8), Köln 2001.

Signori, Gabriela (Hg.): Heiliges Westfalen. Heilige, Reliquien, Wallfahrt und Wunder im Mittelalter (Religion in der Geschichte 11), Bielefeld 2003.

Signori, Gabriela (Hg.): Das Wunderbuch Unserer Lieben Frau im thüringischen Elend (1419–1517) (Veröffentlichungen der Historischen Kommission für Thüringen 12), Köln/Weimar/Wien 2006.

Stangefol = Hermann Fley / genant Stangefol: Annales Circuli Westphalici continestes V. Prima Saecula, quae Acatholici vocant pura. Das ist: Eigentliche Beschreibung der uhralten Christlichen Catholischen Religio /Gottesdiensts / Geistlichen Apostolischen Caeremonien, Antiquiteten und Weltlichen gedenckwürdigen Geschichten / so sich in den erstem 500 Jahren / welche die UnCatatholische Rein nennen / zugetragen, Köln 1640.

Staubach, Nikolaus: *Cusani laudes*. Nikolaus von Kues und die Devotio moderna im spätmittelalterlichen Reformdiskurs, in: Frühmittelalterliche Studien 34, 2000, S. 259–337 [der Beitrag ist online].

Stiewe, Heinrich: Hausbau und Sozialstruktur einer niederdeutschen Kleinstadt. Blomberg zwischen 1450 und 1870, Detmold 1996.

Stiewe, Heinrich: Abriss der Stadtgeschichte von Blomberg II: Vom Dreißigjährigen Krieg bis zur Moderne. Blomberg zwischen dem 17. und 20. Jahrhundert, in: Meier/Stiewe 2022, S. 33–53, 62–66.

Tabernes, Dietrich (Tirich): Lied von Maria und ihrem Kinde [um 1470], in: Kaufhold 2002; kritische Edition in: P. Alpers, Das Wienhäuser Liederbuch, in: Jahrbuch des Vereins für Niederdeutsche Sprachforschung 69/70, 1943/47, S. 1–40.

Thelemann, Ernst: Chronik der Stadt Blomberg, MS 1944, Typoskript Blomberg 1969.

Trusen, Winfried: Der Inquisitionsprozeß. Seine historischen Grundlagen und frühen Formen, in: Zeitschrift des Savigny-Stiftung für Rechtsgeschichte. Kanonistische Abteilung 74, 1988, S. 168–230.

Turck, Heinrich: Annales seu primae origines provinciae nostrae Rheni inferioris ab mundo condito usque ad 1650, Manuskript in: Erzbischöfliche Akademische Bibliothek Paderborn, Hs. P 108, Bd. 5, § 5: Blomberg, fol. 86v–87r. [Turck 1669].

Weerth, Otto: Die Veme oder das Freigericht im Bereich des Fürstentums Lippe, Detmold 1895.

Wehlt, Hans-Peter: Blomberg – Augustiner-Chorherren, in: Karl Hengst (Hg.): Westfälisches Klosterbuch. Lexikon der vor 1815 errichteten Stifte und Klöster von ihrer Gründung bis zur Aufhebung (Veröffentlichungen der Historischen Kommission für Westfalen 44), Bd. 1, Münster 1992, S. 84–88.

Wilbertz, Gisela: „… ein ehrlicher Mann und Meister …". Scharfrichter in Minden in der Vormoderne, in: Mitteilungen des Mindener Geschichtsvereins 86, 2014, S. 7–116 (grundlegend mit weiterführender Literatur).

Wilbertz, Gisela „Ein wohlehrenfester guter Freund". Scharfrichter in Herford, in: Familienforschung in Ostwestfalen-Lippe 74, 2018, S. 47–116.

Wilbertz, Gisela / Scheffler, Jürgen (Hg.): Biographieforschung und Stadtgeschichte. Lemgo in der Spätphase der Hexenverfolgung (Studien zur Regionalgeschichte 13), Bielefeld 2000.

Wilbertz, Gisela / Schwerhoff, Gerd / Scheffler, Jürgen (Hg.): Hexenverfolgung und Regionalgeschichte. Die Grafschaft Lippe im Vergleich (Studien zur Regionalgeschichte 4), Bielefeld 1994.

Witte, Bernardus: Historia antiquae occidentalis Saxoniae seu nunc Westphaliae [1517], Münster 1778.

Zaunert, Peter (Hg.): Westfälische Sagen, Jena 1927.